THE CREATION OF A DEMOCRATIC MAJORITY, 1928~36

THE CREATION OF A DEMOCRATIC MAJORITY, 1928~36

KRISTI
ANDERSEN

미국의 뉴딜 연합(1928~36년)

진보는 어떻게 다수파가 되는가

크리스티 앤더슨 지음 | 이철희 옮김

그림 차례

표 차례

일러두기

_본문에서 사용하고 있는 대괄호([ ])와 각주는 모두 옮긴이의 첨언이다.

_외국어 고유명사의 우리말 표기는 국립국어원의 외래어 표기법을 따랐다. 그러나 관행적으로 굳어진 표기는 그대로 사용했다.

_책이나 신문 등은 겹낫표(『 』), 논문은 큰따옴표(" "), 연극이나 영화 등의 작품명과 법명은 가랑이표(〈 〉)를 사용했다.

서문

『정치적 견해와 행태』라는 제목의 책에 실린 두 논문*은 1970년대 정당-유권자 재정렬**에 대한 전망, 그리고 이미 그것이 일어나고 있을 가능성을 다루고 있다. 그런데 두 논문의 결론은 서로 다르고 다소 모호하다. 두 저자는 미국이 경험한 마지막 재정렬을 되짚어 보면서 그것을 토대로 향후 재정렬이 일어날 가능성을 논의한다. 이들뿐만 아니라 모든 사람이, 1928~36년 사이 정치적 의제 및 정당들에 중요한 변화가 있었다는 데 동의한다. 하지만 이 재정렬이 정확히 **어떻게** 일어났는지에 대해서는 생각이 매우 다르다. 재정렬이 **언제** 일어났는지에 대해서도 늘 열띤 논쟁이 벌어지곤 했다. 1928년, 1932년, 1936년 선거가 '중

---

* Everett C. Ladd, Jr., Charles Hadley, and Lauriston King, "A New Political Realignment"와 James L. Sundquist, "The Myth of New Majorities," Edward C. Dreyer and Walter Rosenbaum eds., *Political Opinion and Behavior*, 2d ed. (Belmont, Calif.: Wadsworth, 1976).

** 정렬alignment과 재정렬realignment
정치학에서 정렬은 정당과 유권자 집단이 형성하는 연합의 구도를 의미한다. 사회 발전과 균열의 변화에 따라 특정 선거(들)를 계기로 정당과 유권자가 맺는 관계도 새로운 구도로 바뀌게 되는데, 이것이 재정렬이다. 재정렬을 통해 기존의 선거연합은 대체되고, 향후 수십 년간 지속되는 새로운 정당 경쟁의 구도가 들어서게 된다.

대 선거'•의 지위를 두고 서로 경쟁했다. 앞서 언급한 두 논문을 꼼꼼히 살펴보면 **어떻게** 뉴딜 재정렬이 일어났는지에 관해 대단히 미묘하고, 분명하게 드러나지 않는 이견을 확인할 수 있다. 각 논문에서 뽑은 다음 인용문은 두 관점의 일단을 잘 보여 준다.

각 정당의 입장은 논쟁의 양 극단에 있었다. 대재앙의 시기에 뉴딜 지지자들이 승리했다. 과거 공화당 지지자였던 수백만 명의 유권자들(그들 대다수는 1932년 선거에서 집권당에 항의하는 의미로 루스벨트Franklin D. Roosevelt를 지지했다)은 항구적인 민주당 지지자가 되었다. 그 결과 민주당은 소수파 정당에서 다수파 정당의 지위에 오르게 되었다.[1]

…… 장기간 민주당이 우위를 점할 수 있었던 것은 1929년 이전에도 투표권을 갖고 있던 유권자들이 옮겨 온 결과가 아니다. 그것은 대공황의 시기, 그리고 그 이후에 투표 연령에 도달한 새로운 유권자들이 민주당을 지지했기 때문이다.[2]

다른 곳에서 좀 더 상세히 분석한 바 있는 제임스 선드퀴스트James Sundquist는 뉴딜 재정렬에 대한 대중적 신화를 이렇게 부연한다.[3] 불황으로 말미암아 공화당 지지자 수백만 명이 민주당 지지자로 돌아섰다. 물론 그는 투표 결과와 유권자 등록에 대한 상세한 수치를 통해 이런 대

• 중대 선거critical election
　정당 체계의 변화에 결정적인 영향을 가져온 선거를 의미한다. 이 개념을 처음 정식화한 V. O. 키는 "뚜렷하고 지속적인, 정당 간의 선거 균열이 발생하는 선거"로 정의했다. 유권자들의 관심과 참여가 매우 높다는 특징을 갖는다.

규모 전향이 언제(지역별로 다르다), 어디서(북부 도시) 나타났는지를 밝히며, 정교하고 설득력 있는 분석을 제시한다. 역사학자와 정치학자들을 비롯한 많은 연구자들도 학술 논문 혹은 대중적 글쓰기를 통해, 이런 대중적 신화의 관점을 암묵적으로 드러낸다. 즉 유권자들의 [지지 정당을 바꾸는] '전향'conversion 혹은 '재편'reshuffling을 이야기하면서 집합적 변화는 개별 유권자들이 지지 정당을 바꾸었기 때문에 나타났다는 인상을 주었다.

그러나 래드Everett C. Ladd를 비롯한 다른 연구자들은 변화의 메커니즘으로 '전향'보다는 '동원'mobilization을 신뢰하는 것 같다. 동원은 그 전까지 비정치적이었던 시민들이 일제히 정치의 영역으로 들어와 특정 정당과 일체감*을 획득하는 과정이다. 그에 반해 전향은 이미 정치적으로 적극적인(적어도 투표에 참가하는) 시민들이 기존에 지지하던 정당을 버리고 다른 정당과 일체감을 갖는 경우이다. 사무엘 루벨Samuel Lubell을 제외하면, 『미국의 유권자』The American Voter의 저자들은 '동원'의 관점을 가장 먼저 옹호한 연구자들로 보인다.⁴ 그들은 1932년 선거를 전후로 새로운 유권자들 가운데 민주당 지지자가 크게 증가했다는 데 주목했다. 그리고 루스벨트에 대한 지지는 대체로 새로운 세대의 유권자들로부터 나왔으며, 민주당에 대한 그들의 일체감은 1950년대까지 지속되

• 정당 일체감party identification

개인이 한 정당에 대해 갖는 정치적 태도를 의미한다. 사회심리학적 요인을 중심으로 투표 행위를 설명한 미시간 학파가 제시한 개념이다. 이들에 따르면, 어린 시절 가정에서부터 형성되는 정당 일체감은 합리적 판단이나 평가의 결과이기보다는 부모로부터 대물림되는 심리적 정향에 가깝다. 또 성년이 되기 전에 형성되는 정당 일체감은 한번 자리를 잡으면 그것에 배척되는 정보에 노출되더라도 쉽사리 변하지 않는다.

었다고 결론지었다. 이 주장은 『미국의 유권자』에 두 쪽으로 간략하게 제시되어 있다. 저자들은 자료를 제시하지도 않았고, 이 주장을 더 발전시킬 의사를 보이지도 않았다. 하지만 이는 재정렬의 실체를 밝힌 결정적인 진술로 받아들여졌으며, 반복적으로 인용되어 왔다. 실제로 앞에서 언급한 래드의 주장도 『미국의 유권자』에 들어 있는 이 대목을 직접 인용한 것이다.

이렇게 우리는 한 손에는 거의 검증된 적 없는 대중적 신화를, 다른한 손에는 조금의 의문도 허락하지 않는 정치학 고전을 들고 있는 처지가 되었다. 재정렬이 일어나는 방식이 면밀한 연구의 대상이 된 적은 한번도 없으며, 따라서 어떤 관점도 경험적으로 검증되지 않았다. 하지만뉴딜은 우리의 기억 속에 있고, 지금의 정당 구도를 만들어 낸 사건이어서, 일반 현상으로서 재정렬을 논할 때마다 빠지지 않는 사례가 되었다. 재정렬을 만들어 내는 데 있어 핵심적인, 개인 수준의 변화를 깊이 있게다루지 않았다는 사실은, 당시 사건들에 대해 우리가 알고 있는 것과, 정당 지지의 변화 일반에 대한 우리의 지식 사이에 엄청난 간극이 존재한다는 것을 의미한다. 이런 간극은 사건에 대한 우리의 지식과 그 지식으로부터 일반화를 끌어내는 능력이 부족하다는 사실을 감안하더라도매우 큰 것이다.

그러나 뉴딜 재정렬을 통해 민주당이 다수당이 되는 데는 공화당에 충성해 온 지지자들의 전향보다는 기존에 투표하지 않던 사람들을동원한 것이 더 중요한 역할을 했다. 공화당원의 대규모 전향이라는 대중적 신화나 이를 정교하게 발전시킨 주장들은 재정렬을 설명하는 데있어 전향이라는 요인을 사실상 무의미하게 만드는 몇 가지 요인을 고려하지 못했다. 첫째는 시민들의 투표 불참이다. 뉴딜 재정렬(그리고 아마

다른 재정렬도 마찬가지로)의 작동 방식을 둘러싼 오해의 상당 부분은 완전하게 동원된 유권자들 사이에서 변화가 일어났다는 무의식적인 가정에서 비롯된다. 그러나 미국에서 그런 일이 일어난 적은 없었으며, 모든 선거에서 투표율이 역사상 가장 낮았던 1920년대에는 더욱 그랬다. 당연한 말이지만, 이 시기 투표 불참자의 대다수는 북부 도시에 거주하는 이민자들이었다. 두 번째 요인은 상당수의 새로운 시민 집단, 즉 기존 정당에 대해 확고한 일체감도 없고, 기존에 어떤 '심리적 투자'도 해본 적 없는 이민자들이 재정렬 이전 시기에 증가했다는 사실이다. 마지막 요인은 세대 변화이다. 정당 지지 변화에 대한 분석이 자주 왜곡되는 것은, 시간이 흘러도 유권자의 구성이 변하지 않을 것이라는 막연한 전제 때문인 경우가 많다. 이런 오류는 노년 세대의 사망뿐만 아니라 신규 유권자의 진입이 정당 지지 분포에 미치는 영향을 온전하게 고려하지 못하게 만든다.

여기서 투표 불참 인구, 이민자, 세대 변화는 새로운 다수파 민주당의 기반을 구성하게 될, 동원 가능한 대중적 자원을 의미한다. 그러나 활용할 수 있는 데이터가 부족한 까닭에 이들 요인 각각의 상대적인 영향력을 (마치 내일 재정렬이 일어날 경우 각 요인이 얼마나 영향을 미쳤는지를 측정할 수 있을 만큼) 정확히 평가하기란 불가능하다.

1장은 미국의 정치학자들이 유권자 재정렬이라는 문제에 어떻게 접근했는지를 살펴본다. 특히 정당 일체감에 대한 일반적 견해와, 정당 일체감의 대대적 변화(전향)로 재정렬을 이해하는 관점 간의 명백한 모순에 주목할 것이다. 2장의 논지는 잠재 유권자와 실제 유권자가 시간의 흐름에 따라, 그리고 정치적 환경이 변화함에 따라 다르게 나타난다는 인식이 재정렬 연구에서 핵심이라는 것이다.

3장에서는 정당 일체감도 약하고 정치 참여 경험도 미미한 이른바 '비면역'* 시민들이 1920년대에 크게 증가했다는 사실을 조명한다. 4장은 그것의 결과를 다룬다. 여기서는 1952~72년 서베이연구센터Survey Research Center, SRC의 선거 관련 문항들을 활용해 1920~30년대 유권자의 정당 일체감을 '재구성'하고, 젊은 세대, 즉 1920년대에 투표권을 취득했지만 1928년이나 그 이후에도 투표에 참여하지 않았던 세대의 역할을 규명한다. 이들의 뚜렷한 민주당 지지 성향을, 부모의 정당 선호에 대한 반발로 이해할 수 있다는 주장이 그동안 일반적이었다. 5장은 부모 세대의 다수가 투표 불참자이거나 이민자이거나 부동층, 소수파 정당 지지자임을 기억하면 정치 사회화** 연구의 주장이 옳다는 것을 보여 준다.

5장까지 이 책의 주장은 초기 갤럽 설문 조사의 일부도 활용하지만 대체로 회고적인 설문 조사 자료를 기반으로 한다. 이들 회고 자료의 한계 때문에, 그리고 재정렬에서 중심 역할을 했던 지역에 초점을 두는 것

---

* 정치적 면역immunized과 비면역nonimmunized

투표로 대표되는 정치적 경험이 선거와 정당에 대한 시민들의 신념을 형성, 강화하는 현상을 포착하는 개념이다. 정치에 참여한 경험이 많을수록 일시적인 정치 자극에는 둔감해지는데, 이를 정치적으로 면역된 상태로 본다. 반면에 정치적 경험이 없을수록 작은 자극만으로도 큰 영향을 받게 되는데, 이를 비면역 상태라고 한다.

** 정치 사회화political socialization

한 개인이 자신이 속한 사회의 정치적 가치관이나 태도를 습득하고 형성해 가는 과정, 또는 세대 간에 정치 문화를 이전하는 과정을 의미한다. 일반적으로 정치 사회화는 소속 집단을 통해 이뤄진다. 특히 가족·친구·직장 등 사회화 대행 기관으로 불리는 1차 집단primary groups의 영향이 지대한 것으로 알려져 있다.

이 바람직하다는 판단하에, 6장에서는 다양한 집합 자료를 활용해 시카고에서 나타난 재정렬 사례를 살펴본다.

이 연구는 원래 시카고 대학 정치학과 박사 논문을 위해 이루어진 것이다. 당시 학위 논문 심사 위원이었던 노만 니Norman Nie, 시드니 버바Sidney Verba, 벤 페이지Ben Page는 몇 해 동안의 연구와 저술 전반에 걸쳐 큰 도움과 격려를 주었다. 여러 제안과 비판을 보내 준 빌 맥알리스터Bill McAllister, 존 페트로식John Petrocik, 스티브 야넬Steve Yarnell, 존 케셀John Kessel, 허브 애셔Herb Asher, 워런 밀러Warren Miller, 월터 딘 번햄Walter Dean Burnham에게도 감사의 마음을 전한다.

American Politics, Political Science,
and the Dynamics of Realignment

1장

미국 정치, 정치학, 그리고 재정렬의 동학

역사적으로 미국 정당은 유권자의 지지, 리더십, 정책에서 유동성fluidity
이 크다는 평가를 받아 왔다. 역사학자들은 미국 정당이 보여 준 영속적
특징보다 그들이 빈번하게 그리고 실제로 자신을 변화시키는 분명한
능력에 주목해 왔다. 대표적으로, 1896년에 도시 노동계급은 공화당
우위의 '1896년 체제'*를 공고화하는 데 크게 기여했다. 그런데 겨우
30년 만에 바로 그 집단은 민주당에 더 많은 지지를 보냈고, 이것이 뉴
딜 재정렬로 귀결되었다.[1] 이런 유동성 때문에 미국 정당을 연구하는 학
자들은 유럽 정당 연구자들과는 매우 다른 관점을 갖게 되었다. 일반적
으로 유럽 정당 체계는 그 사회에서 가장 중요한 지역적·종교적·경제
적·민족적 균열들**의 표출로 이해할 수 있다. 한 사회를 이루는 '부분'

• 1896년 체제

미국 정치의 역사는 대략 30년 간격으로 주요 정당 간 경쟁 이슈와 지지 기반
의 성격이 변화하는 특징을 보여 주었다. 이를 흔히 정당 체계로 일컫는데,
첫 번째 정당 체계는 국가 건설 이후 연방파와 민주 공화파가 새로운 나라의
발전 방향과 외교정책을 놓고 경쟁하던 시기이고, 두 번째 정당 체계는 앤드
류 잭슨Andrew Jackson이 주도하는 민주당과, 그에 반대한 거의 모든 세력이
결집한 휘그당이 경쟁한 시기이다. 1896년 체제는 네 번째 정당 체계로 1896
년 선거부터 1930년대 초반 뉴딜 시기까지 30여 년 동안 지속되었다. 이 시기
공화당은 북부와 중서부 산업 지대에서 확고한 지지를 유지했고, 민주당은
남부 지역에서 압도적 우위를 나타냈다. 이와 같은 지역 정당 체계가 확립된
이후 공화당은 9차례 대선에서 7번 승리하고, 18차례 의회 선거에서도 17번
승리하며 상하원 모두를 장악했고, 민주당은 자신의 거점인 남부 지역에서
백인 우위 체제를 유지하는 데 만족했다.

들의 상대적 중요성을 기초로 하는 정당과 특정 집단이 형성하는 역사적 연계는 대체로 고정된 것처럼 다뤄진다.[2] 따라서 유럽에서는 미국 역사학자들과 정치학자들처럼 정당 지지의 변화나 재정렬을 연구하기보다, 현재의 '결빙된'* 정당 대안이 어떻게 형성됐는지, 그 균열이 최초로 발생한 양상에 더 많은 관심을 기울인다.

중대 선거, 정당 지지 변화의 기초

오래 가는 정치 지형의 변화를 가져오는 역할을 중심으로, 선거를 서술하고 분류한 최초의, 그리고 가장 주목할 만한 시도는 키V. O. Key의 연구였다. 그는 자신이 '중대 선거'라고 이름 붙인 '선거 유형'에서는 "선거 참여의 깊이와 강도가 높고, 지역공동체 내 권력관계에 상당 수준의 재편이 일어나며, 새로울 뿐만 아니라 지속성을 지닌 정당 지지 양상이 나

•• 균열cleavage
사회 구성원들 사이의 집단적 갈등과 대립을 야기하거나 야기할 가능성을 갖는 사회적 구분을 의미한다. 선거에서 다수의 지지를 얻고자 하는 정치 엘리트와 정당은 바로 이런 균열 축을 따라 집단들을 동원한다. 그런 점에서 한 국가의 정당 체계는 사회의 균열 구조를 반영한다. 립셋Seymour M. Lipset과 로칸Stein Rokkan은 서유럽 정당 체계에 대한 고전적 연구(1967)에서 산업혁명 이후 유럽의 정당정치의 내용을 결정지은 4개의 균열, ① 중심 대 주변, ② 국가와 교회, ③ 자본과 노동, ④ 토지와 산업을 제시했다.

• 결빙freezing
정치학자 립셋과 로칸이 서유럽 정당 체계의 형성과 관련해 사용한 개념이다. 대중 정치로의 이행기였던 1920년대에 형성된 정당 체계가 이후 장기간 지속성을 갖는다는 것을 가리킨다. 이는 "유권자에게 주어진 정당 대안이 유권자 대다수보다 나이가 많다."는 말에 잘 함축돼 있다.

타난다."라고 주장했다.[3] 그 사례로 키는 1928년 뉴잉글랜드의 타운별 선거 결과를 활용해 이 지역에서 새로운 정렬이 이루어졌음을 보여 주었다. 갑자기 이민자, 도시 거주민, 가톨릭교도들이 백인 원주민, 농촌 거주민, 프로테스탄트 교도들과 대립한 후로 이 정렬은 적어도 20년 간 지속되었다. 1896년 선거도 정당 지지 양상에서 그만큼이나 극적인 변화를 가져왔다. 다만 1896년의 경우 정렬의 성격이 도시-농촌이나 계급보다는 지역-부문section과 관련이 더 깊은 것으로 나타났다.

중대 선거 연구 분야에서 키를 계승한 가장 중요한 연구자는 월터 딘 번햄이다. 번햄의 관심사는 키의 그것보다 넓었다. 그는 정치와 사회 경제적 환경 간의 관계에 대한 일반 이론을 개발하고자 노력했고, 여기서 중대 선거는 양자 간의 시간적 괴리를 주기적으로 해소해 주는 기제로 등장했다.[4] 이처럼 번햄은 키가 멈춘 지점에서 연구를 시작했다. 그는 중대 선거의 존재를 간략하게 입증한 후 그것의 원인과, 1896년 이후 유권자의 '탈정치화'depoliticization와 같은, 그것이 낳은 정치적 효과를 분석했다. 번햄이 활용한 자료는 다양하다. 여기에는 중대 재정렬 critical realignment의 주기성을 증명하기 위해 활용한 전국 및 주 단위 선거 자료와 전국 단위 투표 수치부터, 펜실베이니아 주의 재정렬을 좀 더 세밀하게 들여다볼 수 있는 카운티 선거 결과와 인구조사 자료까지 포함되어 있다.

제임스 선드퀴스트는 미국 정당 체계를 특징짓는 변화의 과정을 좀 더 넓은 역사적 시각에서 조명했다. 그는 모든 지역 단위의 방대한 선거 결과 자료를 활용해 뉴딜과 1896년 재정렬뿐만 아니라 1850년대 공화당 탄생 시기까지 연구했다. 그가 밝힌 연구 목표는 이렇다.

각각의 사례에서 기존 정당 체계의 안정을 흔드는 힘을 확인하고, 그 힘의 기원과 발전 과정을 추적하며, 그에 대응하는 정당의 행태를 검토하고, 다시 한 번 안정을 되찾는 새로운 정당 체계의 확립과 그로 인해 해소되는 위기의 사건들을 조명하는 것이다.[5]

선드퀴스트의 관점에서 중대 재정렬은, 새로운 이슈가 기존의 정당 균열선을 가로지르며 정치 공동체를 새로운 방식으로 양극화할 때 이뤄진다. 그 결과는 기존 정당이 파멸하고 새로운 정당이 탄생하는 경우(1856년), 기존 정당 중 하나가 제3 정당을 흡수하는 경우(1896년), 새로운 양극화 이슈를 수용하는 과정에서 기존 정당이 정책 입장과 지지기반을 바꾸는 경우(1930년대)로 나타날 수 있다.*

물론 많은 역사학자들과 정치학자들이 정당 지지의 변화를 체계적으로 분석하는 데 중대 선거 개념을 활용하곤 했다. 예를 들어, 맥레이Duncan MacRae와 멜드럼James A. Meldrum은 주성분 분석principal component analysis을 통해 일리노이 주의 중대 선거를 분석했다.[6] 클럽Jerome M. Clubb과 앨런Howard A. Allen 또한 연방 의회 및 그 하위 수준의 공직 선거 투표 결과를 분석하면서 확인한 바 있는데, 도시 지역에서 민주당 지지는 1920년대 전반에 걸쳐 상승 추세에 있었다는 사실을 통해 1928년 선거가 중대 선거라는 주장을 반박하고자 했다.[7] 키의 방법을 캘리포니아

---

* 1856년 선거, 1896년 선거, 1930년대 선거는 각각 미국의 세 번째, 네 번째, 다섯 번째 정당 체계의 시발점을 이루었다. 선드퀴스트가 언급한 바대로 1856년 선거에서는 휘그당이 무너지며 공화당이 그 자리를 차지했고, 1896년 선거에서는 민주당이 친농민 정책을 통해 신생 인민당을 흡수했으며, 1930년대 선거에서는 민주당이 기업 규제, 노조 보장, 복지 정책을 제시하며 노동자들과 하층 집단의 지지를 획득했다.

주에 적용한 쇼버John L. Shover의 연구는 1930년대 초반 민주당에 대한 지지가 상승한 것은 "이미 확립되어 있던 투표 사이클의 한 부분"임을 보여 주었다. 따라서 그에게 캘리포니아 주의 1928년 선거는 중대 선거가 아니었다.[8]

전향과 중대 선거 이론

이론과 방법론, 그리고 분석 사례는 달랐지만, 이들 연구는 예외 없이 정당 지지 변화의 작동 방식에 대해 일정한 관점을 공유한다.[9] 중대 선거에 대한 연구는 (투표 결과를 취합한) 집합 자료에 의존하기 때문에, 정당 지지 변화와 관련해 개별 시민의 역할을 모호하게 하거나, 변화의 시기에 나타나는 개인의 행태에 대한 일정한 가정을 만들었다. 다시 이들 가정은 정당 지지 변화가 이뤄지는 방식에 대한 특정 관념을 만들어 내는 데 기여했고, 그 관념은 미국 정당정치 이론에 직접적인 영향을 미쳤다.

좀 더 구체적으로 말하자면, 중대 선거 이론은 기본적으로, 정당 지지의 변화는 특정 시기에 다수의 개인들이 자신의 일상적 투표 패턴을 바꿀 때 발생한다고 가정한다. 즉 대규모 재편repatterning과 더불어 위기의 기운이 감돌게 된다. 정치적 위기는 "불만", "발화점을 향해 고조되는 긴장" 등으로 표현되곤 하는데, 정치 균열의 갑작스런 변동을 가져오며, 이는 다시 중대 재정렬을 구성하는 요소가 된다.[10] 중대 선거에서 시민들이 투표에 참여하는 행위는 정당 체계를 통해 불만을 표출하는 것을 의미한다. 이렇게 갈등의 강도와 가시성이 높은 양극화된 정치의 그림을 그려 놓게 되면 자연스럽게 재정렬은 유권자 개개인이 정당 지지를 바꾸는 '전향'의 결과라고 생각할 수밖에 없다.

키의 뉴잉글랜드 연구는 번햄의 펜실베이니아 연구와 마찬가지로 투표 행태의 급격한 변화를 당연한 것으로 간주했다. 키는 1928년의 "거대한 유권자 재편"을 두고, 중대 선거에서 나타나는 "대규모 정당 지지의 변화"는 "광범위하고 지속적인" 성격을 갖는다고 말한 바 있다.[11] 번햄은 좀 더 정확하게 기술했다. "[중대 선거에서는] 적극적인 유권자들로 구성된 거대한 블록, 분명 소수파들이기는 하지만 전체 투표자의 5분의 1에서 3분의 1에 이르는 사람들이 지지 정당을 바꾼다."[12] 키와 번햄 모두 중대 재정렬을 연구하면서 개별 유권자의 실제 행태를 고려한 것은 아니라는 점에 주목할 필요가 있다. 그들의 논의에서 특정한 방향으로 움직이며 '일탈'deviating 또는 '이탈'defecting하거나, 결정적으로 '전향'하는 것은 카운티, 타운, 주州이다. 개별 유권자 수준에서의 전향이라는 관념은 그저 암시만 할 뿐이다. 그러나 번햄은 여기서 한발 더 나아갔다. 그는 서베이연구센터의 작업이 따르고 있는 투표 행태 모델을 비판하면서 개인 투표의 변화에 대한 자신의 가정을 분명히 했다.

재정렬 선거는 미국 선거 정치의 통상적인 모습과는 분명히 질적으로 다르다. …… 이 근본적인 질적 차이가 시사하는 바는, 선거 결과에 개인적으로 특별히 이해관계가 크게 걸려 있지 않은 대다수 중간층 유권자들의 일반적이고 관성화된 안정성으로부터 도출된 투표 행태 모델로는, 비정상적 상황으로 말미암아 미국 유권자들이 정치화될 때 나타나는 잠재력을 온전히 서술하기 어려울 수 있다는 점이다.[13]

설문 조사를 기반으로 유권자와 그들의 투표 행태를 분석한 '미시간 모델'*은 정당 지지 변화의 동학을 이해하고자 하는 사람이라면 반드시 참고해야 할 이론이다. 번햄과 같은 비판자들 때문에 수정되었지만 말이다. 미시간 모델의 가장 탁월한 점은 개별 시민들의 정치적 태도, 특히 투표 행태를 결정하는 데 있어 정당 일체감(정당에 대한 일종의 심리적 애착)이 갖는 중요성을 포착해 낸 것이다. "정치에 대한 태도를 형성하는 데 있어 정당에 대해 갖는 일반적인 지향의 역할은 매우 분명하다."[14] 그다음으로 정치적 이슈와 후보에 대한 인지 및 태도가 투표를 결정한다. 집합 자료 수준의 정당 지지 변화를 분석할 때 좀 더 중요한 요소는 정당 애착심에 내포된 두 가지 특징이다. 이 [미시간] 모델은 정당 일체감을 대체로 '물려받은' 것으로 간주하는데, 이는 다른 정치적 태도에 비해 훨씬 더 높은 빈도로 세대를 거쳐 이전되는 것으로 나타났다.[15] 그리고 이렇게 물려받은 성향은 안정적이고 지속적이었다. 즉 "정당 일체감은 일단 확립되고 나면 쉽게 변하지 않는 애착심이다."[16]

만약 개인들의 정당 일체감이 안정적이라면, 정당에 대한 지지는 어떻게 재편되는가? 중대 선거와 재정렬에 관심을 기울여 온 많은 연구자들이, 안정적이고 지속적인 정당 애착심이라는 개념과 정당 지지의 급격한 변화라는 사실을 조화시키기 위해 선택한 한 가지 방법은 이런 것이었다.

* 미시간 모델Michigan model
사회심리학적 모델로도 불리며, 사회학적 모델, 합리적 투표자 모델과 함께 유권자의 투표 행위를 설명하는 대표적인 이론이다. 미시간 대학교 서베이 연구센터 연구자들이 유권자의 심리적 태도를 중심으로 1952년 대통령 선거를 분석한 연구를 통해 발전됐다. 정당·이슈·후보에 대한 유권자의 정향을 핵심 변수로 투표 행태를 설명했다.

기본적으로, 대다수 유권자들이 한 정당에 거의 완벽히 결속돼 있는 그림을 받아들인다. 단, 중요한 단서 조항이 붙는데, 그것은 오래된 관습이 무너지는 비상적인 정치 격동이 일어날 때 유권자들은 기존의 정당 애착심을 버리고 새로운 정당으로 옮겨 갈 수 있다는 것이다. 1850년대의 노예제 이슈, 1893년 공황과 윌리엄 제닝스 브라이언William J. Bryan 이 내건 농민 급진주의의 위협, 1929년의 주가 폭락과 대공황은 이런 전향을 만들어 낼 수 있는 사건들로 인정되었다.

앞에서 인용한 번햄의 진술은 이것이 그가 선택한 경로임을 보여 준다. 반면 선드퀴스트는 대다수 유권자들이 한 정당에 대한 깊고 안정적인 애착심을 유지한다는 관점을 훨씬 강력하게 받아들인 것처럼 보인다.

선드퀴스트의 재정렬 이론에서 핵심이라 할 전향 개념은 투표 행태만이 아니라 (투표 행태를 뒷받침하는) 유권자의 정당 애착심에도 적용된다는 점을 이해하는 것이 중요하다.[17] 물론 정당 지지의 변화는 다른 방식, 좀 더 점진적 방식으로도 일어날 수 있다. 선드퀴스트는 이런 유형을 정당 체계의 '비본질적'inorganic 변화라고 부른다. 새로운 집단이 투표권을 획득하거나, 출생률의 변화로 어떤 정당이 유리해지기도 하며, 개별 유권자가 개인적인 이유로 지지 정당을 바꿀 수도 있다(예를 들어, 민주당 지지자가 교외로 이사한 후 공화당 지지자가 될 수 있다). 그러나 선드퀴스트가 이해하는 미국 정당 체계의 역사에서 이런 유형의 움직임은 상대적으로 덜 중요하다. 반면, 1850년대, 1890년대, 1930년대와 같은 '본질적'organic 변화의 시기에는 "유권자들의 정당 지지를 떠받치는 기존 근거가 새로운 것으로 대체된다. 주요 정당 가운데 하나 혹은 두 정당 모두 그 구성과 특성이 급격하게 변화한다." 실제로, 지지 정당을 바꾸는 수많은 개

인들의 결정으로 말미암아 정당 구조가 바뀌는 것이다.[18]

언뜻 보면 『미국의 유권자』의 저자들도 같은 접근을 하고 있는 것 같다. 1950년대 유권자들의 정당 일체감이 매우 안정적임에도 불구하고, "이따금씩 나타나는 전국 단위의 격변적 사건들은 오랫동안 유지되어 온 정치적 감정의 배분 양상을 크게 재정렬할 만한 힘을 갖고 있다."[19] 그러나 그들은 이 문제에 대해 두 가지 생각을 갖고 있었다. 구체적으로 뉴딜 재정렬을 언급하면서 그들은 이렇게 말했다.

> 과거 공화당 지지자였던 유권자들 가운데 일부가 새로운 민주당 지지자로 돌아섰다는 데는 의심의 여지가 없다. 그러나 루스벨트 재임 초기에 민주당을 지지한 이들 공화당 지지자의 상당수가 얼마 지나지 않아 미몽에서 깨어났다고 믿을 만한 근거도 있다. 물론 자기 정당으로 다시 돌아가지 않은 유권자도 있다. 그러나 이 지지 변경자들이 민주당 지지 상승의 큰 부분을 차지하는 것 같지는 않다. 설문 응답자들 개개인의 정치사를 탐구한 결과, 우리는 민주당 지지 상승의 상당 부분은 투표권을 획득한 지 얼마 되지 않은 청년층 유권자와 그 전까지 투표하지 않던 중장년층 유권자로부터 왔다고 믿게 되었다.[20]

최근 발표된 논문에서 필립 컨버스Philip Converse는 이 아이디어를 더욱 발전시켰다. 그는 이렇게 말했다. "이 시기에 무슨 일이 일어났는지를 모델화하는 것은 쉬웠다. 실제 전향한 비율이 전체 유권자 가운데 겨우 1~2%에 불과했기 때문이다."[21] 그리고 나서 컨버스는 유권자 집단이 시간이 흐름에 따라 계속 교체된다는 점을 상기시키며, 1928~40년 사이 유권자 지지의 급격한 변화는 거의 전적으로 그 시기 민주당이 젊은 유권자들의 지지를 끌어들였기 때문이라고 주장했다. 『미국의 유권자』는 짧게, 컨버스는 좀 더 길게 논의한 후 다음과 같은 가능성을 제기한다. 어떤 역사적 시기에는 정당 일체감이 그토록 안정적이고 중요하지만, 특정 사회집단의 정당 지지와 정당의 전국적 지지 분포는 급격하고 현저하게 변할 수 있다는 점이다.

정당 지지 변동에서 동원의 중요성

중대한 정당 재정렬이 있으려면 개별 유권자들의 대규모 전향이 일어나야 하며, 이런 전향은 오직 위기 상황에서만 발생한다는 접근은 분석상에 문제를 야기하곤 했다. 이런 문제 가운데 가장 오래, 빈번히 다뤄진 사례는 1928년 선거였다. 즉 1928년 선거가 얼마나 '중대'한가critical를 놓고 폭넓은 토론이 이뤄졌다.[22] 앨 스미스*가 꽤나 새로운 근거를 제기했음에도, 1928년 선거를 정치적 '지진'으로 보기는 어렵다. 그럼에도 전향이 1928년 선거 당시, 특히 도시에서 발생한 정당 정렬 변화

• 앨 스미스Al Smith, Alfred E. Smith
민주당 소속으로 네 차례 뉴욕 주지사를 지냈으며, 1928년 가톨릭 신자로서는 미국 역사상 최초로 대통령 선거에 출마했다. 가톨릭에 대한 편견과 함께 공화당 후보에 유리했던 경기 호황의 벽에 막혀 허버트 후버에게 패배했다. 지역적으로 백인 이민자들이 거주하던 시카고·보스턴 등 산업화된 대도시에서 민주당 우세를 확보했지만, 남부·서부 등 농촌 지역의 열세를 극복하지 못했던 것으로 평가된다. 그러나 1928년 스미스가 이끈 대통령 선거는 도시-노동자-가톨릭이라는, 향후 뉴딜 연합의 토대가 되는 유권자 연합을 형성시키면서, 프랭클린 루스벨트의 1932년 대통령 선거 승리에 기여한 것으로 평가된다.

의 근간이 되었다는 점은 의심받지 않았다. 그래서 클럽과 앨런은 이 선거를 연구한 후 이렇게 말했다.

정당 지지와 선거 참여 행태에서 대규모 변화가 일어나는 일은 드물며, 이런 변화가 발생하는 시기는 대체로 전국적인 위기의 시기와 일치해 왔다. 만약 재정렬이 전국적인 위기보다 덜 극적인 사태의 결과 1928년에 나타났다면, 정당 충성심의 안정성과 강도에 대한 입장을 수정해야 할지 모른다.[23]

그러나 이런 설명은 충분하지 않으며, 어쩌면 불필요할지도 모른다. [개별 유권자들의] 전향이 아니라 집합적 차원에서 '유권자 교체'electoral replacement라고 부를 수 있는 과정이 1920년대 후반과 1930년대 초반에 발생한 정당 지지의 변화를 더 잘 설명할 수 있다. 이런 주장의 근거는 (자주 간과되는) 키의 '점진적 재정렬'• 개념에서 찾을 수 있다. 키가 볼 때 중대 선거를 야기할 만큼 극적이지 않은 과정에서도 "꾸준히 그리고 거의 알아차릴 수 없을 정도로 선거 때마다 작동해 새로운 정당-유권자 정렬을 형성하고 새로운 정당 지지 집단을 만들어 낸다." 직업·종교·지역 집단은 "정당 애착심에 있어 어느 정도 동질적이다. 시간이 흐름에 따라 다양한 요인들이 작동해 이들 집단을 견고하게 만들기도 하고, [반

• 점진적 재정렬secular realignment
키는 1955년 논문에서 재정렬을, 중대 선거를 통한 정당 체계의 급격하고 결정적인 변화로 정식화했는데, 그로부터 4년 후, 기존 개념이 현실의 재정렬 현상을 포괄하지 못한다는 인식 아래 보완적으로 제시된 개념이다. 급격하고 갑작스런 변화보다는 장기간에 걸쳐 잘 지각되지 않지만 거스를 수 없이 일어나는 정당 지지 재편을 의미한다.

대로] 과거 그들을 정치적으로 묶고 있던 유대를 부식시키기도 한다."[24]
키는 한 집단이 차지하고 있던 지위가 객관적으로 변화할 때, 이런 유형의 장기적 변화를 낳는 토대로 작용할 가능성이 높다고 보았다. 그러나 그는 그 변화의 작동 방식을 더 깊이 다루지는 않았다.

구성원 가운데 50%가 민주당을 지지하던 한 집단이 시간이 흐르면서 80%가 민주당을 지지하게 되는 과정을 어떻게 설명할 수 있을까? 이런 변화는 개개인이 내린 결정들의 합合임에 분명하다. 하지만 이 '결정'을 민주당 지지에서 공화당 지지로 바꾸는 혹은 그 반대인 경우로만 생각한다면, 이는 지나치게 좁은 인식이다. 부동층이나 지지 정당이 없는 유권자가 민주당 지지자나 공화당 지지자가 '되기로' 결정할 수도 있다. 매 선거에서 모든 유권자는 참여할 것인가 말 것인가를 먼저 결정해야 한다. 어떤 사람은 투표권을 얻자마자 부모가 지지하는 정당을 선택 혹은 거부하기로 결정할 수도 있다. 개인들의 이런 결정은 쉴 새 없이 일어난다. 특정한 시기에 또 특정한 사건을 중심으로 얼마나 집중되느냐에 따라 정당 지지 변화의 속도와 방향이 좌우된다.

몇몇 사람들이 1928~36년 재정렬은 '전향 결정'보다는 '동원 결정'이 중심이 되었다는 주장을 제기해 왔다. 이를 가장 솜씨 좋게 풀어낸 사람은 사무엘 루벨이었다. 그는 이른바 '앨 스미스 혁명'과 더불어 '루스벨트 혁명'•도 20세기 초반에 이민자가 대거 미국으로 유입되고

• 앨 스미스 혁명과 루스벨트 혁명
프랭클린 루스벨트의 대통령 당선과 그의 행정부가 민주당과 함께 단행한 일련의 정책은 미국 정치에 혁명적인 변화를 가져왔다. 대공황과 같은 경제 위기 재발을 막기 위해 투자은행과 상업은행을 분리한 <글래스-스티걸 법>, 노동자들의 자유로운 노동조합 결성을 보장한 <와그너법>, 보조금 지급을

그로부터 20~30년 후 그들의 자녀들이 성인이 된 결과라고 주장한다.[25] 최근 이 문제를 체계적으로 분석한 칼 데글러Carl Degler는 1920년부터 1928년까지 이민자 출신이 인구의 50% 이상인 도시에서 민주당 득표 수가 엄청나게 증가했으며, 반면 공화당 득표수는 그보다 훨씬 적게 증가했음을 보여 주었다. 앨 스미스는 앞선 누구보다 효과적으로 이민자와 그 자녀들을 동원해 냈던 것이다.

이들 이민자 출신 유권자 중 일부는 아마도 줄곧 공화당에 투표해 오다가 이제야 민주당 지지자로 돌아섰을 것이다. 그러나 그보다 더 많은 이들은 처음으로 투표에 참여해 민주당을 지지한 것으로 보인다. 그렇지 않고서는 민주당 득표수가 엄청나게 증가했음에도 공화당 득표수가 그만큼 감소하지 않았다는 사실을 설명할 수 없다.[26]

통해 농업 안정을 꾀한 <농업 조정법>, 노령연금과 실업보험을 도입한 <사회 보장법> 등이 대표적이다. 이와 같은 정책을 통해 미국의 기업 규제, 노동 복지 체계가 자리 잡았고, 민주당도 북부 지역 노동자들의 폭넓은 지지를 얻으며 현재와 같은 진보 성향 정당으로 재탄생했다.

앨 스미스 혁명은 루스벨트 당선 이전 1928년 선거에서 알프레드 스미스가 대선 후보로 나서 윌슨 대통령 시기 지지를 철회했던 도시 지역 이민자들을 다시 민주당 지지로 돌려세운 현상을 일컫는다. 스미스의 민주당 후보 지명은 가톨릭교도가 주요 정당의 후보로 선출되었다는 점에서 당시로서는 미국 최초의 사례였으며, 그로 인해 유권자들 사이에서 많은 논란을 불러일으켰다. 스미스는 아일랜드 출신이자 가톨릭교도로 이민자들의 호감을 얻었을 뿐 아니라 기독교도들이 주도했던 <금주법> 정책에도 반대해 이민자들 다수의 지지를 끌어낼 수 있었다. 비록 스미스 자신은 선거에서 패배했지만, 이와 같은 지지 변화는 다음 대선에서 루스벨트가 대통령으로 당선되어 뉴딜 정책을 펼치는 데 결정적으로 기여했다.

특히 1920년에 투표권을 획득한 이민 여성들은 비록 그 해나 1924년에는 투표에 나서지 못했지만, 1928년에 불현듯 투표장에 몰려나와 스미스에게 표를 던졌다. 예를 들어, 이탈리아 출신 이민자 밀집 지역 선거구의 경우 1928년에 여성 유권자 등록률이 30% 가까이 상승했다.[27]

이런 움직임은 선드퀴스트가 말하는 '비본질적 변화'일 수도 있다. 그러나 그렇게 단언할 수는 없다. 전향 결정은 "기존의 정당 지지 분포를 형성한 요인들"의 변화를 보여 주는 유일한 징표는 아니다. 이 사례에서 민주당은 1928년부터 여성, 청년, 이민자 출신, 도시 거주민, 노동 계급 등 당시까지 정치에 무관심했던 집단들에게 주로 호소하며 지지 기반을 변화시켜 나갔다. 루벨의 이야기를 빌자면, 루스벨트와 민주당은 "상승일로에 있던 도시 대중에게 자신들이 가진 수의 힘을 일깨워 주었다. 또한 정치적 후원 체계patronage와 보호 입법을 통해, 그들의 정치적 존재를 인정하고 있다는 손짓을 내보였다."[28] 그 결과 [민주당과 공화당이라는] 양대 정당의 정책과 구성이 크게 바뀌었다.

전향 이론이 더 인기를 얻게 된 이유

왜 정치학자들과 역사학자들은 이런 유형의 변화가 일어날 수 있다는 점을 쉽게 지나쳤을까? 첫째, 재정렬을 분석할 때 선거 결과를 기초 자료로 삼을 수밖에 없는데, 선거 결과를 분석하는 가장 일반적인 방법은 특정 지역에서 민주당이나 공화당의 득표율이 시간이 흐름에 따라 어떻게 변화했는지를 묻는 것이다. 그런데 이 방법은 중요한 사실을 모호하게 만들 수 있다. 즉 통상적으로 투표율이나 투표 가능 유권자의 규모가 변할 수 있다는 점을 고려하지 않는 것이다. 이럴 경우 어떤 도시나 카운티가, 이를테면 이번 선거에서는 공화당 지지율이 60%이고 다음 선거에서는 민주당 지지율이 60%일 때, 전향이 '자연스러운' 해석이 된다. 그다음으로 지지 분포가 변화하는 것은 [유권자가] 한 정당에서 다른 정당으로 영속적으로 전향하기 때문이라는 가정은 그 배후에 어떤 정치적 사건이나 위기가 있다는 생각을 불러들인다. 지지 정당을 바꾸는 일이, 위기 상황이라는 드문 경우에만 나타나는 진지한 활동으로 규정될 때 정당 일체감이라는 개념이 들어올 자리는 없다. 암묵적이지만 일반적으로 받아들이는 완전 동원 가정, 즉 모든 유권자가 늘 투표한다는 가정은 정당 지지 분포의 변화를 가져오는 수단으로서 전향이 갖는 우위를 더욱 견고하게 만들어 왔다. 번햄을 비롯한 몇몇 관찰자들은 투표율에도 관심을 기울였지만, 높은 참여율은 대체로 재정렬의 원인이라기보다는 결과로 이해되었다. 게다가 투표율을 고려했던 사람들 중 다수는, 특히 뉴딜 재정렬을 설명하는 데 있어 잠재 유권자 규모의 증가를 또 다른 독립 변수로 고려하지 못했다.

둘째, 정치 변동의 시기에 유권자들이 의식적으로 정당 충성심을 버린다는 견해는 미국 유권자의 '합리성'을 확신하고 싶어 하는 사람들에게 매력적인 이야기다. 그러나 '비합리적' 유권자 모델, 즉 기본적으로 정치에 관여하지 않으면서도 대단히 당파적인 유권자의 존재를 받아들이면, 고전적 의미에서 '좋은 시민'은 비상한 정치 위기를 통해서만 구원 받을 수 있다. 즉, 사람들은 정치 위기가 일어날 때는 정당 일체감이라는 기존의 정치행태를 바꾸게 된다고 보기 때문이다. 예를 들어 선드퀴스트의 '시나리오'가 상정하는 이념형적 유권자는 기존에 정당을 구분했던 근거가 바뀌면, 어느 정당이든 자신의 이익을 가장 많이,

또는 가장 중요한 이익을 대표하는 것 같은 정당으로 지지를 옮기게 될 것이다.

키는 단기, 즉 한 선거에서 다음 선거 사이에, 유권자가 합리적이라는 가정이 관철되는지의 여부는 어떤 이슈에 대한 유권자의 입장과 지지 정당 변경 사이의 연관성을 통해 확인된다고 주장했다. 예를 들어 1936~40년 사이에 사회보장이나 농촌 구제 프로그램에 호의적이었던 유권자들이 공화당에서 민주당으로 지지를 옮기는지를 확인하는 것이다.

이와 반대로 현상 유지자들Standpatters은 "자기 정당의 순수한 정통 교리를" 고수하는 경향을 보인다. "따라서 한 선거에서 다음 선거에 걸쳐 그들이 보여 주는 투표의 일관성 또한 '합리적인' 것으로 이해할 수 있다."[29] '이슈(쟁점) 투표'에 대한 좀 더 최근의 연구들도 구체적으로 정당 교체자switchers나 현상 유지자에 관심을 둔 것은 아니지만, 키와 마찬가지로 정책에 대한 입장이 투표 결정에 어떤 영향을 미치는지에 주목한다.[30] 물론 어떤 유권자가 어떤 이슈에 어떤 방식으로 반응하는지는 늘 정치학의 중심 연구 주제일 것이다. 또한 개별 유권자의 단기적 합리성에 관한 논쟁이 그 자체로 시사하는 바가 크고, 장기간 지속되는 영구적인 정당 지지 변화를 연구하는 데 필수적이라고 말할 수는 있다. 하지만 그렇다고 (일회적이 아니라 영구적인 정당 충성심의 변경을 의미하는) 전향이 '합리적' 유권자가 재정렬을 촉진하는 유일한 수단이라는 의미로 받아들여서는 안 된다.[31]

핵심은 이것이다. 변화를 설명하기 위해, 유권자 자체의 교체와 새로운 유권자의 동원을 강조하는 이론에서 합리성은, 특정 선거에서 제기된 이슈 투표를 연구하는 것과는 다른, 좀 더 일반적인 방식으로 고려되어야 한다. 그렇다고 사회학적 의미에서 결정론적일 필요도 없다. 뚜렷한 특정 이슈가 출현할 때이든, 분위기의 흐름이 자유주의적/보수적인가라는 좀 더 일반적인 맥락에서든, 정책 투표는 '전향을 가져오는 이슈' 대對 '정당 투표'의 문제로 볼 수 있다. 그러나 정당 일체감은 그렇게 쉽게 변하지 않는데, 재정렬을 논의할 때 우리가 주로 관심을 갖는 것은 바로 이 '느리게 변하는 지표'lagging indicator이다. 아서 골드버그Arthur Goldberg 는 부모의 정당 일체감을 따를 것이냐 거부할 것이냐와 관련된 '합리성', 즉 특정 이슈에 의해서가 아닌, (매우 일반적으로 인식되는) 집단 이익에 의해 정의되는 '합리성'을 논증한 바 있다.[32] 제럴드 폼퍼Gerald Pomper 역시 유사한 주장을 다음과 같이 제시했다.

> 많은 선거 분석에서 이슈는 정당 충성심과는 달리 단기적 영향을 갖는 것으로 고려된다. …… 이런 가정은 분석적으로 편리하다. 그러나 이는 이슈의 장기적 효과를 과소평가하게 된다. 정당 일체감의 원천 가운데 하나는 정책 태도이다. 그리고 한 선거에서 처음으로 분명하게 드러난 태도는 이후 선거에서도 계속 유의미한 요소로 남아 영향을 미칠 수 있다.[33]

따라서 유권자가 한 정당과 심리적 일체감을 형성하기 위해서는 그 정당에 대한 정서적 태도 내지 전반적 평가가 필요한데, 이는 부모의 선호를 받아들이면서, 또는 정책적 입장과 상충되는 정당 일체감을 거부하면서 생겨날 수 있다. 그러나 그 **전반적인** 평가, 이를테면 민주당이 노동자에게 더 나은 (혹은 더 나았던) 정당이라는 평가는 이후에도 지속적인 영향을 미친다. 여기에 더해 집단 규범, 지역 정당 조직과의 개인적·조직적 연계와 같은 2차 과정이 원래의 긍정적 평가를 강화하는 방향으로 작동한다. 폼퍼가 경고하듯이, 이처럼 장기적 평가를 바탕으로 행동하는 사람들을 '전통과 습속에 갇힌 생각 없는 포로'로 이해해서는 안된다.

　그러므로 전향이 그동안 생각해 왔던 것만큼 중요하지는 않다는 지금까지의 논증이, 유권자를 이해하는 하나의 틀로서 '합리성'을 포기해야 한다는 것을 의미하지는 않는다. 찰스 셀러스Charles Sellers가 주장하듯이 그런 논증이 "이념이나 이슈 또는 자각된 이익을 투표 행위의 주요 결정 요인으로 간주하는 모든 이론의 권위를 훼손하는 것"은 결코 아니다.[34] 오히려 이와 반대로 '비면역' 시민의 동원을 바탕으로 이루어지는 변화의 과정은 전향 결정만큼이나 '합리적인' 결정, 즉 자신이 바라는 정책적 결과를 고려해 선거에서 제시된 여러 대안들을 평가한 후 결정을 내리는 과정일 수 있다.

정치적 면역

'정치적 면역'이라는 개념은 투표로 대표되는 정치적 경험이 민주적 선거 체계와 특정 정당에 대한 시민의 헌신을 형성하고 강화한다는 생각을 나타내기 위해 맥피를 비롯한 몇몇 연구자들이 사용해 온 개념이다. 연령과 관계없이 투표에 많이 참여한 사람일수록 단기적인 정치적 자극으로부터 영향 받을 가능성이 작다. 이런 관점에서 보면 기존 정당 체계를 흔드는 정치적 불안정의 가장 큰 원천은 기존 정당 체계를 경험하거나 공감하는 바가 거의 없는 새로운 시민들의 출현이다.

　이처럼 기존 정당을 지지하지 않는 새로운 시민들이 정치체제로 들어오는 경로 가운데 하나는 투표권의 확대이다. 미국 민주주의 초기에 투표 자격 기준에서 토지 소유와 재산 요건을 폐지한 일이나, 그로부터 한참 지나서 여성에게 투표권을 확대한 일은 잠재 유권자의 규모를 크게 증가시켰다. 이후 선거법의 변경은 (분명하게 드러나지 않는 방식으로) 유권자를 늘리거나 줄이는 데 기여했다. 대표적인 예는 이런 것들이다. 유권자 등록이 의무화되거나 좀 더 어려워졌다. 투표 자격 요건으로 문자 해독 시험과 인두세가 도입되었다. 투표용지는 단순해지기도 하고 복잡해지기도 했다.[35] 미국에서는 주州가 선거법 제정을 책임지고 있기 때문에, 제도 변화에 따라 유권자의 규모와 행태가 어떻게 달라졌는지를 확인하기가 매우 복잡하다. 예를 들어, 재산 요건 폐지는 1790년부터 남북전쟁 시기까지 각 주별로 진행되어, 전쟁이 끝나는 1865년경에 이르러서야 백인 남성 투표권이 거의 모든 지역에서 보편화되었다.[36]

미국의 잠재 유권자 구성을 크게 바꾼 또 다른 사건은 수정헌법 15조와 19조,* 그리고 1950~60년에 걸쳐 남부 흑인들에게 투표권을 돌

---

* 수정헌법 15조와 19조는 연방 차원에서 보통선거권universal suffrage을 확립했던 헌법 개정들이다. 미국에서 투표할 수 있는 자격은 주 정부가 결정하는 사안이며, 20세기 초까지 각 주들은 성인 시민의 선거 참여를 막는 다양한 제한 요건을 유지했다. 대표적인 것이 인종과 성별이었다. 남북전쟁 기간 흑인들은 처음으로 투표권을 얻었지만, 북부 주에 한정됐다. 남부 주들에게도 흑인들의 투표권이 확립된 계기가 바로 1870년 인종에 따른 투표권 제한을 금지하는 수정헌법 15조의 비준이었다. 그러나 수정헌법 15조에도 불구하고, '짐 크로'Jim Crow로 불리는 악명 높은 인종 분리 정책을 발전시킨 남부 주들은 문자 해독 시험과 인두세 등 다양한 방식으로 흑인들의 참여를 봉쇄했다. 이런 차별은 1960년대 마틴 루터 킹 목사가 이끈 민권운동과 그 성과로서 1965년 투표권법이 통과될 때까지 이어졌다.
　여성 투표권의 경우 1910년대까지도 미국 대부분의 주들은 이를 인정하지 않았다. 미국에서 여성 투표권은 1920년 성별에 따른 투표권 차별을 금지한 수정헌법 19조를 통해 확립됐다. 수정헌법 19조는 엘리자베스 스탠턴Elizabeth Stanton, 수전 앤서니Susan B. Anthony, 캐리 캐트Carrie C. Catt 등을 주축으로

려준 일련의 법원 판결이다. 이상의 모든 투표권 확대 사례에서 새로운 시민들은 비면역 상태에 있었다. 새로운 시민들 역시 체제로 들어올 때 일정한 정당 선호가 있었겠지만, 다른 시민들보다 정치 경험이 부족했으므로 당파적 색채가 옅었고, 정치적 변동성은 높았을 것이다.

한 나라의 시민 규모는 이민을 통해서도 급격히 증가할 수 있다. 이는 정치체제가, 가치의 사회화가 아직 이루어지지 않고 정당 구도에 결속되지 않은 많은 사람들을 맞이해야 한다는 사실을 의미한다.[37] 또한 미국 땅을 향한 이민자의 물결이, 1896년 선거*에서 브라이언에 대한 매킨리의 승리와 뉴딜 재정렬에서 중요한 역할을 했다는 사실을 의미한다.[38] 이런 맥락에서 리처드 젠슨Richard J. Jensen의 연구는 이민과 관련해 가장 중요한 논점을 제시한 바 있다. 정치적 충성이 본질적으로 준종교적인 성격을 띠는, 혹은 그랬던 사회에서 이민자들은 특정 정당에 대한 애착심이 거의 없었다는 것이다.[39]

물론 새로운 시민들이 끊임없이 유권자가 된다. 또한 해마다 수천

19세기 후반부터 반세기에 걸쳐 지속된 여성 참정권 운동의 결과였다. 서프러제트suffragette라 불리는 이 여권 운동가들은 투표권을 획득하기 위해 주와 연방 정부를 상대로 집회와 행진, 탄원 등의 방법으로 끈질기게 싸웠다.

• 1896년 선거에서, 공화당의 주지사 출신 윌리엄 매킨리William McKinly 후보와 민주당의 전직 하원의원인 윌리엄 브라이언 후보가 경합했다. 급격한 산업화와 도시화에 따른 경제 공황 속에 치러진 선거에서 주요 이슈는 관세 정책과 함께 은화 인정을 통한 통화팽창이었다. 매킨리는 기업가, 전문 집단, 중상층 자영농, 숙련노동자 중심의 보수적 지지 연합을 구성했고, 브라이언은 부유층과 싸우는 일하는 사람들의 대표를 자임하며 중하층 농민들 사이에서 폭넓은 지지를 구축했다. 선거 결과 공화당의 매킨리 후보가 일반투표에서 51.0%, 선거인단 투표에서 271석을 얻어, 각각 46.7%, 176석을 얻은 브라이언을 물리치고 승리했다.

명의 젊은이들이 성년이 된다. 그러나 이 과정이 정당 지지 분포에 급격하고 큰 변화를 가져오는 것은 아니다. 18세 투표권이 허용된 1972년에 때마침 선거가 치러지자, 새로운 세대가 선거 결과에 어떤 충격을 줄 것인가를 둘러싸고 여러 추측이 있었다. 그러나 청년 좌파 단일 대오는 끝내 출현하지 않았고, 이는 세대 이동이 그 자체로 변화의 원인이라기보다는 연속된 형태라는 생각을 뒷받침하는 듯 보였다.

물론 부모로부터 자녀로 이어질 때, 정당 충성심은 일관되게 존재하며 강도도 강한 것으로 확인된다.[40] 부모가 제공하고, 어른이 된 후에는 인간관계를 통해 강화되는 정당정치의 사회화는, [성년이 되어 투표권을 획득한] 새로운 시민들에게 '조기 면역'preimmunization이라 부를 만한 것을 제공해 정당 지지의 세대 간 연속성을 보장해 준다.

일반적으로, 부모의 정당 일체감을 거부하는 현상은 계층 상승 혹은 그것에 대한 열망처럼 한 개인의 심리적 특성으로 설명돼 왔다.[41] 부모의 선호를 추종하거나 거부하는 것 모두 '합리적'이라는 주장을 설득력 있게 펼친 골드버그조차 외부의 정치적 사건이나 정치 세계의 변화를, 정당 일체감의 세대 이전에 영향을 미치는 변수로 고려하지 못했다. 특정 시기에 정치를 지배하는 중심 이슈가 크게 변하고, 그 결과 기존의 정당 지지 연합이 해체되는 상황은 분명히 존재한다. 이때 세대교체는, "물려받은 정당 충성심이 사회 변화에 대항하는 강력한 닻으로 작용하는" 평온한 시기와 대조적으로, 정당 지지의 변화를 가속화할 것으로 예상할 수 있다.[42]

특정한 정당-유권자 정렬을 만들어 낸 이슈들도 시간이 지나면 사라질 수밖에 없다. 1965년의 전국 단위 설문 조사에 응답한 고등학교 3학년 학생들 가운데 35%는 프랭클린 루스벨트 대통령이 어느 당 소속

인지 알지 못했다.[43] 최근 몇몇 연구는 1930년 이래 민주, 공화 양당을 갈랐던 '전통적' 계급 기반의 중요성이 젊은 유권자들에게 예전만 못하다는 사실을 보여 준다.[44] 심지어 일부 연구는, 가장 젊은 세대의 경우 계급-정당 관계가 완전히 역전되는 경향도 확인했다.[45] 이론적으로 이 과정은 매우 느리게 진행될 수 있고, 여러 세대에 걸쳐 새로운 이슈들이 지난 이슈들을 점진적으로 대체함에 따라 정당의 사회적 기반이 완전히 바뀔 수 있다. 새로운 양극화의 힘이 더 빨리 부상하는 일도 얼마든지 가능하다. 버틀러와 스톡스가 말한 대로, "강력한 새로운 힘이, 주로 정당의 내재적 가치(심리적 또는 사회적 효용)에 의존한 정치적 애착심을 쓸어버릴 수도 있다."[46] 그리고 상대적으로 젊고 경험이 적은 유권자들은 정치적으로 좀 더 유연하고 태도도 덜 뻣뻣해서 나이 든 시민들보다 새로운 힘의 영향을 받을 가능성이 더 높다. 이것이 선드퀴스트가 말한 바로 그 '본질적 변화'이다. 그러나 사람들은 일반적으로 오랫동안 간직해 온 정당 애착심을 버리지 않으려고 한다는 점을 감안하면, "정당과 유권자 지지 간의 관계를 형성시킨 기존 근거가 변할 때,"[47] 즉 정당이 강조하는 이슈들과 정당이 제시하는 선택지가 변할 때 젊은 세대가 가장 큰 영향을 받을 것임은 누가 봐도 당연한 일이다. 샤츠슈나이더의 관점에서 말해 본다면, 새로운 유권자들은 낡은 갈등의 퇴장과 대안적 갈등의 조직화에 가장 쉽게 이끌리는 이들이다.[48]

마지막으로 '면역'이 '정치적 경험'을 기초로 한다면, [유권자가] 완전히 동원되지 않은 사회에서는 다양한 크기의 비면역 시민 집단이 존재하기 마련이다. 미국은 20세기 전반에 걸쳐 상습적으로 투표하지 않는 방대한 규모의 유권자가 존재했으며 지금도 그렇다.[49] 이런 상황의 급작스런 변화가 갖는 이론적 잠재력을 샤츠슈나이더는 이렇게 극적으로 표현한 바 있다. "우리는 보이지 않는 힘이 우리를 지배하고 있다고 결론을 내릴 수밖에 없다. 왜냐하면 6천만 명의 사람들은 마음먹기에 따라서는 기존의 모든 정치 구도를 뒤엎을 수도 있는 그 나머지 사람들의 자비 아래 놓여 있기 때문이다."[50]

이런 일이 일어난 적이 있을까? 모든 중대 선거 이론가들은 재정렬 시기에 투표 참여가 증가한다는 데 주목했다. 예를 들어, 키는 중대 선거를 "유권자들이 이례적으로 깊은 관심을 보이며, 투표 참여가 상대적으로 매우 높은 시기"로 정의했다.[51] 번햄이 중대 선거를 설명할 때 사용한 용어도 '높은 관심'과 '높은 투표 참여'였다.[52]

이로 볼 때, 두 연구자도 (다른 연구자들처럼) 참여의 규모와 정당 지지의 새로운 기반을, 유권자를 양분하는 새로운 이슈가 떠오를 때 나타나는 두 개의 독립적인 현상으로 이해한다. 1930년대에 민주당이 이민자 집단을 동원함으로써 정치적 우위를 거두었다는 것을 많은 역사학자, 정치학자들이 인정해 왔다. 그러나 투표 불참자에 대한 동원과 재정렬 간의 관계는 이론적으로 명확하게 규명되지 않았다.

규명에 실패한 이유는 미국 정치학자들이 투표 불참을 바라보는 전통적인 방식과 관련이 있다. 1924년 메리엄Charels E. Merriam과 고스넬 Harold F. Gosnell이, 자신들이 연구한 모든 투표 불참 사례를 '전반적인 무관심과 타성', '물리적 어려움', '법적·행정적 난관', '여성 투표에 대한 불신 또는 정치에 대한 경멸'로 설명한 이래 개인적, 사회 심리적 결핍이 투표를 가로막는 주요 방해물로 간주되어 왔다.[53] 『투표』의 저자들이 밝혔듯이, "투표 불참을 순전히 정치적인 이유로 설명하는 것은 오류일 때가 많다."[54] 그러나 순전히 비정치적인 이유로 설명(예를 들어, '지속성을 갖는 사회적 조건들')하는 것도 똑같은 오류를 범하는 것이라고 말할 수 있다.[55] 많은 경우, 투표 불참자들은 여러 사회경제적 특성(이를테면, 낮은 교육수준과 소득수준)을 공유하는 것으로 묘사됨에도 불구하고, 이들이 투표에 참여하는 사람들과 구별되는 정치적 이익을 갖는 것으로 간주되지 않는다는 사실은 놀라운 일이다(일정한 사회경제적 특성을 공유하는 투표자 집단은 그들을 묶어 주는 정치적 이익이 있다는 일반적 가정에 비추어 보면 말이다). 이 점에서, 설문 조사를 바탕으로 투표라는 주제를 다룬 주요 연구들의 근시안이 분명해진다. 물론 그들 연구[의 설문]에 응답한 사람들이 자신이 투표하지 않은 것에 대해, 예컨대 선거와 관련된 '정치적인' 이유를 분명히 말하지 않고 전반적으로 무관심해 보였을 수도 있다. 하지만 만약 현재 미국 정치에서 대표되는 균열이 그들의 이익을 다루지 않고 있다면 그들에게 투표는 아무런 가치도 없다. 따라서 그들이 투표하지 않는 것은 의식적으로 정치적이지는 않더라도 매우 중대한 정치적 함의를 갖는다. 샤츠슈나이더는 이렇게 분명히 말한 바 있다. "기권은 투표 불참자들의 요구를 반영한 선택지와 대안이 억압되어 있음을 의미한다."[56]

모든 경우 그런 것은 아니겠지만, 대체로 투표 불참자들은 정치에 대한 '관심이 증가할' 때뿐만 아니라, 정치 의제가 바뀌고 새롭고 더 매력적인 선택지가 주어질 때 투표에 나서게 된다.

만약 투표 참여를 주로 심리적인 요인으로 설명한다면, 새로운 이슈들이 창출해 낸 열정적인 정치 환경이, 과거 정치에 무관심했던 사람들의 관심을 높이고, 그 결과 좀 더 높은 투표율로 이어졌다고 볼 수 있다. 또한 새로운 이슈는 정당들 사이의 지지자 교환을 통해 새로운 정치 세력 재편을 위한 토대를 만들어 낸다. 이런 두 과정은 새로운 이슈의 등장이 가져온 독립적 결과들이다. 왜냐하면 참여하도록 동원된 사람들이 어떤 특별히 다른 이익을 가졌다고 볼 수 없기 때문이다. 나아가

애초에 정치적으로 주변적인 존재였다는 점에서 편승하려는 경향이 없을 순 없겠지만, 어떤 정당을 선택할 것인가라는 의식적이고 집합적인 선택의 결론은 정해진 것이 아니다.

그러나 만약 투표 참여가 대체로 유권자에게 주어진 선택지의 함수이자, 서로 다른 이익을 가진 사람들에게 그 선택지가 투표의 가치를 얼마나 높여 주는가의 함수라면, 새로운 이슈의 부상은 정치적 갈등의 범위를 넓혀 새로운 사람들을 끌어들일 수 있다. 즉 정당 균열이 딛고 있는 기반의 '본질적 변화'는 투표 참여에 직접적인 영향을 미침으로써 이들 새로운 유권자를 체제 내로 포용하게 된다. 그리하여 이쪽 혹은 저쪽 정당이 새로운 집단을 동원할 때, 그것은 이미 활성화된 유권자가 다른 정당으로 전향하는 것과 대비되는 방식으로, 정당 판도의 재정렬을 만들어 내는 기반이 된다.

요약하면 이렇다. 이민자, 신규 유권자, 어떤 이유로든 기권해 온 유권자 등 그 누가 되었던 간에, 뉴딜 재정렬(나아가 다른 모든 재정렬까지)을 가져온 비면역 유권자의 역할은 지금까지의 연구가 그래 왔던 것보다 훨씬 더 중요하게 다뤄져야 한다는 것이다. 정렬 이전 시기에 강력한 정당 일체감을 갖고 있지 않았던 사람들은 정당 지지의 균형을 바꿀 만큼 충분히 규모가 컸다. 뿐만 아니라, 이 비면역 유권자들은 자연스럽게 새로운 균열과 이슈의 표출에 특별히 반응했다.

2장

유권자의 확대와 정당 지지의 변화

정당 지지의 변화를 설명할 때 동원보다 전향이라는 요인이 더 널리 받아들여진 것은, 투표자와 유권자 규모의 변화가 갖는 중요성을 이해하지 못한 탓이 크다. 흔히 정치 참여의 증가는 당연하게도 중대 선거의 **결과**로 설명되곤 했다. 예를 들어, 번햄은 중대 선거의 특징을 '갈등의 강도가 이례적으로 높은 것'으로 보았으며, 이때 '투표 참여도 이례적으로 높게 나타난다'고 밝힌 바 있다.[1] 키와 선드퀴스트 또한 투표자의 증가를 중대 재정렬의 핵심적인 특징은 아니더라도 그 결과에 포함시켜 논의했다. 그러나 투표 규모 그 자체는 주목받지 못했다.

이와 달리 번햄은 투표율 하락의 의미와 정당 해체의 여러 양상들에 대해 깊은 관심을 가졌다. 하지만 그는 재정렬을 늘 독립 변수로 가정했고, 재정렬과 실제 투표자 규모의 관계를 검토했다. [이후 30년 간 지속될 지역당 체제를 열게 되는] 1896년 선거, 좀 더 정확히 말해, 그 결과로 만들어진 정당 체계는 유권자들의 투표 참여를 억압했으며, 이들의 변덕스럽고도 불규칙적인 행태를 증가시킨 것으로 나타났다. 그러나 유권자 규모의 증가나 특정 집단의 동원이 1896년 재정렬 혹은 뉴딜 재정렬에 기여했다고 생각한 연구자들은 없었다.[2]

뉴딜은 투표자 규모의 변화를 독립 변수로, 재정렬을 종속변수로 바라볼 가능성을 제기한다는 점에서 독특한 사례이다.[3] 그러나 1920~30년대의 경험을 사례로, 새롭게 동원된 집단의 역할을 중심으로 정당 지지의 변화를 설명하는 일반화는 아직 시도되지 않고 있다. 전반적으로 이른바 '재정렬 이론'은 실제 유권자 혹은 잠재 유권자의 증가를 정당 지지 변화의 요인으로 진지하게 고려한 적이 없다

비면역과 새로운 이슈

유권자의 증가는 그 자체만으로 재정렬의 '원인'이라고 말할 수 없다. 그러나 유권자가 급격히 증가할 경우 비면역 시민이 대규모로 나타날 가능성이 높아진다. 동시에 유권자가 확대되면 새로운 분열적 이슈가 나타날 수 있다. 정당 지지의 변화가 대규모로, 지속적으로 일어나려면 기존 정렬을 깨뜨리는 새로운 이슈의 부상, 기존 정렬과의 결속력이 약한 집단의 존재 둘 다 필요하다. 따라서 유권자의 증가 및 새로운 이슈와 비면역 간의 관계는 검토할 만한 가치가 있다.

잠재 유권자의 증가

이런 맥락에서 먼저 잠재 유권자의 증가와 실제 투표자의 증가를 구분해야 한다. 잠재 유권자부터 살펴보자. 미국에서 전국 단위 선거에 참여할 자격을 가진 성인 인구의 급격한 증가는 세 가지 방식으로 나타났다. 첫째, 새로운 주州들이 편입되면서 투표 가능 유권자의 수가 증가했다. 일례로 1876년 선거 전까지 18년에 걸쳐 미네소타·오리건·캔자스·웨스트버지니아·네바다·네브래스카가 연방에 가입했는데, 새로 편입된 주에 거주하는 인구는 그해 기준으로 잠재 유권자의 약 8%에 달했다. 둘

째, 수정헌법과 선거법 개정으로 투표 가능 유권자의 수가 증가했다. 유권자 확대의 가장 대표적인 사례는 여성의 투표권을 공포한 수정헌법 19조가 통과된 일이다. 그만큼 극적이지는 않지만 주 당국이 흑인 투표권을 부정하지 못하도록 한 수정헌법 15조는 잠재 유권자를 증가시켰다. 마지막으로, 미국 역사상 몇몇 시기에 이민으로 말미암아 성인 인구, 즉 잠재 유권자가 크게 늘어났다. 이민율(인구 1천 명당 이민자 수)은 1851~60년 동안 9.3%로 크게 상승했고, 1881~90년에 다시 9.2%, 1901~10년에는 10.4%를 기록했다.[4]

이 모든 사례에서 유권자의 수는 **집단**별로 확대되었다. 일반 시민들이 성인이 되면서 유권자가 증가하는 경우와 달리, 이때 증가한 이들은 정의상 나머지 유권자와 다른 범주의 사람들이다. 첫 번째 유형, 즉 연방에 편입된 주의 새로운 유권자들은 새로운 방식의 삶을 선택한 이들로, 기존 주에 거주하는 사람들과 경제적 이해관계가 다르다. 두 번째와 세 번째 사례에서도, 새로 포함된 유권자들은 기성 체제로부터 배제되었던 사람들(여성·흑인·무산자)이거나 그 체제에 전적으로 새로운 사람들(이민자)이다. 이런 방식으로 급격히 증대된 유권자, 특히 선거법 개정이나 이민으로 늘어난 유권자들의 경우, 여타 유권자들과 구별되는 공동의 이해관계를 가진 유권자들이 새로 들어온 것으로 이해해도 무방하다. 대표적으로 이민자들의 경우, 그들의 요구와 문제는 여타 미국인들의 그것과 크게 다를 수밖에 없었다. 특히 나중에 대규모 집단으로 들어와 정착한 이민자들은 그 즉시 주택 부족, 일자리 차별, 빈곤, 열악한 주거 환경 같은 문제와 대면해야 했다.

정당 지지의 변화 내지 재정렬을 위한 또 다른 필수 요건인 대규모 비면역 시민은 이민을 통해 유권자가 증가하면서 함께 증가했다. 50만 명에서 1백만 명에 이르는 잠재 유권자들이 1890~1910년 사이에 해마다 미국으로 들어왔다. 그들은 미국과 매우 다른 정치 문화 속에서 청년기를 경험했고 정치의식을 형성한 사람들이었다. 안정적이고 예측 가능한 투표 행태를 낳는 정치적 사회화가 가능하려면, 즉 일찍이 정당 충성심을 습득하고, 그 정당을 지지하는 투표 경험을 반복하기 위해서는 특정 정치 문화와 함께 학교, 노동조합, 기타 결사체 또는 거대 도시의 정치 머신* 같은 사회화 기구와의 오랜 접촉이 필요하다. 그렇기 때문에 새로운 정치 행동 방식을 받아들일 때 나타나는 심리적 저항을 감안하면, 실제로 정당 충성심이 누적적으로 획득되고 강화되는 사회적 학습 과정은 이를테면 21세의 본토 출신 신참 시민보다 35세 이민자의 경우 더 오래 걸릴 수 있다.[5]

영토 확대로 유권자가 증가하는 경우는 그보다 덜 극단적이지만 비면역 시민이 급격히 증가하는 중요한 경로임이 분명하다. "유동적인 정당 투표와 분할 투표** 현상은 전반적으로 정당 충성심이 약하게 형

* 정치 머신political machine
미국 지방 정치를 무대로 유권자에게 정치적 이권과 특혜를 제공하는 방식으로 지지표를 동원, 조직했던 정당 조직을 일컫는다. 19세기 대규모 이민자 유입과 농촌인구의 이주로 도시들이 급팽창했지만, 주민의 생활을 지원하는 행정 체계의 발전은 크게 뒤처진 상황에서 대도시에서 출현했다. 이들은 주로 이민자와 하층민을 대상으로 일자리와 각종 편의를 제공하는 대가로 선거에서 지지를 요구했다. 정치 머신은 보스boss로 불리던 실력자의 비민주적 운영과 부패로 악명을 떨쳤지만, 동시에 저변층 등 다양한 사회적 이해와 요구를 반영하는 민주적 통로로도 기능했다. 뉴욕의 태머니홀Tammany Hall 머신과 시카고의 데일리Daley 머신이 대표적이다.
** 분할 투표ticket splitting
두 개 이상의 공직에 대한 투표가 동시에 이뤄지는 선거에서 유권자가 한 정당에 표를 몰아주지 않고, 각기 다른 정당에 표를 분산시키는 투표 행태.

성될 때 나타난다고 볼 수 있는데, 19세기 후반과 20세기 초반에 새로 연방에 포함된 주들이 시행한 '새로운 투표 시스템'에서 특히 높게 나타났다.[6] 같은 맥락에서, 단편적인 자료만 봐도, 시카고에서 새로 투표권을 획득한 여성들이, 투표 경험이 좀 더 오래된 남성들보다 분할 투표를 하거나 제3정당을 지지할 가능성이 높다는 사실을 알 수 있다.[7]

실제 유권자의 확대

이민자 유입, 투표권 확대 또는 영토 확대를 통한 **잠재** 유권자의 급격한 증가는 새로운 정치 이슈의 부상을 야기하거나 가속화시킬 수 있는 반면, 실제 투표자의 확대는 대체로 이슈를 통해 설명할 수 있다. 쉽게 말해, 사람들은 당면한 선거에서 자신의 정치적 이해관계가 걸려 있다고 생각하는지의 여부에 따라 투표하거나 투표하지 않는다. 샤츠슈나이더는 이 이론을 가장 설득력 있게 옹호한 연구자이다. 그의 주장을 전적으로 받아들이지는 않더라도, 순전히 '심리적인' 이유로 정치에 관여하기를 꺼리거나, 흥미를 갖지 않는 것은 지금 여기에서 펼쳐지는 정치가 나와 무관하다는 인식과 관련되어 있다고 볼 수 있다.

어떤 특정 시점에서 양당 체계가 매우 한정된 수의 정치 균열이나 갈등을 기반으로 하고 있다면, 많은 사람들은 그런 정치가 자신과 무관하다고 생각할 가능성이 높다.[8] 정치적 논쟁의 성격이 변하고 균열선이 새로 그려진다면, (비록 더 많은 사람들은 아니더라도) 다른 사람들이 정치에 참여하게 될 것이다. 이제 이런 일이 주기적으로, 이를테면 선거 때마다 일어난다면, 서로 다른 이익을 가진 서로 다른 집단이 매 선거마다 투표에 참여하기 때문에 투표 참여율은 낮더라도 체제가 부담해야 할 비면역 시민들의 규모는 그렇게 크지 않을 것이다. 물론 이런 가상의 상황은 현실과 다르다. 정치의 주요 균열선이 변화하는 일은 아주 드물며, 적어도 현재로서는 상습적으로 투표에 참여하지 않는 유권자가 대규모로 존재하는 것이 미국 정치체제의 한 특징이다. 예를 들어 1972년 유권자의 약 30%는 대통령 선거에서 투표한 적이 전혀 없거나 아주 가끔 투표했다고 답했다. 그러나 투표 여부를 묻는 설문은 투표율을 실제보다 과장하는 것으로 악명 높다.

새로운 이슈가 부상하고 동시에 대규모 비면역 시민군이 존재할 때 이는 재정렬의 원재료가 된다. 갈등이 변화하거나 격화되면서 확대된 **실제** 유권자들이 주로 최근 증가한 **잠재** 유권자들로 이루어진다면, 영구적인 재정렬이 일어날 가능성은 뚜렷하게 커진다. 바꿔 말해, (투표자와 비투표자로 이뤄진) 유권자 구성이 어떻게 변하느냐에 따라 (정당 지지 변화를 초래하는) 투표율의 증가 여부가 결정된다. 정당 충성심이 확립되지 않았거나 정치 행태가 패턴화되지 않은 이민자나 신참 유권자들은, 이쪽 또는 저쪽 정당의, 새로운 이슈를 통한 동원에 더욱 개방적이다. 새로운 이슈나 후보를 통해 갑자기 참여에 동원되는 투표 불참자들도 정치적으로 비슷한 변동성 내지 개방성을 지녔을 수 있다.

유권자 확대를 측정하기

번햄은 대통령 선거에서 투표율의 변화가 (자신의 투표 데이터로 확인된) 주기적 재정렬과 관계가 있음을 보여 주었다. 그러나 이런 연관성이 완전한 것은 아니었다. 번햄이 언급했듯이, 시기별 투표율은 현상들 간에 작동하는 매우 개괄적인 과정만 보여 줄 뿐이다. 이를테면 "투표율 하락의 견고한 흐름은 '1896년 체제' 그리고 뉴딜 재정렬 이후 '대규모의 유권자 재동원'과 관련되어 있다"는 것이다.[9] 그러나 투표율 그 자체는 앞에서 논의한 투표 참여의 두 가지 구성 요소, 즉 실제 투표자와 잠재 유권자의 증가나 감소보다는 덜 흥미롭다. 만약 정당 득표율상에 일어난 중요한 변화가 대개 투표 불참 집단을 동원하는 데 성공한 결과라면, 실제 투표자가 급격하게 증가할 때 주요 재정렬이 나타날 것임을 예상할수 있다. 이 경우 우리는 투표율 증가가 아니라 투표자 수의 증가에 주목해야 한다. 나아가 실제 투표자 규모의 변화와 잠재 유권자 규모·구성의 변화 간의 관계도 살펴봐야 한다. 투표율의 증가는 분모인 잠재 유권자 규모가 고정되어 있을 경우에만 분명한 의미, 즉 이전 선거에서 투표하지 않았던 사람들이 동원되었다는 의미를 가질 수 있다. 물론 그렇게 분모가 고정되어 있는 경우는 극히 드물다. 따라서 잠재 유권자의 증가를 가져올 원천과 더불어 이들 잠재 유권자가 언제, 어떻게 실제 투표자로 나서게 되는지를 확인하는 것이 중요하다.

1848년 이후 모든 대통령 선거 결과를 간단하게 살펴보기만 해도 실제 투표자의 증가와 정당 지지 양상의 변화 사이에 분명한 상관관계가 있음을 확인할 수 있다. 남북전쟁의 영향으로 투표가 증가했던 1864~68년을 제외하고, 투표율이 가장 크게 증가했던 선거를 꼽으면 다음과 같다. 1856년, 1876년, 1896년, 1916년, 1920년, 1928년, 1936년, 그리고 1952년 선거이다. 이 선거들은 모두 잘 알려져 있는데, 세 시기(선거로는 1856년, 1896년, 그리고 1928년과 1936년)는 대체로 중대 재정렬과, 나머지 선거들은 '소규모' 재정렬과 관계된 것으로 평가된다. 1876년 선거에서 민주당이 남부를 확고히 장악할 수 있었던 것은 그로부터 20년 전에 시작된 재정렬의 결론이라 할 것이다.[10] 이후 공화당이 우세했던 시기를 거쳐 1916년에 다시 민주당 지지자들의 재편이라 할 만한 것이 일어났다. 1916~20년 사이에 투표자 수가 급증한 것(43%)은 물론 여성 참정권이 확대되었기 때문이다.

이렇게 투표자 규모가 짧은 시간에 증가하는 것과 정당 지지 분포가 변하는 시기는 관계가 있는 것 같다. 그러나 이런 양상의 존재 자체는 투표자 증가가 재정렬의 원인인지 결과인지를 말해 주지 않는다. 우리가 대통령 선거에서, 투표자가 급격히 증가하게 만든 환경들을 살펴보고, 이로부터 유의미한 요소를 찾아내고자 한다면, 실제 투표자의 변화와 잠재 유권자 변화 간의 관계를 탐구할 필요가 있다. 투표율이나 투표자 증가율만으로는 유권자 기반이 어떻게 변했는지를 알아낼 수 없다.

〈그림 1〉은 선거별 잠재 유권자 증가 대비 실제 투표자 증가 비율을 나타낸 것이다.[11] 이 비율의 값이 1이라는 것은 실제 투표자와 잠재 유권자 수가 동일하게 변화한다는 뜻이다. 이것은 다음 두 가지 가운데 하나일 것이다. 첫째, (이민자 유입이나 영토 확대 등으로 말미암아) 대규모 성인 인구가 증가해 유권자가 늘어났음에도 정치체제가 그들을 새로운 시민으로 포용해 균형을 잡는 경우이다. 이때 성인 인구가 증가해도 투표율은 떨어지지 않고, 비면역(유권자)의 기반도 확대되지 않는다. 둘째, 실제 투표자와 잠재 유권자 모두 점진적으로 또는 '통상적으로' 증가하고 있으며, 주로 인구의 자연 증가와 더불어 시민의 규모가 확대되고, 새로운 세대의 시민들이 정치 참여에 대한 열망과 정당 충성심이라는 측면에서 적절히 사회화되는 경우이다.

그림 1.

잠재 유권자(성인 인구) 변화 대비 실제 투표자(대통령 선거 투표수) 변동률

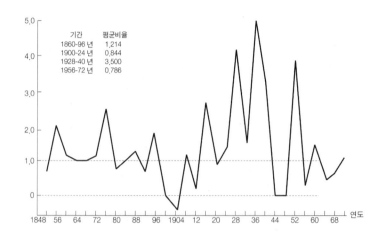

1 이하의 값은 잠재 유권자가 실제 투표자보다 빠르게 증가했음을 의미한다. 이 경우 대규모의 비면역 시민들, 즉 정치 경험이나 특정 정당에 대한 충성심이 거의 없는 시민들이 양산될 가능성이 가장 높다. 만약 잠재 유권자와 실제 투표자 간의 차이를 구성하는 사람들이 **상습적인** 투표 불참자라면 비면역의 가능성은 더 높다고 하겠다. 이론상으로 이들은 계속 투표에 참여하지 않을 수도 있다. 그러나 잠재 유권자가 크게 증가하는 주요 원인이 투표권의 확대, 이민자의 유입, 새로운 주州의 편입이라는 점을 감안하면, 성인 인구가 급격히 증가했음에도 그에 상응해 실제 투표자가 증가하지 않을 경우 상당수의 비면역 투표 불참자가 발생하리라 가정하는 것이 합리적이다.

마지막으로 비율 값이 1 이상이면 투표자의 증가가 유권자의 증가를 앞서는 경우이다. 이때 일종의 유권자 동원이 이루어진다. 이것이 단지 정치에 참여한 경험이 있는 유권자들의 관심이 높아졌음을 뜻하는 것인지 아니면 새로운 유권자들이 급속히 체제 내로 통합되었음을 의미하는지는 앞선 시기에 정치가 비면역 유권자군을 형성했는지 여부에 달려 있다. 〈그림 1〉에 나타난 변곡점들은 인구 증가보다 빠르게 동원이 일어난 때로 투표자 증가를 분석할 때 확인된 것과 유사하며, 그 전반적 양상도 래드, 번햄, 선드퀴스트 등이 제시했던 정당 체계party systems 연대기와 잘 들어맞는다. 1860~96년 사이 남북전쟁 이후 정당 체계에서 잠재 유권자의 증가 대비 실제 투표자 증가의 평균 비율은 1.21이다. 이는 번햄이 19세기 후반 시기의 시민들을, 정당에 의해 효과적으로 동원되고, (적어도 투표의 관점에서) 고도로 적극적인 유권자로 묘사한 것과 다르지 않다.[12] 이와 반대로 '1896년 체제'에서는 평균 비율이 0.84에 불과한데, 이 수치는 1896년 재정렬과 뉴딜 재정렬 사이에 유권자가 투표자보다 빠르게 증가했음을 의미한다. 이 시기 투표 불참자들이, 다가올 재정렬에 크게 기여하는 비면역 시민군의 구성에서 얼마나 큰 비중을 차지하는지 확인하려면 더 많은 검토가 필요하다. 1928년 선거와 뉴딜 시기를 아우르는 정치의 시대는 극적인 동원의 시기였다. 이는 실제 투표자 증가율이 잠재 유권자 증가율보다 연평균 3.5배나 컸다는 사실을 통해 확인할 수 있다. 마지막으로 1956년부터 72년까지 16년 동안의 시기가, 유권자를 동원하지 못하는, 체제의 무능력과 그에 따른 대규모 비면역 시민군의 양산이라는 관점에서 '1896년 체제'와 양상이 매우 유사하다는 것 또한 흥미롭다.

유권자 확대와 득표수의 중요성

유권자의 급격한 확대에 따른 정치적 이득은 대체로 분산되기보다는 한 정당에 집중된다. 그래서 1872~76년 사이에 공화당은 겨우 40만 표를 더 얻는 데 그친 반면, 민주당은 무려 150만 표를 더 얻었다. 1916년 민주당의 윌슨Woodrow Wilson은 4년 전보다 약 3백만 표나 더 많은 표를 획득한 반면, 공화당의 휴스Charles E. Hughes는 1912년 시어도어 루스벨트Theodore Roosevelt와 태프트William H. Taft의 합계 득표수보다 겨우 90만 표를 더 얻는 데 만족해야 했다. 물론 언제나 이렇게 한쪽으로 몰리는 것은 아니다. 예를 들어, 1928년 선거에서 증가한 투표수와 투표율은 민주당과 공화당이 공평하게 나눠 가졌다. 투표자 수가 크게 증가했을 때 누가 이득을 보는가는 특정 선거를 둘러싼 정치 상황이 결정한다. 그러나 그보다 훨씬 더 중요한 것은 증가한 투표자들의 사회인구학적·정치적 구성이다. 1924~28년 사이에 증가한 공화당의 득표수는 대체로 1924년에 투표하지 않았던 공화당 지지자들이나, 스미스에 반대해 일시적으로 공화당을 선택한 (특히 남부 지역의) 민주당 지지자들일 가능성이 높다. 바꿔 말해, 이들은 새롭고도 지속적인 지지 연합을 구성할 만한 안정된 기반이 아니었다. 그에 반해 민주당 대통령 후보 스미스는 도시 노동계급과 이민자 집단의 투표 참여를 크게 증가시켰고, 민주당에 대한 이들의 지속적인 지지는 뉴딜 다수 연합을 구성하는 핵심 요소가 되었다.[13]

1920년대 후반과 1930년대 초반에 이뤄졌던 재정렬의 극적인 성격은 투표 자료를 보면 쉽게 확인할 수 있다. 특히 민주당이 당시 선거에서 겪은 부침은 격심했다. 일례로 1920년과 1924년 선거에서 민주당은 양대 정당이 얻은 전체 득표 가운데 35%밖에 얻지 못했고, 당의 소멸이 임박했다는 평가까지 들어야 했다. 그러나 몇 번의 선거를 거치면서 민주당은 의회와 행정부 권력 모두에서 압도적인 헤게모니를 누리게 되었다. 민주당 득표율은 1932년 59%, 1936년에는 62%로 급격히 증가했다. 만약 이 12년 혹은 16년 동안 성인 인구, 즉 잠재 유권자 수가 변하지 않았다면, 그리고 이들이 거의 모두 참여했다면 이런 변화는 공화당 지지자 다수가 대대적으로 전향해 민주당을 지지한 것으로 이해할 수밖에 없다. 하지만 현실은 어느 쪽도 아니었다. 투표율은 1920년과 1924년 투표 가능 인구 대비 약 43~44% 수준이었으나 [민주당의] 프랭클린 루스벨트와 [공화당의] 알프레드 랜던Alfred M. Randon이 경합했던 1936년에는 약 57%까지 증가했다. 이보다 더 중요한 사실은 1920~36년 사이 대통령 선거에 참여한 전체 투표자 수가 70%나 증가했다는 점이다. 따라서 1936년 투표자의 약 40%는 1920년 이후 처음으로 투표한 시민들이다.

게다가 1920~30년대 대통령 선거에서 각 정당의 득표율이 아니라, 득표수를 면밀히 분석해 보면 새로운 투표자들이 압도적으로 민주당으로 움직였다는 사실을 알 수 있다(〈그림 2〉 참조). 〈그림 2〉에서 가장 인상적인 지점은 공화당 득표수의 안정성이다. 1920년 워런 하딩Warren G. Harding은 1633만3314표를 획득했다. 1936년 랜던의 득표수는 1667만9543표였다. 앞에서도 언급했듯이 1924~28년 사이 투표 참여 증가의 혜택은 두 정당 모두에게 돌아갔으므로, [공화당의] 허버트 후버Herbert Hoover와 [민주당의] 스미스가 대결한 선거에서 득표율이 증가한 것을 제외하면 1920~36년 사이 다섯 차례 대선에서 공화당 득표수는 놀랄 만큼 안정적이다. 이것은 공화당 득표율이 1920년 64%에서 1936년 38%의 최저점으로 떨어졌다는 사실을 감안하면 더더욱 그렇다. 반대

그림 2.

전체 투표자 수(1920~36년)

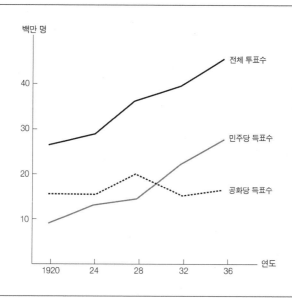

로 1920년 민주당 대선 후보 제임스 콕스James M. Cox는 겨우 914만884
표를 획득하는 데 그쳤으나, 그로부터 16년 후 루스벨트는 1920년의 총
투표수보다도 많은 2775만7333표를 얻었다. 민주당 지지표가 세 배 이
상이나 증가한 셈이다.

  이런 분석을 보며 누군가는 뉴딜 재정렬에서 전향이 갖는 중요성
에 대해 의심을 품거나, 선거 결과를 비율로만 바라볼 때 초래되는 위험
을 경계할지도 모르겠다. 하지만 이 작업의 유일한 의미는 민주당이 새
로운 유권자를 동원해 낸 하나의 본보기라는 데 있다.

북부 지역의 공화당 지지자들은 민주당으로 전향했는가?

"1928~36년 사이에 정당 지지를 바꾼 후 이를 그대로 유지하고 있는 수백만 명의 유권자들은 거주 지역을 기준으로 가장 쉽게 확인할 수 있다. 그들은 북부 도시 산업 지대에 집중적으로 거주하고 있다."[14] 뉴욕·시카고·디트로이트·밀워키·피츠버그·필라델피아 같은 도시에는 다수의 노동계급이 살고 있으며, 19세기 후반과 20세기 초반에 미국 이민자들이 정착한 곳이기도 했다. 그들은 새로운 민주당 지지 연합의 핵심 구성 요소이지만, 정확히 어떻게 그들이 민주당에 꾸준히 투표하는 지지자(혹은 과거보다 더 강한 민주당 지지 성향을 가진 유권자)가 되었는지는 답해야 할 문제로 남아 있다. 선드퀴스트는 '전향' 이론의 가장 단호하면서도 설득력 있는 옹호자이다. 그는 투표 자료와, 다양한 유형의 지역공동체에서 수집한 당원 등록 정보를 활용해 재정렬의 기반은, 공화당을 지지하던 북부 지역 도시 노동계급이 민주당 지지로 전향한 것임을 입증하고자 했다.[15] 그러나 선드퀴스트의 자료와 유사하거나 동일한 투표 및 당원 등록 자료를 간단히 분석해 봐도 재정렬에서 새로운 투표자가 갖는 중요성을 어렵지 않게 짐작할 수 있다(좀 더 상세한 분석은 6장을 참조).

〈표 1〉은 1920~36년 사이 7개 도시 지역 카운티를 대상으로 대통령 선거 당시 공화당 득표수와 총 투표수를 살펴본 것이다. 이 표에는 1920~24년과 1932~36년 두 기간 동안의 카운티별 공화당 득표의 증감(2년 득표 평균으로 계산) 및 유사한 방식으로 측정된 투표 인구의 증감도 포함되어 있다. 참고로 공화당은 두 곳 빼고 모든 카운티에서 득표가 증가했다.[16]

전향 가설대로라면 이들 지역에서는 공화당에서 민주당으로 대규모 정당 지지 변화가 나타났어야 했다. 1896년 브라이언의 농민 급진주

표 1.

7개 도시 지역 카운티의 총투표수와 공화당 득표수(1920~36년)

(단위: 1000)

카운티	1920	1924	1928	1932	1936	비율 변화 1920~24 1932~36
뉴 헤이븐						
전체 투표수	109.5	120.5	165.0	174.1	204.6	+ 64.6
공화당 득표수	65.9	69.2	80.9	79.9	76.6	+ 15.8
쿡(시카고)						
전체 투표수	893.1	1133.7	1540.2	1664.2	2009.5	+ 81.2
공화당 득표수	635.2	689.0	812.1	690.1	701.2	+ 5.0
웨인(디트로이트)						
전체 투표수	295.0	335.3	426.7	543.6	626.1	+ 85.6
공화당 득표수	220.5	268.6	265.9	212.7	190.7	− 17.5
뉴욕						
전체 투표수	464.4	463.3	521.6	565.2	711.3	+ 37.6
공화당 득표수	275.0	190.9	186.4	378.1	174.3	+ 15.1
쿠야호가(클리블랜드)						
전체 투표수	231.3	264.1	364.1	370.6	475.4	+ 70.8
공화당 득표수	148.9	130.2	194.5	166.3	128.9	+ 5.8
앨러게니(피츠버그)						
전체 투표수	200.7	253.0	379.2	359.0	562.2	+ 103.0
공화당 득표수	138.9	149.3	215.6	152.3	176.2	+ 14.0
필라델피아						
전체 투표수	142.3	148.0	206.2	259.4	297.0	+ 91.7
공화당 득표수	73.4	50.7	82.0	54.7	54.8	− 11.8

의에 등을 돌리고 이후 30년 간의 공화당 우위 시대를 열었던 도시 노동자들은 앨 스미스와 대공황의 영향으로 급격히 민주당의 품으로 들어왔다. 그러나 〈표 1〉의 수치들이 분명하게 보여 주는 것처럼, 1920~36년

사이에 이들 도시에서 공화당 득표수가 감소했다고 말하기는 어렵다. 물론 지역마다 편차는 있다. 예를 들어, 1920년대 초반에 이미 '민주당 도시'로 자리 잡은 뉴욕에서는 유권자의 증가 속도가 다른 지역보다 덜 급격했고, 공화당 득표수의 시기별 편차가 더 크게 나타났다. 필라델피아에서는 16년 사이에 공화당 득표수가 다소 하락했다. 그러나 전체적으로 볼 때 이들 도시에서 실제 투표자는 50~100% 증가한 반면 공화당 득표수는 5~15% 증가했을 뿐이다. 1924~28년 사이에 이민자 비율이 높았던 도시에서도 유사한 흐름을 확인할 수 있다. 이민자 비율이 50% 이상인 19개 도시에서 민주당 득표 증가율 평균은 205%인 데 반해, 공화당 평균은 29%에 불과했다. 그 8년 동안 오직 3개 도시에서만 공화당 득표수가 실제로 하락했다. 이민자 도시에서도 공화당 득표수가 뚜렷하게 감소하지 않았다는 사실은 매우 중요하다. 또한 그만큼 중요한 사실은 투표자 확대와 관련해 이민자 도시와 토박이 도시 간의 차이다. 데글러가 말한 '이민자' 도시의 실제 투표자 수는 1920~36년 사이에 73% 증가한 반면, 비이민자 도시의 투표자 수는, 인구가 꽤 증가했음에도 불구하고 28% 증가하는 데 그쳤다.[17]

이런 양상으로부터 개개인의 행태를 추론하는 것은 현명하지 않지만, 분석의 단위가 작을수록 좀 더 큰 확신을 갖고 그 양상을 구성하는 개인들의 행태를 추측해 볼 수 있다. 전국 단위에서는 공화당 득표의 안정적 양상과 대규모 투표자의 증가가 병행될 때 지역·계급·인종·집단 등 여러 집단들 간 정당 지지의 이동이 가려질 수 있지만, 카운티 단위에서도 그렇다고 말하기는 어렵다. 〈표 1〉의 카운티들은 인구학적으로 꽤나 동질적이었는데, 1920년과 마찬가지로 1936년에도 고도로 산업화되어 있고 이민자 출신 노동계급의 비율이 상당히 높은 지역이었다.

이들 도시 카운티에서 공화당이 중간계급 청년층과 무당파, 그리고 민주당 이반 유권자들을 새로 끌어들인 규모가, 민주당으로 전향한 것으로 가정되는 (유권자) 규모를 너끈히 상쇄하는 상황도 이론적으론 가능하다. 하지만 우리가 확인한 일관된 양상에 비춰볼 때 그럴 가능성은 거의 없어 보인다. 물론 이는 투표 행태에 관한 우리의 지식과도 일치한다. 앵거스 캠벨Angus Campbell이 언급했듯이, "정치적 조류가 한 정당과 반대 방향으로 흐를 때, 그 정당에는 충성스런 지지자들만 남게 된다. 그 정당은, 그동안 부동층 유권자들이나 다른 정당에서 이탈한 유권자들로부터 받았던 지지의 대부분을 잃게 된다."[18]

유권자 등록 명부에 등록된 유권자 수의 변화

투표 양상의 변화에 대한 자신의 연구를 보완하기 위해 선드퀴스트는 유권자 등록 자료*를 활용했다.

유권자 등록은 투표자가 특정 선거에 출마한 정당 후보를 지지하는 것과는

---

* 유권자 등록 자료
잘 알려져 있듯이 미국은 주 정부에 사전 등록한 시민들만 선거일에 투표할 수 있는 유권자 등록제를 실시하고 있다(노스다코타 주는 예외). 등록 시기나 구체적인 방법은 주마다 차이가 있지만, 대체로 이름·주소·생년월일 등 개인정보를 적은 등록 서류를 주 선거 당국에 제출하는 방식으로 등록이 이뤄진다. 이때 '지지 정당 없음'을 포함해 지지(소속) 정당에 관한 정보도 적게 되어 있다. 여기에 기재된 등록 정당 정보는 각 정당별로 치러지는 예비선거 투표 자격을 결정하는 데 사용된다.

또 다른, 한 정당에 일체감을 표현하는 적극적인 행위이다. 따라서 정당-유권자 정렬을 분석하는 목적을 고려하면 유권자 등록 자료는 선거 결과를 해석할 때 혼란을 가져오는 투표 일탈 사례를 무시하게 해준다는 점에서 큰 이점을 갖는다.[19]

정당 충성심의 점진적 변화를 측정할 때, 등록 정당 자료는 (몇 가지 한계에도 불구하고) 설문 자료 다음의 '차선책'으로 고려할 만하다.

선드퀴스트가 제시한 정보, 즉 뉴욕·펜실베이니아·웨스트버지니아·오리건·캘리포니아에서 선별한 카운티 유권자 가운데 민주당에 등록한 비율을 보면, 1930년대 초반의 '대규모 재정렬'은 의심할 수 없는 사실이다. 그 비율이 분명히 보여 주듯이, 이들 지역 다수, 특히 북부 도시 카운티의 유권자 등록자들 사이에서 민주당은 확연한 소수파 정당으로부터 다수파 정당으로 변모했다. 나아가 등록 정당 자료는 재정렬 시기가 지역별로 달랐으며, 뉴욕 주 북부와 펜실베이니아 주 더치 카운티 같은 일부 지역은 민주당 물결의 영향을 받지 않았음을 보여 준다.

그러나 이들 자료를 바탕으로, 대규모 유권자들이 소속 정당을 바꾸었기 때문에 재정렬이 일어났다고 추론한다면 이는 너무 나간 것이다. 이것이 바로 선드퀴스트가 도출한 결론이며, 컨버스는 해당 시기에 다수가 '전향'했다는 주장의 증거로 그를 인용하고 있다. "유권자 등록 명부에서의 변화는 갑작스럽고도 결정적이며 항구적인 것이었다. …… 피츠버그의 앨러게니 카운티 메트로폴리스에서는 민주당으로 등록한 유권자 비율이 1930년 7%에서 1938년 58%로 증가했는데, 이 수치는 그 카운티 유권자의 절반 이상에 해당한다."[20]

이 진술은 유권자 수가 불변 또는 비교적 일정하다는 확신 없이는 타당하지 않다. 실제로 뒤에서 살펴보겠지만, 앨러게니 카운티의 등록 유권자 수는 그 8년 사이에 67%나 증가했다. 1938년 앨러게니에는 1930년 민주당과 공화당에 등록했던 시민들의 숫자만큼 많은 유권자들이 민주당으로 등록했다.

〈그림 3〉~〈그림 8〉은 뉴욕 시, 올버니, 필라델피아, 피츠버그의 유권자 등록 양상의 변화와, 그와 대비되는 뉴욕 주 북부 농촌 카운티의 변화를 보여 준다. 여섯 개의 그림은 선드퀴스트가 이들 지역에서 민주당으로 등록한 유권자 비율의 변화를 서술할 때 사용한 것과 동일한 자료를 사용했는데, 여기서는 비율보다 수치가 재정렬의 동학에 대해 더 많은 것을 알려준다는 점을 알 수 있다. 예를 들어, 비율로만 보면 뉴욕 시와 올버니에서 두 정당에 등록한 추이는 굉장히 흡사하다. 뉴욕에서 민주당으로 등록한 유권자는 1920년대 중반 66~67% 수준이었으나 1936년 82%까지 상승했다. 유사하게 올버니에서도 민주당으로 등록한 유권자는 1920년대 중반 등록 유권자의 45% 정도였는데 1932년에는 71%로 뛰어올랐다. 그러나 〈그림 3〉과 〈그림 5〉는 이처럼 겉으로 드러난 유사성 아래 가려진 중요한 차이를 보여 준다.

첫째, 두 카운티는 등록된 유권자의 증가 규모에서 큰 차이가 있다. 뉴욕 시에서는 1920~36년 사이에 등록 유권자 증가율이 64%였던 반면, 올버니에서는 같은 시기 등록 유권자가 단지 32% 증가하는 데 그쳤다. 둘째, 민주당과 공화당으로 등록한 유권자 수의 변화 양상도 두 카운티에서 다르게 나타났다. 올버니에서는 공화당 등록자 수가 점진적으로 감소하고 민주당 등록자 수가 꾸준히 증가함에 따라 민주당이 소수파에서 다수파 정당으로 올라섰다. 등록 유권자의 증가가 매우 천천히 진행됐다는 점에서, 올버니의 재정렬 과정은 실제로 전향과 세대 변

그림 3.
맨해튼의 등록 유권자

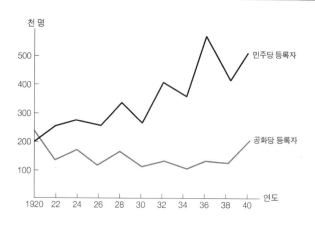

자료 : 관련된 해의 『뉴욕주 입법부 편람』과 『펜실베이니아 편람』

그림 4.
브롱크스의 등록 유권자

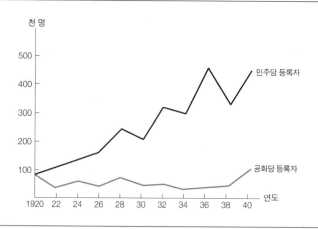

자료 : 관련된 해의 『뉴욕주 입법부 편람』과 『펜실베이니아 편람』

그림 5.

올버니의 등록 유권자

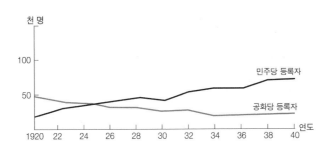

자료 : 관련된 해의 『뉴욕주 입법부 편람』과 『펜실베이니아 편람』

그림 6.

뉴욕 주 북부 체난고 카운티와 옷세고 카운티의 등록 유권자

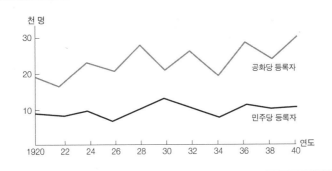

자료 : 관련된 해의 『뉴욕주 입법부 편람』과 『펜실베이니아 편람』

화에서 비롯된 것일 수도 있다. 그에 반해 뉴욕 시에서 공화당 등록 유권자 비율의 안정성과, 1920년대 초반에서 1930년대 후반 사이에 민주당으로 등록한 유권자 수가 거의 두 배가 될 만큼 엄청나게 증가한 것은, 새로운 유권자 동원이 뉴욕 주의 도시 지역에서 훨씬 더 중요한 역

그림 7.
앨러게니 카운티의 등록 유권자

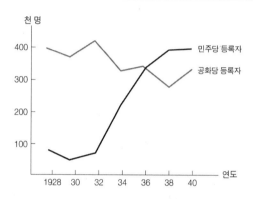

자료 : 관련된 해의 『뉴욕주 입법부 편람』과 『펜실베이니아 편람』

그림 8.
필라델피아의 등록 유권자

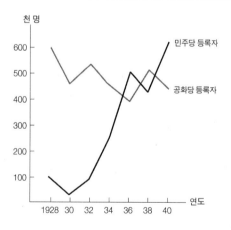

자료 : 관련된 해의 『뉴욕주 입법부 편람』과 『펜실베이니아 편람』

할을 했음을 의미한다. 편차가 좀 크지만, 브롱크스에서도 뉴욕 시와 동일한 양상을 확인할 수 있다(〈그림 4〉). 이들 지역과 비슷한 도시 지역이자 이민자 밀집 지역인 필라델피아와 앨러게니 카운티에서는 공화당 등록 유권자가 다소 빠르게 하락했다. 그러나 〈그림 7〉과 〈그림 8〉에서 가장 주목할 만한 사실은 두 도시 모두에서 민주당으로 등록한 유권자가 급격히 증가했다는 것이다. 물론 이들 두 사례에서 변화의 흐름은 민주당을 확연한 소수파에서 경쟁력 있는 지위로 올려놓은 반면, 뉴욕과 브롱크스에서는 1920년대 초반 다수파로서 민주당의 지위가 재정렬로 말미암아 크게 강화되었다고 할 수 있다. 뉴욕 주 북부 농촌 지역인 체난고Chenango와 옷세고Otsego 카운티에서는 올버니와 마찬가지로 도시 지역 카운티와 비교할 때 유권자 수가 거의 늘지 않았다. 이곳에서 유권자의 증가는 공화당의 이득으로 귀결됐다. 선드퀴스트가 언급했듯이, 재정렬은 이들 지역을 비켜 간 것처럼 보인다.

아주 간단히 정리하면, 이들 자료는 1920년대 후반과 1930년대 초반에 재정렬이, 실제 투표자가 크게 증가한 곳에서 일어났음을 보여 준다. 브롱크스에서 1936년 등록 유권자 수는 1924년 등록자 대비 162% 증가했다. 맨해튼에서는 그 비율이 60%였다. 이와 달리 체난고와 옷세고 카운티에서는 민주당과 공화당으로 등록한 유권자 비율이 큰 변화 없이 그대로 유지되었고, 1924~36년 사이에 등록자 비율도 겨우 19% 증가하는 데 그쳤다. 뉴욕 시에서 유권자가 대규모로 증가한 것은 이때 그만큼 인구가 증가했기 때문이 아니다. 실제로 맨해튼 인구는 1920~30년 사이에 감소했고, 이런 흐름이 1930~36년 사이에 뒤집어 졌다고 볼 만한 근거도 없다. 그보다 이것은 비면역 시민을 동원해 낸 좋은 사례로 보인다. 즉 재정렬 이전과 그것이 발생하던 시기에 뉴욕 주

도시 지역 카운티의 등록 유권자가 증가한 것은 **잠재** 유권자였음에도 이전에는 등록하지 않았던 사람들의 존재로 설명된다.

The Growth of a Nonimmunized Population

3장

비면역 유권자의 증가

1920년대는 1970년대 초반과 마찬가지로 시민들이 정치에 실망해 정치 참여가 최소한에 머물렀던 시기였다. 월터 리프먼Walter Lippman은 1927년에 쓴 글에서 당시 정치적 무관심이 팽배했던 것은 일정 부분 부패와 번영 그리고 '신자본주의'* 때문이라고 보았다. 그러나 그가 보기에 더 중요한 원인은 대중의 관심사와 너무나 동떨어진 당시의 정당 균열이었다. 또한 새로운 갈등 이슈가 분출되지 못하도록 가로막고 대중의 관심을 약화시키려고 의도적으로 노력했던 정당 지도자들이었다.[1]

비면역 유권자의 구성

1920년대에는 투표 가능 유권자의 투표율이 심지어 대통령 선거 때에도 가장 낮은 수준이었다. 1920년과 1924년 대통령 선거에 참여한 이들의 비율은 투표 가능 유권자의 45%에도 미치지 못했다. 이 시기 북부 지역의 투표율은 약 55%였고, 남부 지역은 20~25%였다.[2]

이처럼 투표율이 매우 낮았던 주된 이유는 수정헌법 19조 때문이었

• 신자본주의New Capitalism
저명한 정치 평론가 월터 리프먼이 원시적 자유방임 자본주의와 달리, 산업화와 함께 다양한 모습으로 국가가 개입하는 1920년대 미국 자본주의를 묘사한 표현이다.

다. 여성들이 권리 행사에 나서기까지 많은 시간이 걸렸고, 이것이 전체 투표율을 떨어뜨렸다. 일리노이 주는 1915년부터 여성 참정권을 부분적으로 인정했으므로, 이 시기 성별 투표 행태를 분석할 수 있다. 번햄의 추산에 따르면, 시카고와 그 인근 지역에서 1920년 대통령 선거와 1915년, 1919년 시장 선거의 성별 투표율 편차는 20%에서 30% 사이였다. 이 편차는 교육 수준이 높고 부유한 교외 지역보다 도시에서 더 컸다.[3] 특히 여성 이민자들은 남성의 전유물이었던 정치 영역으로 그렇게 빠르게 진입하지 못했다. 메리엄과 고스넬은 1924년 시카고를 사례로 한 투표 불참 연구에서 다음과 같이 서술했다.

집세가 가장 비싸고 이민자 비율이 가장 낮은 구역의 여성들이 상대적으로 더 많이 투표에 참여했다. 이를 토대로, 투표 불참 시민의 매우 큰 부분은 도시의 가장 가난한 거주 지역에 사는 여성 이민자들이라고 말할 수 있다.[4]

게다가 1920년대 초반부터 투표에 참여하기 시작한 여성들조차 (우리가 '면역'에 관한 주장을 받아들인다면) 이미 여러 차례 투표하고 있던 남성에 비해 특정 정당에 대한 충성도가 낮았을 것이다. 골드스타인Joel Goldstein은 일리노이 주에서 참정권을 부여받은 지 얼마 되지 않은 여성들의 투표 행태가 남성들보다 더 유동적이라는 사실을 발견했다. 상대적으로 주목도가 낮은 선거(이를테면 일리노이 대학 이사 선거)에서 분할 투표는 여성이 남성보다 높았다. 투표용지를 다 채우지 못하는 불완전 투표도 마찬가지였다. 이때 여성들은 제3정당 후보들에게 투표하는 경우도 더 많았다. 여성 유권자의 21%가 진보당* 후보에게 투표한 반면, 남성의 경우 단지 16%만이 진보당에 투표했다.[5]

동원 가능한 대규모 유권자군을 형성하는 데 기여한 두 번째 요인은 이민이었다. 남유럽과 동유럽 출신 이민자들의 물결은 20세기의 처음 20년 동안 최고조에 달했지만, 이들이 귀화하는 과정은 보통 10년에서 12년 정도가 걸린 것으로 추정된다. 따라서 이들 이민자의 다수는 1920년대에 미국 시민이 되었다. 실제로 인구조사는 1920~29년의 10년 동안 귀화한 사람들이 앞선 10년보다 거의 두 배나 많았음을 보여준다. 귀화한 시민의 수가 가장 많았던 4년이 1928년 선거 직전이었다는 사실은 주목할 만하다.

여기에 더해 1890~1910년에 미국으로 온 이민자들의 자녀들이 이때 성인이 되었다. 20세기 초반에 이민 여성들의 출산율은 토박이 여성들보다 훨씬 높았다. 이는 1920~30년의 10년 기간에 부모 중 한 명혹은 두 사람 모두가 이민자인 15~24세 인구가 특히 많았던 데서 분명히 드러난다(〈표 2〉 참조).

루벨은 그 결과를 다음과 같이 생생하게 서술했다.

1910년 겨울 (연방)의회는 그때까지 정부 조사 기구가 제출한 것으로는 가장 방대한 분량의 보고서를 받았다. 1907년 초반부터 특별위원회는 이민과 관련해 상상할 수 있는 거의 모든 상황을 조사해 왔다. …… 보고서는 주요 도시에 있는 37개 학교 어린이들의 다수가 이민자 출신 아버지의 자식임을

• 진보당Progressive party
불 무스당Bull Moose Party이라는 별명으로도 알려져 있다. 1912년 미국 대통령 선거에 앞서, 공화당이 후보로 현직 대통령인 윌리엄 하워드 태프트를 지명하자 시어도어 루스벨트를 비롯한 혁신파가 탈당해 만든 포퓰리즘 정당이다. 1916년에 자진 해산했다.

표 2.

인구 비율 변화 : 이민자와 이민자의 자녀(1890~1940년)

	해외 출생		부모 모두 혹은 한쪽이 이민자	
기간	15~24세	25~44세	0~14세	15~24세
1890~1900	3.0	17.9	25.0	13.9
1900~ 10	42.1	33.2	7.7	21.5
1910~ 20	-30.9	6.7	17.4	4.7
1920~ 30	-22.7	-6.2	-8.9	26.3
1930~ 40	-66.7	-41.5	-42.7	-6.7

자료 : I. B. Taeuber and C. Taeuber, People of the U.S. (Washington : Bureau of the Census, 1971), p. 116.

보여 주었다. 첼시·폴리버·뉴베드퍼드·덜루스·뉴욕·시카고와 같은 도시에 살고 있는 아이들의 경우 **세 명 가운데 두 명** 이상은 이민자들의 딸이거나 아들이었다. 오늘의 관점에서 볼 때, 이 수치는 분명 1930~40년 사이 어느 시점에선가 중대한 정치적 격변이 일어날 것임을 예고하는 것이다.[6]

우리 용어로 말하자면 이와 같은 시민들은 이중으로 비면역화된 상태에 있었다. 왜냐하면 그들은 정치적 경험이 없고, 이민자 부모로부터 정당 일체감을 '물려받지도' 않았기 때문이다. 이민자들뿐만 아니라 그들의 자녀들조차 즉시 적극적으로 정치과정에 들어가지 않았다는 것은 놀랄 만한 일이 아니다. 언어 장벽과 시민권 획득의 어려움 말고도, 정치와의 연계 내지 이해관계가 부족하다는 점에서, 이민자 출신 미국인들의 투표율은 낮을 수밖에 없었다.[7] 그리고 여성들의 경우와 마찬가지로, 투표에 참여하는 이민자 출신 시민들의 정당 충성심도, 미국 정치사에 뿌리를 내리고 있는 [토박이] 이웃들에 비해 전반적으로 불안정했다. 예를 들어, 피츠버그에서 이민자가 밀집한 가난한 여덟 개 구역의 대통령 선거 투표율은 1920년대에 걸쳐 평균 36%에 불과했던 반면, 같은 시기 토박이 시민이 밀집한 부유한 네 개 구역의 평균 투표율은 45%를 기록했다.[8] 1923년 시카고 시장 선거의 투표와 투표 불참을 다룬 메리엄과 고스넬의 연구에 따르면, 특정 선거와 관계없이 '이따금씩' 투표에 참여하지 않는 유권자들은 주로 백인 토박이 밀집 구역에서 확인되는 데 반해, "상습적인 투표 불참자는 타국 출신 및 여성과 밀접한 상관관계가 있었다."[9] 1925년 유권자 등록 수치를 검토해 보면, 타국 출신 거주자 비율과, 낮은 유권자 등록률 사이의 긴밀한 상관관계를 쉽게 확인할 수 있다. 1920년대 유권자 등록률의 대략적인 측정값을 시카고 구역 지도에 대입해 보면, 등록률이 가장 높은 구역들은 거의 예외 없이 도시 외곽에 위치해 있음을 알 수 있다. 이들 구역은 대개 토박이들이 많고 상대적으로 부유한 동네이다. 주민의 45% 이상이 유권자로 등록한 구역의 38%는 '토박이가 가장 많은' 10개 구역이다. 이렇게 등록률이 높은 구역들 중에서 이민자 비율이 높은 구역들은 없었다. 반대로 유권자 등록률이 25% 미만인 구역들은 거의 전적으로 도심의 신참 이민자 밀집 지역이었다. 예를 들어, 전체 인구 대비 등록 유권자 비율이 15.5%에 불과한 31구역은 시카고에서 평균 집세가 가장 낮고 주로 폴란드계 이민자들이 거주하는 지역이었다.[10]

세대 변화와 집단적 기억

언제나 작동하고 있는 또 다른 과정은 바로 망각이다. 정치 세력의 특정한 정렬이나 특정한 '정당 체계'의 성격을 규정하는 이슈와 연대적 충성심은 그런 정렬을 직접 경험한 사람들에게 가장 실제적이며, 그들에 의해 지속될 가능성이 가장 높다. 물론 젊은 사람들이나 이민 온 지 얼마 되지 않은 사람들도 자신이 선호하는 정당에 강한 애착심을 느낄 수 있다. 그러나 이런 애착심도 재정렬 과정이 마무리되면 점점 더 부차적인 힘들의 영향을 받게 된다.

선드퀴스트는 그 과정을 이렇게 적절히 서술했다.

> 많은 사람들에게, 위기 시에 형성된, 한 정당에 대한 감정적 애착심과 다른 정당에 대한 적대감은 그들 삶의 나머지 기간에 걸쳐 개인적 정체성의 핵심 부분으로 자리 잡는다. 자신의 정당을 버리는 것은 자신의 조국을 버리거나 다른 교회로 전향하는 것만큼 생각하기 어려운 일이다. 그러므로 세대가 바뀌는 과정에서 강력한 이슈는 서서히 사라지고, 양극화 시기에 어느 한쪽으로 일체감을 형성하기에 너무 어렸던 새로운 유권자들이 선배 세대를 대체하게 된다.[11]

그가 지적했듯이, 한 세대라는 시간은 구세대의 정당 충성심을 재생시키는 갈등의 이미지와 열정을 지우기에는 짧을 수도 있다. 왜냐하면 이런 열정과 충성심은 다음 세대로 이전되며 간접적으로 경험되기 때문이다. 최근 한 논문에서 폴 벡Paul Beck은 세대 변화와 재정렬에 관한 가정들을 좀 더 체계적으로 검토했다. 그는 정당 충성심이 어떻게 학습되느냐에 따라 세 집단을 구분했다. 먼저 이른바 재정렬 세대의 구성원들은 "이제 막 성인이 되면서 재정렬 과정에 참여해 지속적인 정당 지지 성향을 획득한다." 이들 첫 번째 집단은 그들의 자녀에게 강력한 정당 선호를 전수한다. "다른 어떤 세대도 이들 재정렬 세대만큼 자신의 정당 지지 성향을 자식들에게 성공적으로 전수하지는 못할 것이다." 이들 집단은 일단 그렇게 정당 충성심을 획득해 강화하고 나면, 기존의 지지를 바꾸도록 촉진하는 힘들에 대해 상대적으로 둔감해진다. 그래서 "미국 선거 정치에 동적 긴장을 불어넣는" 것은 이들이 아니라 유권자들 가운데 가장 어린 구성원들이다. 이런 (벡의 표현을 빌자면) '평상시의 아이들'children of normalcy이나 그들의 부모가 정당 충성심을 획득한 시점은 정치적 양극화의 시기가 아니었기 때문에, 그들은 정당 충성심이 어쩌면 없거나 약하며, 변하기 쉽다.[12]

따라서 문제는 정렬 이전 시기인 1920년대 동안 젊은 시민들이 비면역 내지 기존 정당 체계와 유리된 유권자군을 구성하고 있었는가 하는 것이다. 정치 세대를 나누는 벡의 방법을 따르자면, 적어도 1920년대 후반에 성인이 된 사람들은 '평상시의 아이들'로 볼 수 있고, 그런 사람들이라면 재정렬 세력의 영향을 받기 쉽다. 부모와 자식 간의 나이 차이를 25년으로 가정할 때, 1920년대에 정치적 자아 형성기를 거친 사람들의 부모 가운데 (전부는 아니라도) 대다수는 1896년 재정렬에 참여하기에는 너무 어린 아이들이었다. 그러나 벡은 적어도 이 사례에서만큼은 ('세대론'의 설득력을 높였을 것으로 보이는) '이민'의 영향을 고려하지 못했다. 1930년의 시점에서 18~30세 인구의 30%는 부모 중 적어도 한 명이 이민자였다. 그들 대다수는 1900년 즈음에 최고조에 달했던 이민자들의 물결과 함께 태어난 아이들이었다. 그들 부모의 대다수는 어느 정당에도 강한 일체감을 갖지 않았고, 선호하는 정당이 있었던 이들의 일체감도 1896년 재정렬의 열기 속에서 획득된 것은 아니었다.

젊은 유권자 중 비면역 그룹의 규모에 대한 좀 더 구체적인 자료는 아마 연령대별 무당파와 투표 불참자의 수가 될 것이다. 정치적 안정기에 연령과 정당 충성심 사이의 관계는 강하지도 약하지도 않을 것이다. 이런 양상은 이를테면 1950년대와 1960년대 초반에 이뤄진 미국 인구 조사에서 반복적으로 확인되었다. 가장 어린 연령 집단과 가장 나이 많은 연령 집단을 비교하면, 무당파 비율은 약 30%에서 약 15%로 줄어든다.[13] 최근 연구에서 잉글하트Ronald Inglehart와 호흐슈타인Avram Hochstein 은 이것이 "균형 상태에서 '통상적인' 연령-정당 충성심 기울기"임을 확인했다.[14] 만약 젊은 시민들이 나이 많은 유권자들보다 새로운 사건들에 더 민감하다면(수많은 증거들에 비춰볼 때 그렇다고 믿을 수밖에 없는데), 그들은 정당-유권자 정렬이나 탈정렬을 야기하는 조건들의 영향을 가장 크게 받으며, 사실상 그런 변화의 주요 원인 제공자가 된다. 잉글하트와 호흐슈타인에 따르면, 프랑스에서 급격한 정당-유권자 정렬 시기였던 제5공화국의 처음 10년 동안 연령-정당 충성심 기울기는 역전될 정도까지는 아니어도 평평했다(차이가 없었다).[15] 1928년에 시작된 정렬 시기의 마지막 시점이라 할 수 있는 1937년 3월에 실시한 갤럽 여론 조사도 프랑스와 매우 유사한 양상을 보여 주었다. 〈표 3〉에서 보면 가장 젊은 집단과 가장 나이 많은 집단 간의 차이는 4.8%인데, 이는 1950년대의 그것에 비해 매우 작은 것이다.

잉글하트와 호흐슈타인은 1920년대, 1960년대 후반과 1970년대 초반 같은 탈정렬 시기에는 연령-정당 충성심의 기울기가 크게 과장되어 나타날 것이라 주장했다. 이들은 1968년 미국에 그런 양상이 존재했음을 보여 주었다(이는 그 뒤로도 지속되었다).[16] 그렇다면 연령과 정당 충성심 사이의 이 같은 강력한 관계가 뉴딜 재정렬이 있기 전 10년 동안에도 존재했을까? 정당 일체감에 관한 설문 조사 자료가 없으므로 확인할 수 있는 분명한 방법은 없다.[17] 다만 임시방편으로, '투표 불참'을 '정당 일

표 3.

정당 충성심과 관련한 '무당파' 또는 '무응답자'의 연령별 비율(1937년)

(단위: %)

연령	비율	연령	비율
21~24[a]	20.1	45~49	20.1
25~29	18.0	50~54	12.2
30~34	18.9	55~59	17.3
35~39	20.1	60~64	14.7
40~45	16.5	65+[a]	15.3

자료 : 갤럽 여론 조사(1938년 3월), 미국 여론 조사 재단 72호, 로퍼센터(Roper Center) 제공 자료
주 : a 가장 젊은 집단과 가장 나이 많은 집단 간의 차이는 4.8%

체감의 부재'로 해석해 대입할 수 있겠다. 정당 일체감은 젊은 시기에 형성되지만, 그것이 지속적이고 단기적인 힘에 좌우되지 않으려면 투표를 통해 계속 강화될 필요가 있다. 특히 젊은 유권자들의 경우, 성인이 된 직후에도 투표하지 않는다면 정당 충성심이 낮은 것으로 볼 수 있다.

이렇게 해서 연령-정당 충성심 기울기의 대략적인 추정치를 끌어내는 방편으로, 전체 유권자의 투표율과 젊은 시민들의 투표 참여 정도를 비교해 볼 수 있다. 〈그림 9〉는 1924년과 1936년 대통령 선거에서 투표에 참여했다고 밝힌 '최초 투표자' 비율과 전체 인구 대비 투표율을 비교한 것이다.

'탈정렬' 기울기는 예상만큼 급격하지는 않았다. 투표율은 젊은 유권자들뿐만 아니라 모든 연령 집단에서 낮게 나타났다(그리고 위의 수치는 추정치일 뿐이라는 사실도 고려해야 한다). 그러나 연령과 정당 충성심(연령-투표율)의 관계를 보면 1924년과 1936년이 뚜렷하게 다르며, 1920년대의 탈정렬 시기로부터 1930년대의 정렬 시기로 이행한 것은, 성인 인구 중 가장 젊은 유권자의 정치 행태가 뚜렷이 변했다는 견해를 뒷받침한다.

그림 9.

정렬과 탈정렬

(단위: %)

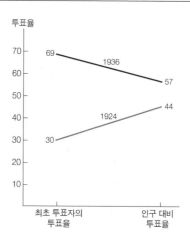

재정렬 이전 10년 동안 젊은 시민들이 정치적으로 유리되어 있었다
는 사실은 메리엄과 고스넬의 자료를 봐도 알 수 있다. 그들은 상습적인
투표 불참자들이 젊은 층에 좀 더 집중되어 있는 것을 발견했다. 21~29
세 성인이 등록 유권자의 28%를 차지했지만 상습적인 투표 불참자의
34%가 이들이었다. 연령과 투표 불참 간의 관계는 성별·국적별로 다양
했다. 투표 불참자들 가운데 나이 많은 여성들이 높은 비율을 차지했고,
아일랜드·독일·스칸디나비아 출신인 고령의 이민자 집단에서 나이가
많을수록 투표 불참 비율이 높았다. 그러나 그들이 지적했듯이, 전체적
으로 볼 때 "나이가 젊다는 것은 투표 경험이 전혀 없다는 것과 상관관
계가 높다. 20대에 상습적으로 투표에 불참하는 남성 유권자의 비중은

전체 남성 등록 유권자에 비해 두 배나 높았다."[18]

마지막으로, 오하이오 주 델라웨어 시의 투표자와 투표 불참자에 대한 (1925년의) 연구도, 1924년 전국 선거에서 20대 시민들의 투표 참여율이 70세 이상을 제외한 다른 모든 연령대의 시민들보다 훨씬 낮다는 사실을 확인했다.[19]

기존 정렬의 쇠퇴와 정당 정치

투표권 확대, 이민, 세대 효과는 1920년대에 정치 참여가 쇠퇴한 현상의 일부를 설명해 준다. 그러나 재정렬 이전 시기인 1920년대와, 이후 민주당의 부상 과정을 이해하려면 다른 요인들도 고려해야 한다. 이는 인구 변화보다는 정치와 관련된 것들이다.

정당-유권자 재정렬은 수많은 개인들이 내린 결정으로 구성된다고 생각할 수 있지만, 그들이 오랫동안 지속해 온 정치적 결정을 재고하게 되는 이유는 좀 더 큰 사회적 힘과 관련되어 있다. 재정렬을 야기하는 사회정치적 괴리에 대해 가장 논리 정연하게 서술한 대목을 번햄의 연구에서 찾아볼 수 있다.

재정렬 그 자체는 구성적 행위이다. 그것은 정당정치의 일상적인 조직이나 결과물로는 적절히 통제되지 못해 발화점을 향해 나아가는, 그 사회에서 새롭게 부상한 긴장들로부터 발생한다. 재정렬은 이슈 지향적인 현상으로, 그런 긴장과 긴밀히 관련되어 있으며 혁명적인 조정으로 귀결되곤 한다.[20]

그의 책 후반부에서 번햄은 이 문제를 좀 더 상세히 다루었다. 미국에서 사회경제적 발전은 대체로 규제나 제한 없이 자유롭게 이루어졌고, 이로 말미암아 자원과 혜택이 특히 더 불평등하게 배분되는 시기들이 있었다. 정치체제의 변화 과정은 이와 유사한 특징을 갖지 않으므로, 사회의 특정 분파가 불이익을 받거나 (당대 선거와 정책 결정 제도에서) 대표되지 못하고 있다고 스스로 느낄 때, 다소 갑작스러운 방식으로 사회세력 간의 연합이 재구성된다.[21] 이 과정을 샤츠슈나이더의 관점에서 다시 말하자면, 정치적으로 '배제당한' 집단이, 지배적인 정치적 갈등을 변화시키는 데 성공하는 것이다.

"어떤 정치체제에서든 언제나 종속적 지위에 있는 갈등의 수는 매우 많을 수밖에 없다. 각각의 균열은 수백만의 사람들에게는 불리하게 작용한다. 자신의 주장이 경시되고 있는 모든 사람은 새로운 갈등 구도에 전략적 이해관계를 가지고 있다."[22]

그러나 만약 샤츠슈나이더의 표현처럼 '항상적 불안 요소'restless elements가 새로운 전선을 그려 내지 못한다면, 중심 논쟁이 여전히 그들의 이익과 무관하게 진행된다면, 그들이 정치로부터 철수하게 되리라는 것은 논리적으로 충분히 예상할 수 있다. [중심 논쟁이 되고 있는] 갈등이 그들과 관계가 없다면 그들의 표 또한 의미가 없을 테니 말이다. 정치적 균열이 그 사회의 가장 중요한 사회경제적 이익을 반영하지 못할수록, 정치 불참의 수준도 그만큼 높아진다.

특별히 투표와 투표 불참의 합리성에 관심을 기울여 온 정치학자들은 좀 더 정교한 이론과 정확한 사실을 가지고 유사한 결론에 도달했다. '합리적' 시민들은 정당을 평가하면서 적어도 두 가지 경우라고 판단할 때 투표에 참여하지 않을 수 있다. 첫째, 두 정당 간의 차이가 너무 작아서, 투표 행위에 따르는 비용보다 혜택이 적은 경우이다.[23] 둘째, 정당들 간의 차이는 크지만 어느 쪽도 대안으로 받아들일 수 없는 경우이다. 브로디Richard Brody와 페이지Benjamin I. Page는 투표를 "시민들이, 여전히 [다른 정당보다는] 선호하지만, [여전히 자신의 선호와] 다소 거리가 있는 정당을 처벌해 …… 향후 선거에서 그 정당이 자기 선호에 더 가까이 오도록 하는" 메커니즘으로 볼 수 있다면, 기권 결정도 합리적인 것으로 이해할 수 있다고 주장했다.[24]

1920년대 투표 행태에 대해 던져야 할 본질적인 질문은 다음과 같다. 무관심이나 소외 또는 둘 다에서 비롯된 투표 불참은 전체 유권자 중 특정 분파의 특징이라고 볼 수 있는가? 그래서 투표 불참이 앞에서 얘기했던 이민과 투표권 확대, 그리고 세대 변화의 영향을 더욱 심화시키는가? 번햄은 사회경제적 구조와 1896년 이후 부상한 정치체제 간의 괴리가 통상적인 '망각'의 과정을 확대하고, 따라서 투표 불참의 수준도 끌어올렸다고 주장할 것이다. 당시에, 적어도 사회적으로나 정치적으로 중요한 두 집단에 대해 민주당과 공화당의 정책이 똑같이 적대적이었다는 흥미로운 주장(투표 불참을 직접적으로 다루지는 않았지만)도 있었다. 1931년 시카고 대학에서 개최된 "미국인들의 정치관"이라는 제목의 심포지엄에서 폴 더글러스Paul Douglas는 이렇게 말했다.

그러나 그 모든 것[정당에 대한 전통적인 충성심]에도 불구하고 적어도 내게는, 정당과 정당 정책의 현재 정렬이, 정당과 정치적 정서가 궁극적으로 기반해야 하는 토양인 기본적인 경제적 정렬과 근본적으로 부합하지 않는 것 같다. 내가 제기하고 싶은 주장을 아주 짧게 말하면 이런 것이다. 현재 공화당과 민주당은 기업 정당이다. 그들이 의식하든 의식하지 않든, 그들은 정책과 아이디어를 통해 산업·상업 자본 소유주들의 이익을 보호하고 있다. 그들은 경제적으로 가장 중요한 두 집단, 즉 도시의 임금노동자와 농민을 대표하고 있지 않다.[25]

20세기 들어 처음 30년 동안 세 가지 중요하고도 서로 연관된 변화가 진행되었다. 바로 이민, 도시화, 산업화였다. 대도시 성장률은 20세기 초반 무렵 최고조에 이르렀다. 1900~20년 사이, 인구가 10만 명 이상인 도시에 거주하는 비율은 18.7%에서 26%로 증가한 반면, 1920~40년 사이에는 그 증가율이 3% 포인트에도 못 미쳐 28.7%를 기록했다.[26] 이 같은 인상적인 성장의 주역은 1890~1910년 동안 건너온 이민자들이었는데, 이들은 앞선 시기의 이민자들과 달리 대개 도시 거주민들이었다. 이 시기에 관해 테우버 부부는 이렇게 말했다.

이민자들의 다수는 …… 유럽인들로, 학력이나 기술, 자본이 거의 없는 상태로 미국에 도착했다. 미국에서는 주로 미숙련 내지 반숙련 노동자들을 필요로 했다. 이민자들의 초기 거주 분포는 일자리와 연관되어 있었다. 결과적으로 이민자들의 주요 밀집 지역은 뉴잉글랜드와 중부 대서양 연안 주들, 그리고 5대호 연안의 산업 지대였다.[27]

1920년 도시 인구 비율이 60% 이상인 주의 이민자 비율은 전체 인구의 26%였다. 반면 도시 인구 비율이 15% 미만인 주의 이민자 비율은 2.8%에 불과했다. 산업화 수준에서도 동일한 상관성을 확인할 수 있다. 농업 의존도가 높을수록 그 주에 거주하는 이민자도 적었다. 달리 말해, 1920년 당시 백인 이민자의 거의 80%는 도시 지역에 살았고 백인 토박이의 도시 거주 비율은 54%에 불과했다. 이 시기 이민자들이 밝힌 자신의 직업은 대개 가사 노동자, 기술자, 노동자였다.[28]

1896년 선거에서 [공화당] 매킨리에게 승리를 가져다준 득표차는 세 유형의 시민들, 즉 도시 거주민, 노동자, 이민자에게서 나왔다. 브라이언과 민주당에 대항해 모든 도시민을 일시적이나마 뭉치게 만들었던 것은 '은화 자유 주조'*라는 특정 이슈였다. 그와 별개로 데글러는 좀 더 일반적인 의미에서 도시 이민자들이 20세기 들어서도 상당 기간 동안 공화당을 지지한 것은 합리적이라고 주장했다.[29]

공화당과 그 지도부는 경제 성장을 위해, 전국적인 권력을 활용해 〈홈스테드법〉, 철도 건설 회사를 위한 토지 할양과 대부, 보호 관세와 같은 조처를 지원하는 데 망설임이 없었다. …… 국가주의 전통과 이들 구체적인 조처가 …… 도시 유권자와 이민자들에게 호소력을 갖는, 전국 차원에서 공화당의 이미지를 만들어 냈다.[30]

이들 집단에 대한 공화당의 지배력을 손상시킨 것은 [민주당의] 우드로 윌슨이었다. 빙클리Wilfred E. Binkley는 윌슨의 노동 입법**을 미국 정

---

* 1896년 대통령 선거와 '은화 자유 주조'free silver
은화를 공식 통화로 인정할 것인가는 1896년 대선의 핵심 쟁점이었다. 당시는 급격한 산업화와 도시화의 부작용으로 경제 공황이 지속되던 시기였다. 가장 큰 피해는 농산물 가격 하락과 부채 증가로 고통 받고 있던 중하층 농민들에게 집중되었다. 민주당과 인민당의 연합 후보로 지명된 윌리엄 브라이언은 이 문제에 대한 해결책으로 은화의 자유 주조와 공식 화폐 인정을 통해 통화 공급을 늘리는 대안을 제시했다. 이 정책은 농민들 사이에서 폭넓은 지지를 얻었지만, 인플레를 우려한 기업가들과 도시 노동자들의 반감을 불러일으켰고 그로 인해 결국 브라이언은 선거에서 패배하고 말았다.

당사에 있어 '숨겨진 금자탑'이라고까지 말했는데, 이는 그때까지 진보적인 노동 입법이 공화당의 전유물이었기 때문이다.[31] 그러나 윌슨 대통령의 두 번째 임기 중, 국제연맹과 베르사유조약에 대한 민주당의 지지는 많은 이민자 집단을 소외시켰다.* 1920년대 내내 민주당 안에서는 이민 반대론자, 농촌 거주민, 〈금주법〉 반대론자가 이민 찬성론자, 도시 거주민, 〈금주법〉 찬성론자와 곳곳에서 충돌했다. 그럼에도 민주당의 선거공약에서 확인되는 것처럼, 1928년까지는 과거 지지 연합이 대체로 주도권을 유지했다. 매킨리-루스벨트-해나Mark Hanna 시대를 지나며 노동을 대하는 공화당의 태도는 부쩍 냉랭해졌지만, 그렇다고 민주당이 딱히 나은 것도 아니었다. 1920년 "민주당의 노동 공약은 공화당에 비해 조금도 전향적이지 않았다. …… 공약에는 소비에트 정부에 대한 승인 요구, 미국의 국제 재판소 참여, 단체교섭권 인정이 들어 있었다."[32]

•• 노동문제에서 윌슨 대통령의 개혁적 조치는, 태프트 정부에서 창설됐지만 개점휴업 상태에 있던 산업관계위원회Commission on Industrial Relations를 정상화시키면서 시작됐다. 진보적 개혁가로 평가되는 프랭크 월쉬Frank P. Walsh가 의장으로 지명되었으며, 노동자의 권익을 보호하고 노동조합에 힘을 싣는 개혁이 추진되었다. 윌슨 정부 시기 대표적인 노동 입법으로는 재계의 이익에 반해 노동권을 보호한 첫 번째 입법으로 평가되는 <아동노동법>과 8시간 근로제를 확립한 <애덤슨 법>Adamson Act이 있다.

• 윌슨 대통령이 주도한 베르사유조약 체결과 그에 따른 국제연맹 창설은 미국 내 이민자들 사이에 강한 반감을 불러일으켰다. 독일 출신 이민자들은 독일이 지나치게 가혹한 처분을 받았다고 느꼈고, 이탈리아 출신들은 더 많은 영토를 이탈리아에 넘겨줘야 했다고 생각했다. 아일랜드계는 베르사유조약이 아일랜드 독립 문제를 다루지 않은 것에 대해 불만을 토로했다. 이런 이유로 민주당의 주요 지지층이었던 이민자 집단이 그 당으로부터 이탈하는 사태가 벌어졌다.

이렇듯 1920년대에는 도시에 거주하는 이민자 출신 노동자의 이익에 가장 직접적인 영향을 미치는 두 영역, 즉 노동 정책과 이민 정책에서 양당 간에는 차이가 거의 없었다. 1920년대 팔머의 습격*은 적어도 일시적으로 민주당 행정부가 가장 반급진적이고 반이민적인 입장을 취했음을 보여 주었다. 다른 한편, 특정 국가의 연간 이민자 수를 1910년 당시 해당 국가 출신 거주자의 3%로 제한한 〈긴급 이민 할당법〉**은, 새로운 공화당 행정부가 주도한 첫 번째 법률들 가운데 하나였다. 이 할당량은 그 후 1924년 〈이민법〉Immigration Act of 1924에 의해 크게 줄었다. 비록 공화당이 공적 발언에서 외국인에 대한 혐오를 좀 더 노골적으로 드러냈지만("어떤 외국인이든 진정한 미국인이 되어야만 미국 시민이 될 수 있다."), 의회에서 〈이민법〉에 대한 투표가 이루어질 당시 민주당과 공화당의 투표 행태에 별다른 차이가 없었다는 사실은 의미심장하다.[33]

1920년대 동안 양대 정당의 공약에서 노동의 이익 그 자체는 중요

---

* 팔머의 습격Palmer raids
윌슨 행정부 시절(1919. 11-1920. 01) 법무부의 주도로 급진 좌파 용의자들을 대상으로 대대적인 체포와 추방을 목표로 일련의 습격을 자행한 것을 가리킨다. '제1차 적색 공포'First Red Scare로 알려진 대대적인 반공 운동 시절 시행되었으며, 대부분의 용의자들은 무정부주의자/공산주의자인 이탈리아와 동유럽 이민자들이었다.

** 〈긴급 이민 할당법〉Emergency Quota Act of 1921
당시 모진 박해를 피해 동유럽에서 미국으로 대량 유입된 유대인들에 대응하기 위해 마련됐다. 일시적 조치로 고안됐으나 미국 이민정책에서 가장 중요한 터닝 포인트로 기록됐다. 이민자 수를 출신국별 쿼터제 방식으로 제한하는 것이 핵심이다. 1921년 법안에서는 1910년 인구센서스 기준으로 동일 국가 출신 거주자의 3%로 이민자 수를 제한했는데 동유럽, 남유럽 출신보다 북유럽에 더 많은 쿼터를 허용하는 셈이었다. 그러나 억제 효과가 충분히 강력하지 않다는 판단 아래, 1924년에 1890년 인구 기준 2%로 강화됐다.

하게 다뤄지지 않았다. 실제로 사회복지 입법에 대해서도 거의 언급되지 않았다. 1920년, 1924년, 1928년 민주당과 공화당의 공약을 검토해 보면, 농업 문제는 중요하게 다루었으나, 노동과 관련해서는 두 정당 모두 〈아동노동법〉Child Labor Act, 단체 협상의 원칙, 노사 분쟁에서 법원 명령권 '남용'에 대한 조사를 형식적으로 인정하는 데 불과했다. 1924년과 1928년에 민주당은 실업 문제 해결을 위한 공공사업 개념을 간략히 언급했으나, 전반적으로 노동 및 그와 관련된 이슈에서 양당 간에 눈에 띄는 차이는 없었다. 폴 더글러스는 양당이 도시 노동자와 농민을 위해 채택할 수 있었던 정책으로 사회복지 입법, 관세 인하, 소득세와 상속세 확대, 공공서비스 품질 규제 강화, 경제 개발 계획 수립 등을 들었다. 동시에 민주당과 공화당 모두 왜 이런 개혁에 미온적이었고, 또 그럴 수밖에 없었는지를 설명했다. 공화당은 "아주 드문 예외를 제외하면 공공연히 기업 이익을 위한 정당을 표방했다. …… 이 정당은 대체로 대형 금융 기업과 부패한 머신이 결탁한, 강력한 세력이 이끄는 것으로 보인다." 더글러스에 따르면, 조지 노리스George W. Norris와 같은 진보파들이 개혁 법안을 통과시키고자 시도할 때, 공화당 조직의 기득 세력은 민주당을 지지했다. 민주당 또한 "기본적으로 보스턴·뉴욕·시카고의 부패한 정치 머신과 이제는 산업주의 색채까지 더해진 남부 보수파로 구성되어 있었다. 게다가 이 당의 지도부는 거대 기업의 지원을 갈망했는데," 그 증거는 1928년 "놀랍게도 민주당의 역사적인 저관세 정책을 일괄적으로 포기한 것과, "(널리 홍보했던) 민주당 지도자 7인의 친기업 서약"에서 찾을 수 있다.[34]

요컨대, 전체 인구 중 덩치 큰 부문들, 특히 급성장한 도시 노동계급이 대통령 선거와 같은 정치적 선택에 직면해, 기득권 정당으로 인식되는 정당[공화당]과 브라이어니즘의 껍질을 채 벗지 못한 정당[민주당] 가운데 하나를 고르는 대신 정치에서 일시적으로 철수해 버린 것이다. 이는 다소 과장된 감이 있으나 꽤 유용한 요약이다. 또한 1920년대 정치라는 맥락에서 볼 때 아주 터무니없는 반응도 아니다.

4장

비면역 유권자 동원의 재구성

만약 1920년대와 1930년대에 실시된 양질의 설문 조사 자료가 있다면, 그보다 10년 앞선 시기에 선거 체계 밖에 있던 집단이 실제로 루스벨트 승리의 기반이 되었는지를 판단할 수 있었을 것이다. 하지만 불행하게도 당시에 꽤나 정확하고 신뢰할 만한 자료로 알려진 『리터러리 다이제스트』*Literary Digest* 여론 조사가 1936년 선거 결과를 예측하는 데 크게 실패하며 사라진 이후,* 그런 자료는 더 이상 찾을 수 없게 되었다.[1] 그럼에도 불구하고 우리 주장의 타당성을 검증할 수 있는 몇 가지 대안적인 방법들이 있다. 첫째, 투표 결과 및 여타 집합 자료를 사용하는 것이다. 전국, 주, 심지어 카운티 단위로도 수집할 수 있는 이들 자료를 활용한다면, 앞에서 제시한 동원 시나리오에 신뢰성을 부여할 수 있다. 그러나 이런 방법이 갖는 한계도 분명하다. (6장에서 다루는) 시카고 투표 양상에 관한 사례연구처럼, 구역이나 선거구 단위로 이런 분석을 진행할 때조

• 『리터러리 다이제스트』는 1890년대 창간해 1927년 독자 수가 1백만 명에 달했을 만큼 인기를 누렸던 미국의 주간지다. 1916년부터 독자 등을 대상으로 일종의 모의 투표straw poll를 실시해, 대선 결과를 정확히 맞추면서 유명세를 탔다. 민주당 루스벨트 대통령이 재선에 나섰던 1936년 대선에서 무려 240만 명의 응답을 기초로 공화당 도전자 알프레드 랜든의 압도적인 승리를 예측했다. 결과는 갤럽이라는 신생 여론조사 회사가 고작 5만 명의 샘플 조사에 기초해 예측한 대로 루스벨트의 승리였다. 이후 두 회사의 운명은 극명하게 갈렸다. 리터러리 다이제스트는 급격히 쇠락했고, 갤럽과 그들이 수행한 표본조사는 과학적이고 공신력 있는 여론조사의 대명사로 자리 잡게 되었다.

차 개개인의 행태를 추론하는 데 특별한 주의를 기울여야 하기 때문이다. 반면 재정렬을 다룬 다수의 기존 연구에서는 생태학적 오류*가 큰 문제가 되지 않는다. 이를테면 정당 지지 변화의 시기와 정도, 지리적 위치에 관한 일반화는 개별 시민의 행태에 관한 결론에 의존하지 않기 때문이다. 그러나 개인을 단위로 재정렬의 작동 과정을 서술하려는 연구가 집합 자료를 바탕으로 한다면 매우 심각한 추론상의 문제가 발생할 수 있다.

두 번째 대안은 이른바 '회고적' 설문 조사 자료를 활용하는 방법이다. 이 방법은 앞서 있었던 재정렬을 연구하는 데는 이용할 수 없더라도, 이 경우에는 생태학적 오류를 피하는 해법이 될 수 있다. 즉 최근 설문 조사 문항에 응답자의 과거 정치 행태를 묻는 질문이 포함되어 있다면, 이는 뉴딜 재정렬을 설명하는 데 있어 동원 모델과 전향 모델의 상대적 타당성을 평가하는 데 도움을 줄 수 있다는 말이다. 물론 이런 자료를 사용할 때에도 문제는 있다. 우선 사람들의 기억은 신뢰하기 어려울 수 있으며, 그렇게 신뢰하기 어려운 많은 기억들을 모아 과거 정치 행태에 대한 결론을 끌어내는 것은 위험할 수 있다.

이처럼 집합 자료 분석과 '회고적' 설문 조사 자료 분석 모두 문제가 있으며, 따라서 어느 쪽도 전적으로 신뢰할 만한 방법이라고 말할 수는 없다. 그러나 두 방법을 상호 보완적으로 함께 활용하면 비면역 집단

• 생태학적오류ecological problem
사회 연구 조사에서 분석 단위를 착오해 발생하는 오류 중 하나이다. 집단을 분석 단위로 한 조사 결과를 기초로 개인에 대한 결론을 내리는 오류를 의미한다. 반대로 개인을 분석 단위로 한 조사 결과를 집단에 적용할 때 발생할 수 있는 오류를 개인주의적 오류individualistic fallacy라 한다.

의 동원이 갖는 중요성을 입증할 수 있다. 특히 집합 자료 분석은 민주당의 지지 증가가 어디서 왔는지, 그 지역적·민족적 원천을 확인하는 데 매우 유용하고, 설문 조사 자료 분석은 새로운 정치 세대가 재정렬에서 어떤 역할을 수행했는지를 확인하는 데 큰 도움을 준다.

정당 일체감의 재구성

뉴딜 재정렬에 대한 분석의 일환으로 현대의 설문 조사 자료, 구체적으로 말해 서베이연구센터의 선거 연구 자료를 어떻게 활용할 수 있을까? 이 연구 시리즈의 첫 번째 설문 조사는 뉴딜 재정렬을 기준으로 16년이 지난 후, 그리고 재정렬 이전 결정적으로 중요한 시기인 1920년대를 기준으로 하면 20~30년이 지난 1952년에 이루어졌다. 그럼에도 이 연구 시리즈의 설문 조사에는 본 연구와 관련된 중요한 자료가 포함되어 있다. 1952~72년의 8차례 선거 연구에서 거의 1만5천 명에 이르는 시민들이 인터뷰에 응했다.[2] 이들 시민의 다수는 우리가 분석하고 있는 시기를 살았던 사람들이다. 1만5천 명의 응답자 가운데는 1932년 또는 1936년에 공화당에서 민주당으로 정당 지지를 바꾼 사람들도 분명 있을 것이다. 또한 새로운 다수파 민주당을 구성하는 데 중요한 역할을 담당했던, 1920년대 후반에 젊은 유권자들이었던 많은 응답자들도 틀림없이 있을 것이다. 실제로 그들의 연령을 따져 보면, 1920년에 약 1천8백 명이 투표 가능 연령에 도달했고, 1936년까지 그 외 추가로 3천 명이 유권자군 속으로 들어왔다.

이 설문 조사에서 응답자들은 현재 정당 일체감, 즉 자신이 민주당 지지자, 공화당 지지자 또는 무당파 중 어디에 속한다고 생각하느냐는 질문을 받았다. 그리고 자신의 일체감이 변한 적이 있었는지, 그랬다면 언제인지도 함께 질문 받았다. 요컨대 1952~72년 설문 조사에는 적절한 응답자와 적절한 질문이 포함되어 있다. 따라서 다음 과제는 이들 정보를 활용해 1920년대와 1930년대 정당 지지의 집합적 변화를 서술하는 것뿐이다. 이를 위해 각기 다른 해에 시행된 8개의 설문 조사 자료를 합쳐 하나의 데이터 집합으로 분석한다.

정당 일체감의 현재와 과거 자료에 출생 년도를 결합하면 그 사람이 시민이 된 이후 몇 년도에 정당 선호가 무엇이었는지를 확인할 수 있다. 예를 들어, 1958년 인터뷰에 응한 50세의 응답자는 자신이 현재 공화당 지지자이지만 과거에는 민주당을 지지했고, 그 태도 변화는 1934년에 이뤄졌다고 말했다. 만약 우리가 1930년에 관심이 있다면 그는 민주당 지지자로 분류할 수 있으며, 우리가 1938년의 정당 일체감을 알고 싶다면 그는 공화당 지지자에 속한다. 대다수 사람들, 즉 우리가 모아 놓은 표본의 약 80%는 정당 일체감을 바꾼 적이 없다고 응답했고, 그들의 시점별 정당 일체감도 모두 확인할 수 있었다.[3]

이런 방식으로 특정 년도의 20세 이상 응답자 모두의 정당 일체감을 계산할 수 있다. 그러나 그 모든 시민의 과거 정당 선호를 단순 집계하는 것만으로 정당 지지 분포에 대한 정확한 역사적 추정치를 얻어낼 수는 없다. 왜냐하면 인구의 연령 분포는 시간이 흐름에 따라 변하기 때문이다. 1936년 성인 인구의 15%를 구성했던 특정 코호트*는 20년 후

• 코호트cohort
특정 시기를 살아가며 특정한 경험을 공유하는 사람들의 집합을 의미한다.

설문 조사 자료에서는 10%만 차지할 수도 있다. 따라서 우리가 특정 년도의 전국적인 정당 지지 분포를 살펴보려면, 그 해 인구의 연령 분포를 알아야 한다. 이렇게 해서 전체 표본의 각 연령대별 코호트는 특정 년도의 인구 비율에 따라 가중치를 부여받게 된다.

〈표 4〉는 어느 특정 연도를 사례로 유권자의 정당 일체감을 '재구성할' 수 있는 방법을 보여 준다. 여기서는 1940년의 민주당 지지자 비율을 계산했다. 먼저 당시 유권자였던 응답자를 10개의 인구 집단으로 나눈다. 세로줄 a는 출생 시기이고, 세로줄 b는 1940년 당시의 연령이며, 세로줄 c는 1940년 인구조사에 따라 각 연령 집단의 인구 비율을 계산한 값이다.[4] 각각의 응답자에게는 1940년의 정당 일체감이 부여된다. 이는 앞에서 이야기했듯이, 정당 일체감을 바꾼 적이 없는 사람들은 응답한 일체감을 그대로 부여하고, 정당 일체감을 '바꾼' 사람들에게는 그 변경 시점에 따라 1940년에 그들이 지지한 정당을 할당하는 방식이다. 이렇게 계산한 각 연령 집단의 민주당 지지자 비율은 세로줄 d에 나열되어 있다. 1940년 당시 각 연령 집단에서 민주당에 정당 일체감을 갖는 사람들의 비율 및 이들 집단 각각의 상대적 크기 모두를 고려하기 위해 민주당 지지자 비율(세로줄 d)과 연령 집단의 규모(세로줄 c)를 곱한다. 그 결과인 세로줄 e는 각 연령 집단이 전체 민주당 지지에 기여한 비율이다.

예를 들어, 30~34세 유권자로 구성된 집단은 1940년 당시 성인

인구학, 역학, 사회학, 정치학 등 사회과학 전반에 걸쳐 널리 사용하는 분석 방법 내지 도구이다. 사회과학 비교연구에 흔히 등장하는 '세대'는 대표적인 출생 코호트에 해당된다.

표 4.

정당 일체감의 샘플 구성 : 1940년 인구에서 민주당 지지자 비율

연령 집단		1940년 당시 각 연령 집단의 인구 비율	1940년 당시 각 연령 집단의 민주당 지지자 비율	각 연령 집단의 민주당 지지에 대한 기여 비율
출생 시기	1940년 당시 연령			
(a)	(b)	(c)	(d)	(e)
1916~ 19	21~24	.109	.581	.075
1911~ 15	25~29	.131	.588	.077
1906~ 10	30~34	.133	.536	.071
1901~ 05	35~39	.113	.543	.061
1896~1900	40~44	.104	.507	.053
1891~ 95	45~49	.097	.478	.046
1886~ 90	50~54	.085	.491	.042
1881~ 85	55~59	.068	.503	.034
1876~ 80	60~65	.056	.495	.028
1876 이전	65세 이상	.106	.445	.047 Σ=52.2%=재구성한, 1940년 민주당 지지자 비율

자료 : 당대 정당 일체감 응답은 서베이연구센터, 정치연구센터의 1952년, 1956년, 1958년, 1960년, 1964년, 1968년, 1970년, 1972년 선거 연구에서 추출.

인구의 13.3%였다. 회고적 응답에 따르면, 1940년에 이 집단의 53.6%는 민주당을 지지했다. 이들 두 비율을 곱한 결과가, 이 연령 코호트가 민주당 지지에 기여한 값이다. 세로줄 e의 모든 연령 그룹의 값을 합하면 52.2%인데, 이 수치가 바로 1940년에 전체 인구 중 민주당과 일체감을 갖는 사람들로 계산된 비율이다.

재구성한 정당 일체감의 타당성 검증하기

물론 이런 회고적 재구성에 대해서는 우려가 있으며, 이런 우려에는 제법 많은 근거가 있다. 그중 하나는 사람들의 기억이 부정확할 수 있다는 점이다. 여기에 체계적인 왜곡, 이를테면 지금 공화당보다 민주당의 인기가 높기 때문에 더 많은 사람들이 실제보다 일찍이 민주당을 지지했다고 기억하는 것이라면, 이는 우리의 추정치에 특히 파괴적인 영향을 미칠 수 있다. 이 방법의 또 다른 취약점은 사망률과 관련이 있다. 가중치를 적용하는 이런 방법은 전체 사망률을 사용하기 때문에 한 정당의 지지자들이 다른 정당의 지지자들보다 오래 살고, 그럼으로써 결과적으로 오류가 발생할 가능성을 고려하지 않았다. 예컨대, 만약 공화당 지지자들이 민주당 지지자들보다 오래 살고 있다면, 현재의 공화당 지지자들은 1920년대와 1930년대 정치에 참여했던 연령 코호트에서 과잉 대표된다고 볼 수 있다.[5]

그러나 우리의 추정치가 정확한지를 확인할 수 있는 몇 가지 방법이 있다. 첫째, 위에서 재구성한 정당 일체감의 타당성을 검증하는 기준으로 서베이연구센터 자료 그 자체를 활용하는 것이다. 1968년, 1970년, 1972년에 수집한 데이터는 1952년과 1956년 시민들의 정당 선호를 확인하는 데 이용할 수 있다. 이렇게 하면 1952년과 1956년에 실시한 설문 조사 자료는 우리의 추정치를 검증할 수 있는 가늠자가 된다. 〈표 5〉는 1968~72년 설문 조사를 토대로 이 두 해의 정당 일체감을 재구성한 값과 실제로 1952년과 1956년에 획득한 응답을 비교한 것이다. 이 표를 통해 알 수 있듯이, 추정치는 실제 정당 일체감 분포와 매우 유사하다. 재구성된 값과 이전 데이터들 간의 차이는 해당 년도의 정당 일체감을 측정한 서베이연구센터의 자료와 갤럽 여론조사의 차이보다 크

표 5.

1952년과 1956년 정당 일체감 재구성 값(서베이연구센터의 해당 년도 정당 일체감 자료와 비교)

(단위: %)

		민주당과 일체감	무당파	공화당과 일체감
1952	재구성	51	18	31
	1952년 서베이연구센터 연구	49	23	28
1956	재구성	51	20	29
	1956년 서베이연구센터 연구	45	24	30

지 않다(두 조사는 3개월 간격으로 이루어졌다).[6] 무당파가 약간 과소 추정될 것임은 예상할 수 있는데, 무당파에서 민주당이나 공화당으로 지지를 바꾼 경우는 제대로 측정할 수 없기 때문이다. 예를 들면 1952년이나 1956년에 무당파로 있다가 1961년 케네디(John F. Kennedy) 시대에 민주당 지지로 돌아선 소수의 유권자들은 변함없는 민주당 지지자로 계산되는 것이다. 재구성 값과 실제 데이터 간의 작은 차이, 예를 들어 1956년 민주당의 우세가 작게 평가되는 현상도 설명할 수 있다. 정당 일체감 조사가 선거에 임박해 이뤄지는 경우, 응답자 중 일부는 기존에 갖고 있던 정당 충성심이 아니라 이번 선거에 투표할 정당을 이야기할 수도 있기 때문이다. 짐작대로 1952년, 1956년 대통령 선거는 공화당이 승리한 해였다.

재구성 결과와 앞선 시기 몇몇 데이터를 비교할 수도 있다. 정당 일체감에 관한 가장 빠른 조사는 1937년에 갤럽이 실시한 것이다. 〈표 6〉은 1937년에 대한 재구성 값과, 실제 그 해 갤럽이 밝힌 정당 일체감 자료를 비교한 것이다. 양쪽 수치는 비슷하다. 1937년 갤럽이 정리한 민

표 6.

1937년 정당 일체감의 재구성 값(갤럽 정당 일체감 자료와의 비교)

(단위: %)

	민주당과 일체감	무당파	공화당과 일체감
재구성	53	12	34
1937년 갤럽 조사	53	16	32

주당·공화당·무당파 비율과 재구성 값은 거의 완벽하게 일치한다.

마지막으로, 기억에 대한 체계적인 왜곡과 양당 지지자들 간의 사망률이 다를 가능성에 좀 더 직접적으로 대처하는 방법도 있다. 그것은 1937년 정당 일체감을 두 차례에 걸쳐, 즉 한 번은 1952년, 1956년, 1958년에 실시한 설문 조사 자료로부터, 다른 한 번은 1968년, 1970년, 1972년에 실시한 자료로부터 재구성하는 방법이다. 만약 어떤 체계적인 편향성, 즉 기억의 편향이나 사망률에서 차이가 있다면, 앞선 시기의 설문 조사 자료를 바탕으로 재구성한 값이 좀 더 정확할 것이다. 〈표 7〉은 1937년 갤럽 자료에 포함된 정당 일체감 수치, 1952년, 1956

표 7.

1952년, 1956년, 1958년 자료와 1968년, 1970년, 1972년 자료를 바탕으로 1937년의 정당 일체감을 재구성한 값(갤럽 정당 일체감 자료와 비교)

(단위: %)

	민주당과 일체감	무당파	공화당과 일체감
(1952~58년 자료로) 재구성	53	12	35
(1968~72년 자료로) 재구성	54	14	32
1937년 갤럽 조사	53	16	32

년, 1958년에 실시한 설문 조사 자료를 토대로 1937년 유권자의 정당 일체감을 재구성한 값, 그리고 1968년, 1970년, 1972년 설문 조사 자료를 바탕으로 재구성한 값을 제시하고 있다. 두 재구성 값들 간의 차이는 아주 작다. 만약 공화당 지지자들이 민주당 지지자들보다 오래 사는 경향이 있다면, 앞선 시기의 정당 일체감을 재구성하기 위해 상대적으로 나이가 많은 사람들의 응답을 활용할 때 공화당에게 유리한 왜곡이 나타날 것이다. 그러나 1952년, 1956년, 1958년 자료를 활용해 1937년 정당 일체감을 추정했을 때 나타난 공화당 지지자들의 비율이 1968년, 1970년, 1972년 자료를 활용한 추정치보다 더 많다는 사실은 그런 왜곡이 나타나지 않았음을 보여 준다. 같은 논리로 기억의 체계적 편향 가설도 기각되는데, 그런 편향이 존재한다면 나중의 설문 조사들에서 더 분명하게 나타나야 하기 때문이다.

정당 일체감의 변화, 1920~74년

'기억' 데이터가 정확한 것으로 보이므로, 과거 정당 일체감을 재구성하는 일은 좀 더 확신을 갖고 처리할 수 있게 되었다. 〈그림 10〉은 1920~48년까지 미국인들의 정당 일체감을 재구성한 수치와, 1952~74년까지 서베이연구센터 선거 연구에서 응답자들이 답한 정당 일체감을 나타낸다. 이 그림은 지난 60년 동안 나타난 정당 체계의 극적인 변화를 분명하게 보여 준다. 1920년의 강력한 양당 체계와는 대조적으로, 지금[1979년] 미국의 정당 체계는 민주당 지지자만큼이나 많은 무당파가 있으며, 공화당 지지자는 전체 인구의 20%에도 미치지 못한다. 이 변

그림 10.

정당 일체감(1920~74년)

(단위: %)

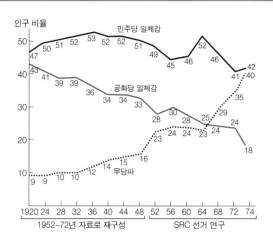

화는 네 시기로 나눠 볼 수 있다.

시기 1 : 재정렬, 1920~36년. 정당 일체감을 재구성한 결과에 따르면, 1920년 당시 각 당의 지지자 수는 대략 비슷했고, 무당파 규모는 10%에 미치지 못했다. 다음 16년 동안 무당파 비율은 기본적으로 크게 변하지 않은 반면, 민주당 지지자들은 꾸준히 증가했고 공화당 지지자는 그만큼 줄어들었다. 1936년 재구성 추정치에 따르면, 유권자의 53%가 민주당을 지지했고 36%가 공화당을 지지했으며 12%는 무당파로 남았다. 양대 정당 지지율에서 13% 포인트가 재분배된 것이다.

시기 2 : 안정화, 1936~52년. 이 시기 동안 민주당 지지는 다소 하락했다. 공화당 지지율도 계속 하락했지만, 이전 시기만큼 급격한 것은 아니었다. 실제로 1936~48년 동안 유권자 가운데 공화당 지지자 비율은 매우 안정적이었고(이는 뉴딜 재정렬의 '여파'에 대한 선드퀴스트의 서술에도 부합한다), 이때 민주당뿐만 아니라 공화당도 일부 지역에서 지지율이 올라가기도 했다.[7] 아마 이 시기와 관련해 지적할 수 있는 가장 흥미로운 사실은 재정렬이 완결된 후 무당파의 수가 증가하기 시작해 1936년 12%에서 1952년 23%까지 늘어났다는 것이다. (유권자들을 두 진영으로 양분하는) 재정렬을 야기할 만큼 강력했던 정치 이슈가 그 역할을 다함으로써 정치적 주목도가 점차 약화되었기 때문이다. 정당들의 견인력은 그전만큼 강하지 않았고, 다시 한 번 어떤 정당도 지지하지 않는 유권자 수가 증가했다.

시기 3 : 최종 '변화 없음', 1952~64년. 1950년대와 1960년대 초반의 설문 조사 자료는 아이젠하워Dwight D. Eisenhower 시대의 민주당 지지 하락과 케네디 행정부 기간의 반등을 보여 준다. 공화당과 정당 일체감을 갖는 유권자의 비율이 좀 더 줄어들었지만 양대 정당의 지지율에 큰 변화는 없었다. 무당파 비율 또한 안정적이었다. 설문 조사를 바탕으로 한 최초의 그리고 가장 영향력 있는 투표 연구가 진행된 시기가 바로 이처럼 정적인 때였다. 그런 점에서 이들 연구가, 정당 애착심이란 평생 유지되는 약정이라고 결론 내리는 것도 그리 놀라운 일이 아니다.

시기 4 : 정당 쇠퇴, 1964~74년. 1964년 이후 유권자의 정당 지지 구성은 그림에 나타난 60년 가운데 가장 급격한 변화를 겪었다. 민주당 지지자 비율이 1964년 52%로 정점을 찍은 후 10년 사이에 42%로 내려갔고, 같은 시기 공화당 지지율도 7% 포인트 하락했다. 그러는 동안 무당파 비율은 1964년 23%에서 1974년 40%로 증가했다.

재정렬에서 새로운 세대의 역할

'정치 세대'의 중요성을 강조한 많은 연구자들 가운데 버틀러와 스톡스는 다음과 같이 지적했다. 1960년대 중반 영국의 정당 지지 분포는 일찍이 "정치 세력이 젊은 세대에게 심어 준 인상, 이후에도 이들의 충성심을 확고한 것으로 만들기 위한 정치 세력들의 노력으로 설명될 수 있다." 나아가 그들은 "우리가 물어야 할 것은 유권자들의 나이가 아니라 언제 그들이 젊은 시절을 보냈느냐는 것이다."[8]

앞 장에서 1920년대의 젊은이들은 정치적 냉소와 더불어 기존 정당에 불만을 갖는 경향이 강하다고 주장했다. 이 시기에 성인이 된 시민들 다수는 벡이 말한 '평상시의 아이들'이었고, 그보다 더 많은 시민들은 이민자의 자식들로서 벡의 사회화 과정 3세대 모델 밖에 있다. 그렇다면 수집 가능한 범위에서 우리 데이터는 1928~36년 시기에 정당 지지 분포가 변하는 데 있어 청년들이 중요한 역할을 담당했음을 보여 줄 것으로 예상할 수 있다.

다양한 연령 코호트들이 처음 투표에 나섰을 때 정당 선호가 무엇이었는지를 조사하려면 회고적 응답을 활용해 해당 코호트가 21~24세였던 4년 동안의 정당 일체감 분포를 계산해 볼 수 있다. 단, 한 번에 하나의 연령 코호트만 다룰 것이라서 별도의 가중치는 주지 않는다. 〈그

그림 11.

유권자군으로 진입한 시기 연령 코호트의 정당 일체감(재구성 자료를 바탕으로
1920~48년 사이에 유권자군으로 들어간 유권자들)

(단위: %)

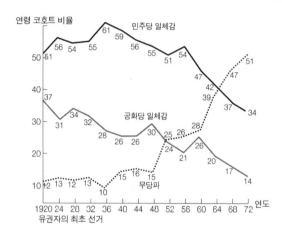

림 11〉은 1952년 이후에 대해서는 해당 시기 설문 조사 자료를, 그보다
앞선 시기에 대해서는 회고적 응답을 토대로, 각 연령 코호트가 유권자
군으로 진입할 당시의 정당 선호를 보여 준다. 예를 들어, 이 데이터는
1948년에 처음 투표한 연령 코호트에서 민주당 지지는 55%, 공화당
지지는 30%, 무당파는 15%임을 보여 준다. 이 그림은 그 시대 정치 상
황에 대한 젊은이들의 반응을 증명한다. 유권자군에 새로 진입한 코호
트가 공화당과 일체감을 갖는 비율은 1920년에 가장 높았다. 이들의 민
주당 지지 비율이 가장 높았던 시기는 1936년[61%]이었다. 〈그림 11〉
에 나타난 흐름을 면밀히 검토해 보면, 새로운 유권자들이 전체 유권자

의 정당 지지 양상에 어떤 영향을 미쳤는지 확인할 수 있다. 이를테면 루스벨트 대통령의 두 번째[1936년 선거]와 세 번째[1940년 선거] 임기 동안 민주당에 대한 새로운 젊은 유권자들의 지지율이 점점 줄어들고, 그에 따라 같은 연령대에서 공화당에 대한 지지가 증가했는데, 이는 1948~56년 동안 민주당에 대한 지지가 쇠퇴하는 데, 그리고 1950년대 공화당에 대한 지지가 안정되는 데 기여했다. 이와 비슷하게 1964년에 유권자군으로 진입한 집단에서 무당파 비율은 39%였는데, 이는 1960년에 처음 투표한 집단의 무당파 비율보다 11% 포인트 더 많고, 전체 유권자의 무당파 비율보다 14% 포인트 더 많은 수치이다. 당시 성인 유권자의 9%를 차지하는 집단에서 이처럼 무당파가 크게 증가했다는 것은, 이들이 전체 유권자의 무당파 비율 증가의 상당 부분을 차지한다는 사실을 의미한다. 그 밖에도 이 시기에 공화당이 줄곧 새로운 유권자들을 자기편으로 끌어오지 못한 것이 쌓여 공화당 지지를 갉아먹었음을 〈그림 11〉에서 분명하게 알 수 있다.[9]

뉴딜 재정렬 시기에 유권자군으로 진입한 코호트들을 좀 더 면밀히 관찰하기 위해 〈표 8〉은 앞에서 재구성한 정당 일체감 추정치를 토대로, 1920~40년 동안 선거별로 가장 젊은 유권자들의 정당 일체감과 전체 유권자의 정당 일체감을 비교한다. 전 기간에 걸쳐 가장 젊은 연령 집단의 민주당 지지 비율은 전체 인구보다 대략 5% 포인트 높게 나타났다. 예를 들어, 1936년 당시 21~24세였던 유권자의 61%는 자신을 민주당 지지자로 기억했고, 같은 시기 전체 유권자 중에서는 53%만이 민주당을 지지했다. 이보다 더 놀라운 사실은 1920년, 1924년, 1928년, 공화당이 젊은 시민들의 지지를 얻는 데 가장 성공적이었어야 할 시기에 유권자군으로 진입한 집단들조차 전체 유권자보다 훨씬 더 높은

표 8.

1920~40년, 21~24세 유권자와 전체 유권자의 민주당 지지자 비율(재구성)

(단위: %)

선거 시기	민주당 지지자 비율	
	21~24세 인구 대비	전체 인구 대비
1920	51	47
1924	56	50
1928	54	51
1932	55	52
1936	61	53
1940	59	52

비율로 민주당을 지지했다는 사실이다. 여기서 다시 한 번, 우리가 회고 데이터를 통해 획득한 '민주당 지지자'의 다수가 1920년대에는 실제 민주당 지지자가 아니었음을 반드시 기억해야 한다. 그들은 1952년이나 1964년이나 1972년의 설문 조사에 응할 당시 민주당 지지자였고, 자신의 정당 일체감을 '바꾼 적이 없다'고 답했다. 그러나 이들 시민의 대다수는 1920년대에 비정치적 '비면역' 집단에 속했다고 볼 수 있는데, 이것은 정말이지 거의 확실한 사실이다.

1920년대와 1930년대에 젊은 시민들이 나머지 유권자들과 정당 지지에서 동일한 구성 비율로 유권자로 편입됐다면, 1920~36년 사이에 정당 지지 양상이 변하려면 공화당 지지자 가운데 상당수가 전향했어야 한다. 그러나 1920년대에 성인이 된 일련의 집단들은 기존 유권자들에 비해 민주당을 더 지지하고 공화당을 덜 지지했다. 이처럼 청년들의 정당 충성심에서 분명하게 드러나는 민주당 편향성은 정당 지지 균형에 누적적인 효과를 미쳤으며, 상대적으로 균등했던 양당의 지지 분포를, 민주당이 명백하게 다수의 지지를 받는 양상으로 변화시켰다. 실

표 9.

1920~40년, 28세 이하 유권자의 최초 투표 기억(전국 단위 양당 투표와 비교)

(단위: %)

선거 시기	민주당 지지자 비율	
	최초 투표자 대비	양당 투표자 대비
1920	30	35
1924	28	35
1928	47	41
1932	80	59
1936	85	62
1940	66	55

자료 : 서베이연구센터의 1952년 선거 연구

제로 (다소 거칠더라도) 전향보다는 청년들의 편향된 정당 지지 양상을 통해 변화의 정도를 추정해 볼 수 있다. 먼저 우리가 추정한 1920년의 정당 지지 분포에서 시작해, 민주당 지지자들과 비민주당 지지자들 모두에게 적절한 사망률을 적용하고, 유권자군에 새로 진입한 코호트를 민주당 지지자들과 비민주당 지지자들 비율에 따라 전체 유권자에 더하면(〈그림 11〉 참조), 재구성 추정치에서 나타났던, 민주당에 대한 정당 일체감 증가의 60% 이상을 설명할 수 있다. 그런데 이 수치는 청년들의 역할을 보수적으로 추정한 것이다. 왜냐하면 공화당 지지자들은 일반적으로 나이가 많으므로, 사망률이 민주당 지지자들의 그것보다 높을 수밖에 없기 때문이다.

또한 재정렬 시기 청년들의 투표 행태를 보면, 민주당에 편향된 젊은이들의 지지가 재정렬에 기여했다는 가설을 뒷받침한다. 〈표 9〉는 1924년에 처음 투표에 참여했고 당시 나이가 28세 이하였던 사람들 가운데 80%가 루스벨트에게 투표했음을 보여 준다.[10] 1936년 프랭클린 루스벨트는 전국적으로 양당 득표 가운데 62%를 획득했지만, 28세 이하 최초 투표자들에게는 85%라는 압도적 지지를 받았다.

그러나 〈표 9〉에 나타난 데이터는 곤혹스런 문제를 제기한다. 뉴딜 시기에 성인이 된 유권자들과 반대로, 1920년대 초반에 성인이 된 젊은 유권자들은 전체 유권자보다 민주당 대선 후보에게 더 적게 투표한 것으로 기억했다. 이는 1920년대에 청년이었던 유권자들 사이에서 민주당 지지자들의 비중이 높았던 것과 모순되는 듯 보인다(〈표 8〉 참조). 전체 유권자를 고려해도 비슷한 간극이 나타난다. 정당 일체감을 재구성한 우리의 수치는 1920년부터 민주당이 다수 지지를 받았음을 보여 준다. 그러나 민주당은 1932년까지 대통령 선거나 의회 선거에서 다수 지지를 받은 적이 없다. 이처럼 명백한 모순은 어떻게 설명할 수 있을까?

'잠재적' 민주당원을 동원해 낸 재정렬

정당 일체감을 재구성하는 데 이용된 데이터에는 작은 흠이 있다. 민주당 지지자들은 자신을 공화당 지지자로 생각한 적이 있느냐는 질문을 받았고, 공화당 지지자들은 반대 질문을 받았다. 무당파들 또한 공화당이나 민주당 지지자인 적이 있느냐는 질문을 받았다. 그러나 질문 당시 어느 쪽이든 한 정당의 지지자였다고 대답한 이들에게, 과거에 무당파인 적이 있었냐는 질문은 없었다. 또한 언제부터 자신을 민주당이나 공화당 지지자로 생각하기 시작했는지에 대한 질문도 없었다. 이런 질문은 꽤나 난감할 것 같다. 민주당 지지자가 자신의 정당 일체감을 '바꾼 적이 없다'고 말했을 때, 이는 여러 가지 의미를 가질 수 있다. 우선, 그의 부모가 민주당 지지자였고, 자신도 늘 민주당 지지자라고 생각해 왔으며, 법적 투표 자격을 갖자마자 민주당에 투표하기 시작했다는 의미일 수 있다. 하지만 그가 공화당과 일체감을 가진 적이 없으며, 30세나 40세가 되어서야 자신을 민주당 지지자로 생각하게 되었을지도 모른다. 만약 이 사람이 25세에 정당 지지에 관한 질문을 받았다면 그는 민주당 지지자가 아니라 '무당파'나 '지지 정당 없음'이라고 답했을 것이다. 물론 공화당 지지자였던 적이 없다는 중요한 사실은 달라지지 않는다. 성인이 된 이후 줄곧 민주당과 일체감을 가졌을 수도 있고, 여러 해동안 무당파나 비정치적인 성향을 갖고 있다가 민주당을 지지하게 되었을 수도 있다. 아무튼 그는 공화당에서 전향해 온 사람은 아니다.

참여율이 높거나 의무 투표제를 실시하고 있는 정치체제에서는 개인의 정당 지지에 관한 이런 간극이 별로 중요하지 않을 수 있다. 이런곳에서는 거의 모든 사람이 시민 자격을 획득한 초기에 정당 일체감도획득했다고 말할 수 있다. 그러나 미국은 그런 나라가 아니다. 이 나라에서는 유권자의 40% 이상이 대통령 선거에서 투표하지 않으며, 1952년 서베이연구센터 샘플의 35%가 대통령 선거에서 투표한 적이 없다고 밝혔다. 미국 사람들은 삶의 각기 다른 시점에 정당 일체감을 획득하며, 그렇게 획득한 일체감을 행동으로 옮긴다. 물론 후자가 더 중요한사실이다.

정당 일체감을 '바꾼 적이 없다'고 답한 사람이, 그 일체감을 투표가능 연령에 도달한 시점이 아니라, 나이와 무관하게 최초로 투표한 시점에 획득했다고 가정해 보자. 이는 우리가 재구성한 1920년대의 정당일체감 추정치를 크게 바꿀 것이다. 왜냐하면 일반적으로 1920년대에성인이 된 사람들 가운데 다수는 상당 시간이 지난 후에야 투표에 참여

그림 12.

유권자군 진입 시점에서 민주당 지지자와 공화당 지지자의 투표 행태(1920~40년)

(단위: %)

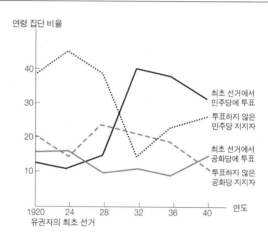

했기 때문이다. 1920~28년 사이 유권자군에 진입한 사람들 가운데 39%가 투표권을 얻은 이후 세 번째 선거가 되어서야 투표에 참여했다고 답했다.

응답자가 최초로 투표한 시기를 묻는 1952년 설문은, 1920~40년 사이 각각의 유권자군 진입 코호트에서, 투표 자격을 획득한 뒤 처음 선거에 참여한 사람들의 비율을 계산하는 데 활용할 수 있다. 〈그림 12〉는 1952년 당시 자신을 공화당이나 민주당 지지자로 생각하며 '지지를 바꾼 적이 없다'고 답한 응답자들에 대한 데이터를 제시한다. 이 그림은 1920년대에 '지지를 바꾼 적이 없는' 민주당 지지자들 가운데 다수가 투표 불참 청년들이라는 점을 잘 보여 준다. 예를 들어, 1924~28년 사이 유권자군에 진입한 사람들 가운데 29%는 1924년 선거에서 '투표하지 않은' 그리고 '지지를 바꾼 적이 없는' 민주당 지지자들인 데 반해, '투표하지 않은' 그리고 '지지를 바꾼 적이 없는' 공화당 지지자들은 10%에 불과했다. 1924년 선거에서는 공화당을 지지하는 청년 유권자들이 민주당을 지지하는 청년 유권자들보다 더 많이 투표에 참여했다. 공화당 지지자들은 1920년대 전반에 걸쳐 더 높은 참여율을 나타냈다. 이런 사실을 통해, 1920년대 청년층에서 우리가 확인한, 민주당에 대한 높은 지지율과, 그 시기 '최초 투표자들'의 압도적인 공화당 지지 투표 행태 간의 간극을 이해할 수 있다.

나중에 자신을 민주당 지지자로 생각하게 되는 사람들의 투표 행태는 1932년 이후 극적으로 변했다. 유권자군에 진입한 젊은 민주당 지지자들 가운데 다수는 투표 자격을 얻자마자 투표에 참여했다. 21~24세로 민주당 지지를 '바꾼 적이 없는' 사람들 가운데 70% 이상이 투표에 나섰다. 1932년과 1936년에, 젊은 시민들 가운데 민주당 지지자들은 공화당 지지자들보다 두 배나 높은 비율로 투표에 참여했다.

다시 우리의 가정으로 돌아와 보자. 우리의 가정은, 늘 한 정당을 지지했으며 지지를 바꾼 적이 없다고 응답한 유권자가 자신의 정당 일체감을 획득한 것은, 그들이 유권자군으로 진입한 시점이 아니라 최초로 투표한 시점이라는 것이다. 앞에서 제시한 자료는, 많은 사람들이 1920년대에 정치적 성인이 되었지만 아직 투표에 참여하지 않았으므로 정당 일체감을 갖지 못했음을 보여 준다. 그들이 1928년, 1932년, 혹은 1936년에 투표에 참여하도록 동원되었을 때, 대다수는 민주당에 투표했고 민주당에 대한 일체감을 획득했으며, 그 뒤로 이를 바꾼 적이 없다. (이런 이유로 이후 설문 조사에서 그들은 늘 민주당 지지자로 나타났던 것이다.) 여기에 덧붙여 또 다른 대규모 유권자 집단이 1928~36년 사이에 성인이 되었다. 그들은 유권자로서 법적 지위를 획득하자마자 투표에 참여했고 그중 대다수는 민주당 지지자가 되었다. 1932년과 1936년 민주당 지지율의 증가는 대개 이들 새롭게 동원된 두 집단에서 비롯된 것이다.

정당 일체감과 투표 : 재구성에 대한 또 다른 관점

과거 정당 일체감에 대한 추정치는 최초 투표 시기를 묻는 1952년 설문을 이용해 수정될 수 있다. 예를 들어, 앞의 〈그림 10〉에서 우리는 1928년의 경우 전체 유권자의 51%가 민주당을 지지했고, 39%가 공화당을 지지했으며, 무당파는 10%였다고 추정했다. 그러나 이들 가운데 다수는 대통령 선거 투표에 참여한 적이 없다. 1952년 설문 조사 자료는 특정 연령의 민주당 지지자들과 공화당 지지자들이 투표하기 시작한 시기에 관한 정보를 담고 있다. 이를테면 1928년 민주당 지지자의 28%는 투표 자격을 얻자마자 투표에 참여했다. 그리고 같은 해 40~44세에 해당하는 민주당 지지자 가운데 40%만이 그 해나 그 전 대통령 선거 투표에 참여했다. 이렇게 해서 우리는 1928년의 정당 일체감을 재구성하는 데 사용했던 각 연령 집단에 대해, 투표한 민주당·공화당 지지자와 투표하지 않은 민주당·공화당 지지자 비율의 추정치를 얻을 수 있다. 1928년 인구 비율에 따라 각 연령 집단에 가중치를 두는 같은 방법을 활용해 그 해의 '투표한' 민주당 지지자와 공화당 지지자, '투표하지 않은' 민주당 지지자와 공화당 지지자 비율을 도출해 내는 것이다. 이 경우 우리 추정치에 따르면 1928년 민주당 지지자의 39%는 대통령 선거에 참여했

그림 13.

정당 일체감과 투표(1920~40년)

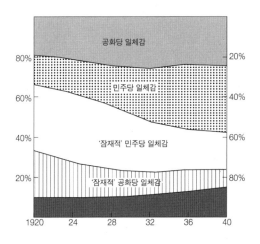

주: 성인 유권자는 서베이연구센터와 정치연구센터 연구 자료로부터 재구성. 여기서 '잠재적'은 특정 선거에서 투표하지 않았지만, 나중에 공화당 또는 민주당과 적극적으로 일체감을 갖게 되는 유권자를 의미

지만, 61%는 투표하지 않았다. 이들은 '잠재적' 민주당 지지자라고 부를 수도 있는데, 그 이유는 그들이 결국 자신을 민주당 지지자로 생각하게 된다는 사실 때문이다. 그러나 1928년 당시 그들은 비정치적인 집단이었을 가능성이 높다. 같은 방식으로 계산하면, 1928년 공화당 지지자의 66%가 투표한 반면 34%는 '잠재적' 공화당 지지자였다. 이렇게 해서 1928년 유권자는 다음과 같이 분류할 수 있다. 투표한 민주당 지지자 20%, 투표한 공화당 지지자 26%, '잠재적' 민주당 지지자 32%, '잠재적' 공화당 지지자 13%, 무당파 10%. 〈그림 13〉은 1920~40년의 기간을 두고 이와 같은 범주에 따라 전체 유권자를 재구성한 것이다. 이 자

료는 20년 동안의 정당 지지 변화를 매우 잘 설명해 준다. 첫 해인 1920년에는 대통령 선거에 참여한 민주당 지지자 비율이 전체 유권자의 14%에 불과했다. 34%는 투표하지 않은 '잠재적' 민주당 지지자들이었다. 이 해에는 잠재적 공화당 지지자의 숫자도 투표한 공화당 지지자보다 많았다. 전체적으로 1920년 당시 전체 유권자의 34%가 투표자였고, 57%는 투표 불참자였으며, 9%는 무당파였다. 이들 수치는 번햄이 1920년대를 "투표 자격이 있는 성인의 3분의 1 정도만이 핵심 투표자였고, 6분의 1은 주변적 투표자였으며, 나머지 절반은 적극적 투표 세계의 외부에 있던" 시기라고 묘사한 것과 대체로 일치한다.[11]

반면, 1940년에는 민주당 지지자들의 지위가 완전히 뒤바뀌었다. 전체 유권자 가운데 34%는 투표한 민주당 지지자이고, 14%만이 잠재적 민주당 지지자로 분류할 수 있다. 투표하지 않은 공화당 지지자들은 투표하지 않은 민주당 지지자들과 대략 같은 비율로 줄어들었다. 그러나 전체 인구에서 공화당 지지자가 차지하는 비중이 (43%에서 34%로) 줄어들었기 때문에, 1920~40년 사이 투표한 민주당 지지자는 20% 포인트 증가한 데 반해 투표한 공화당 지지자는 겨우 6% 포인트 증가하는 데 그쳤다.

요컨대 재구성 추정치를 보면 1920~40년 사이에 나타난 정당 일체감과 투표 행태의 변화는 다음과 같다. 무당파 비율은 1920년대 동안 변하지 않다가 1932~40년 사이 10%에서 14%로 증가했다. 투표한 공화당 지지자들 또한 20년 동안 20~27% 사이를 오가며 평균 24%의 상대적으로 안정적인 비율을 보여 주었다. 투표한 공화당 지지자들이 가장 크게 증가한 시기는 1924~28년 사이였는데, 이는 1928년 대통령 선거에서 공화당이 특히 높은 지지를 얻은 것과 부합한다. 공화당과 일체감을 갖는 유권자들의 지지가 안정적인 모습을 보이는 것과 반대로, 이 시기 투표한 민주당 지지자들은 전체 유권자의 14%에서 34%로 1.5배 증가했다. 이 집단은 1928~32년 사이에 가장 크게 증가했는데 증가 폭이 30%에 달했다. 그리고 우리 추정치에 따르면 1936년이 되어서야 투표자 수에서 민주당이 공화당을 넘어서게 된다. 민주당 투표자 수가 공화당 투표자를 넘어선 것은 1936년 이후이다.[12]

다시 한 번 강조하건대, 이들 자료는 결정적인 증거라기보다는 간접적인 것으로 받아들여야 한다. 정당 일체감에 대한 재구성 추정치와 실제 데이터가 표면적으로 유사하다고 해서 회고 데이터를 사용할 때, 특히 응답자에게 오래전 기억을 되살리도록 요구할 때, 심각한 문제가 늘 따라다닌다는 점을 잊어서는 안 된다. 앞의 논의로부터 도출할 수 있는 가장 안전한 결론은 이런 것이다. 이들 다소 불안정한 데이터는 여기서 제시하고 있는 주장과 전반적으로 부합한다고 볼 수 있다. 그러나 이 주장에 대해 좀 더 확고한 경험적 증거를 얻는 최선의 방법은, 현재 작업과 향후 다른 연구자들의 작업 속에서 집합 자료를 창의적으로 활용하는 것이다.

The Conservation of Partisanship

5장

정당 충성심의 유지

정당 충성심은 지속성을 갖는 개인적 특성이지만 정치적 위기의 시기에는 상당한 변화를 겪을 가능성이 높은 것으로 간주되어 왔다(1장 참조). 그러나 만약 실제로 뉴딜 시기 전후의 거대한 정치적 격변이 전향보다는 비면역 유권자의 동원과 유권자 교체를 통해 이뤄졌다면, '세속종교'로서 정당 일체감의 지위는 크게 향상될 것이다. 이런 관점을 따르자면, 대공황의 충격과 새로운 정당 균열의 부상이 진행되는 동안에도 개인의 정당 애착심은 비교적 안정적인 것이었다.

변화의 책임을 새로운 유권자들, 그중에서도 다수가 이제 막 성인이 된 이들에게 지운다 하더라도, 이런 관점은 정당 일체감이라는 '미시간 모델'의 또 다른 요소와 관련한 문제를 제기하는 것으로 볼 수 있고, 그렇게 이해되어 왔다. 한마디로 말해, 정당 충성심은 '세속 종교'라는 표현에서 알 수 있듯이 대체로 부모에게 물려받은 특성이라는 점이다. 따라서 '뉴딜 세대'의 부모들 가운데 압도적인 다수가 공화당 지지자임을 예상할 수 있다. 왜냐하면 그들 다수는 공화당이 지배하던 '1896년 체제' 시기에 정치를 경험했기 때문이다. 따라서 우리는 그 모든 새로운 열정적 민주당 지지자들이 정확히 어디로부터 왔느냐는 질문과 대면하게 된다. 특정 정당을 지지하는 부모를 둔 아이들이 다른 정당에 일체감을 갖는 일이 매우 드물다는 사실은 여러 번 확인된 바 있다. 반면, 무당파로 정체성을 확립하게 되는 아이들은 [부모와의 정치적 연속성에서] 사뭇 다른 결과를 보여 준다. 『미국의 유권자』 7장에 제시된 자료 중 일부를 살펴보면, 부모의 지지 정당과 반대편에 있는 정당과 일체감을 갖는 시민이 매우 적다는 것을 알 수 있다. 1958년의 경우 부모 모두 동일한 정당 선호를 가졌을 때, 아이들 중 12%만이 다른 정당을 지지하는 것으로 나타났다.[1]

그럼에도 불구하고 우리가 (공화당에서 민주당으로의) 전향이라는 요인에 크게 의존하지 않고 재정렬을 설명하려면, 정치적 위기나 변화의 시기에는 (통상적인 시기와는 달리) 정당 충성심의 세대 이전이 약화된다고 가정해야 할 것이다. 즉 민주당 지지자들이 공화당 지지자 집안에서 나타났다고 말이다. 이 가정은 필립 컨버스와 폴 벡의 최근 작업을 바탕으로 한 것이다.[2] 이제 이런 설명이 왜 불필요한지를 간략히 설명하고 나서, 재정렬을 설명하기 위해 미시간 모델의 핵심 요소인 '안정성'과 '이전성'을 완전히 폐기할 필요가 없다는 점을 보여 줄 것이다.

부모-자녀 간 정당 유대감은 '약화'됐는가?

벡은 정치적 환경이 정치사회화 과정에 미치는 영향에 대해 (적어도 뉴딜 시기와 관련해서는, 그리고 비록 추측을 기반으로 하고 있지만) 그럴 듯한 주장을 제시했다. 정당 충성심의 강도와 안정성은 부모의, 그리고 자기 자신의 구성적 정치 경험에 따라 다양하다는 생각은 타당하다. 그리고 (다른 시민들도 마찬가지지만) 젊은이들이 전반적으로 정치 경험 밖에 있는 상태는 분명 재정렬의 필요조건이다. 그러나 "처음 투표한 사람들 가운데 루스벨트를 선택한 사람들의 다수가 공화당 지지자 집안에서 왔다."는 그의 주장에는 오류가 있으며, 이후 설명도 설득력이 떨어진다. 왜냐하면 그는 재정렬 직전 미국의 **모든** 가정이, 공화당에 대해서든 민주당에 대해서든, '정당 충성심'을 갖고 있다고 암묵적으로 가정하기 때문이다. 이런 가정은 당시에 이민자 물결이 크게 일었고 1920년대 유권자 동원 수준이 (당연히 정당 충성심도) 이례적으로 낮았다는 사실을 간과한 것이다. 부모 중 한 명은 외국 태생인 유권자가 거의 3분의 1에 달했다.

관련 데이터를 검토해 보아도 세대 간 정당 충성심의 연속성이 전반적으로 약화되었음을 보여 주는 증거는 거의 없다. 1908~15년 사이에 태어난, 따라서 1932년과 1936년 선거에서 처음으로 투표할 수 있게 된 응답자를 대상으로 실시한 서베이연구센터의 연구에서도 59%는 자신이 부모와 동일한 정당을 지지한다고 생각했다. 잘못된 인식이나 기억에서 비롯되는 문제를 잠시 무시하고 보면, 이 수치가 제닝스M. Kent Jennings와 니에미Richard G. Niemi의 1968년 연구에서 자신의 지지 정당과 부모의 지지 정당이 같다고 응답한 1965년 당시 고등학교 3학년 학생들의 비율과 동일하다는 것도 흥미롭다.[3] 이것은 1930년대에 부모의 정당 지지를 전면적으로 거부하는 현상이 나타나지 않았음을 보여 주는 최소한의 증거라고 할 수 있다.

오인 가능성

컨버스는 '개인의 일반화된 정당 신념'과 '부모-자녀 간 정당 유대감의 강한 지속성'이라는 개념을 유지하면서도 어떻게 재정렬이 나타날 수 있는지를 설명하고자 했다. 이를 위해 대규모 오인misperception이 발생했을 가능성을 가정했다. 즉 아이들이, 원래 공화당 지지자인 부모가

1932년에 그리고 아마도 1936년에도 프랭클린 루스벨트에게 투표하는 모습을 보았다는 것이다. 그래서 이후에 부모들이 다시 공화당 지지로 돌아갔을 때조차 아이들은 "부모를 민주당 지지자로 생각했고," 따라서 "특별한 단절감을 느끼지 않고 자신들을 민주당 지지자로 여길 수 있었다."라는 것이다.[4]

이런 설명에서 가장 분명한 오류는 시간 순서상의 착오이다. 당시 아이들의 기억에 따라 민주당 지지자로 오인된 부모 코호트는 1895~1905년에 태어난 사람들이다. 이들 다수가 이민자들의 자녀임이 분명하고, 1928년까지 정당 일체감을 갖지 못했을 수도 있다는 사실이 불행히도 간과되고 있다. 세대 간의 차이가 평균 30년이라고 가정하면, 컨버스가 재정렬을 설명하기 위해 주목한 아이들은 1925~35년에 태어난 사람들이다! 그 차이를 25년으로 가정한다 해도 그들은 1920~30년에 태어났을 것이다. 그렇다면 이들은 컨버스의 말처럼 1930년대에 루스벨트로 이탈했던 부모들로부터 영향을 받을 만한 나이였다고 볼 수 있다. 그러나 그들은 "1930년대에 유권자군으로 진입한 코호트에서 뚜렷하게 나타난 민주당 지지 경향"에 기여했을 만한 나이는 분명 **아니었을 것**이다. 따라서 컨버스의 서술과 같은 오해는, 예컨대 1940년대 초반에 유권자군으로 진입한 아이들이 부모로부터 물려받은 특히 높은 비율의 민주당 일체감을 설명할 수는 있다. 그러나 1932년과 1936년 루스벨트가 다수 지지를 얻는 데 기여했던 새로운 민주당 지지자들이 누구인지를 설명하기는 어렵다.

왜곡의 가능성

우리가 예상하는 것보다 더 많은 '뉴딜의 아이들'이 부모가 민주당 지지자였다고 기억하는 것은 사실이다. 〈표 10〉은 1930년대 초반 유권자군으로 진입한 아이들이 자신의 아버지를 어떻게 생각했는지를 보여 준다. 자신들이 성장하는 동안, 확고한 정당 충성심을 가졌던 것으로 기억되는 아버지들 가운데 62%가 민주당 지지자였던 것으로 기억됐다. 그런데 '뉴딜의 아이들'의 부모 세대 가운데 민주당에 일체감을 가졌던 이들이 45%가 넘는 반면, 공화당은 30%도 안 된다는 것은 분명 상식적이지 않다. 다시 한 번 세대 차이를 30년으로 가정하면, 문제의 부모 세대는 1878~85년 사이에 태어난 사람들이다. 그들이 최초로 투표한 시점은 20세기 전후 공화당 우위 시대였을 것이다. 하지만 이 겉으로 보기에 명백한 왜곡은 두 가지 요인에 주목함으로써 해소할 수 있다.

우선 응답자의 부모들은 그 앞선 시기의 유권자 전체를 대표하는 표본으로 볼 수 없다. 그렇기 때문에 서베이연구센터 회고 자료에 나타난 바와 같은, 바로 그런 유형의 '왜곡'을 낳는 데 기여한다. 나중에 새

표 10.

(1908~15년생) '뉴딜' 세대 아버지의 정당 충성심 회고

(단위: %)

아버지에 대한 기억	민주당 지지자		46.9
	공화당 지지자		28.6
	정당 지지 성향 없음		24.6
		1) 모름	9.6
		2) 무당파	4.3
		3) 정치 무관심, 시민권 없음, 기타	10.7

자료 : 통합 서베이연구센터/정치연구센터 선거 연구(〈표 1〉 참조).

로운 뉴딜 연합의 기반을 이루게 되는 사회집단의 여성 출산율이, 전통적으로 공화당 지지 집단에 속한 여성들의 출산율보다 훨씬 더 높았다. 예를 들어, 1910년 20~24세 토박이 여성의 출산율은 여성 1천 명당 610명인 데 반해, 같은 나이대 이민자 출신 여성의 출산율은 712명이었다. 30대와 40대 여성들에서도 그 차이는 비슷했다.[5] 루벨은 "출산율이라는 작은 문제"라는 제목의 절에서 이 수치에 현실적인 생동감을 불어넣었다.

(1910년) 미국 이민 위원회 조사원은 구성원이 5인 이상인 경우가, 사업가 가족보다 비숙련 노동자 가족이 2.5배나 더 많다는 사실을 발견했다. 예컨대, 미니애폴리스에서 공화당 지지의 근간인 영국 출신 2세대가 평균 5년에 한 번 출산의 기쁨을 누렸다면, 이민자들은 3년에 한 번씩 아이를 낳았다. 1925년에 이르러서도 여전히 광부와 노동자의 아내가 은행가의 아내보다 두 배나 아이를 많이 낳았다.[6]

사회집단 사이에 이런 출생률 격차가 존재한다는 사실은 (우리가 확인한) 민주당 지지 부모의 수가 과대평가되고 있는 것을 상당 정도 설명해 줄 수 있다. 1910년, 가임기 여성 가운데 대략 50%가 공화당 지지자이고 40%가 민주당 지지자이며, 10%가 무당파라고 가정해 보자. 만약 민주당 지지자와 무당파가 각각 공화당 지지자보다 평균 1.5배 많은 아이들을 출산하고, 부모 세대의 정당 충성심이 아이들에게 그대로 옮겨간다면, 다음 세대는 40%의 공화당 지지자, 48%의 민주당 지지자, 12%의 무당파로 구성될 것이다. 물론 이 계산은 순수한 추정에 불과하다. 그러나 이런 출생률 격차는 일부 젊은 세대에서 왜 대규모 오인이나 왜곡된 기억이 나타났는지를 설명한다.

둘째, 꽤 많은 수가 이민자들이었던 당시 부모 세대의 다수는 의심의 여지없이 '잠재적' 민주당 지지자로 분류할 수 있다(4장 참조). 바꿔 말해, 그들은 1920년대에는 비정치적 투표 불참자 혹은 무당파였고, 아마도 1930년대 들어 루스벨트에게 확고한 지지를 몰아주었던, '최초 투표 연기자들'이었을 것이다.[7] 그로부터 20~30년이 지난 뒤 질문을 받은, 이들의 아이들은 부모를 '공황 이후'에 민주당 지지자였던 것으로, 또는 '재정렬 이전'부터 소극적 민주당 지지자였던 것으로 기억할 수 있다. 1928년 이전 공화당 지지자들의 투표율이 민주당 지지자들보다 훨씬 높았다는 점을 감안하면, 당시 정당 충성심 분포에 따라 실제 득표수를 추정할 경우 공화당에 일체감을 갖는 유권자의 수가 과다 계산될 것이다.

요컨대, 출산율과 민주당 지지자의 비활성화 측면을 함께 고려하면, '왜곡'이 실제보다 더 분명했을 것으로 생각하게 된다. 다음 절에서는 회고 데이터를 활용해, 1930년대의 새로운 투표자 사이에서 민주당에 대한 지지가 높게 나타난 원천을 찾아 볼 것이다.

정당 충성심의 유지

과거의 정당 일체감과 부모의 정당 충성심에 관한 서베이연구센터 문항을 토대로, 세대 균열이 잠재돼 있던 시기(1930년대 초반)에 초점을 맞춰 당시 새로운 유권자의 정당 선호와 그들 부모의 정당 선호 간 관계를 검토해 보자.[8]

〈표 11〉은 1929~36년 사이 유권자군에 진입한 코호트의 정당 일체감과 그들이 기억하는 아버지의 정당 충성심을 교차 분석한 것이다. 아버지의 정당 충성심은 세 범주로 분류했다. 민주당 지지자, 공화당 지지자, 그리고 자녀들에게 공화당이나 민주당 지지 선호를 물려주지 않은 사람들. 마지막 집단은 아버지가 어느 정당을 지지했는지 알지 못하거나 기억나지 않는 경우, 무당파였던 경우, 정치에 무관심했던 경우, 시민이 아니었기 때문에 정당 충성심이 없는 경우 등을 포함한다. 아버지가 없거나 아버지를 대신할 사람이 없는 경우도 있다. 물론 이 범주가 너무 다양한 것은 분명하다. 예컨대 사회주의 정당에 대한 강력한 선호를 자녀들에게 물려준 사람이나 완전히 비정치적인 사람도 포함되기 때문이다. 이 다양한 조합을 하나의 범주로 묶는 지점은, 이들 중 누구도 명시적으로 공화당이나 민주당을 지지하는 환경에서 자라지 않았다는 것이다.

〈표 11〉은 한 세대를 지나서도 집합 자료상 공화당 지지자들의 규모가 줄어들지 않았음을 보여 준다. 공화당 지지자로 기억된 부모들의 비율은 28.7%이고, 유권자군으로 진입할 당시의 공화당 지지자 비율은 응답자의 27.8%이다. 큰 변화는 각 세대의 무당파(아버지 사례의 경우에는 다양한 유형의 정당 지지 없음) 비율에서 나타났다. 부모 세대 중 거의 4분의 1(23.8%)이 무당파였던 반면, 1930년대에는 아이들의 13.5%가 무당파였다.

이 지점에서 회고 데이터에 포함될 수 있는 또 다른 편향성을 고려할 필요가 있다. 1965년 고등학교 3학년과 그들의 부모에 대한 리처드 니에미의 연구는, 학생들이 부모의 정당 충성심을 이야기할 때 당시 정치적 분위기에 부응하는 편향성이 내재되어 있음을 보여 준다.[9] 달리 말

표 11.

'뉴딜 세대'의 초기 정당 충성심과 그 아버지의 정당 충성심 교차 분석*(N=2490)

(단위: %)

| | | 투표권 획득 당시 정당 일체감(1929~36년) | | |
		민주당	공화당	무당파
아버지의 정당 충성심에 대한 기억	민주당	37.2	5.9	4.3	47.4
	공화당	8.4	16.7	3.6	28.7
	무당파	13.0	5.2	5.6	23.8

주 : * 〈표 11〉과 〈표 13〉의 구성은 Butler and Stokes(1969)에 있는 〈표 11.6〉과 〈표 11.7〉을 기반으로 한 것이다. 부모 정당에 관한 수치는 〈표 10〉에 있는 것과 약간 다른데, 그 이유는 정당 일체감 변수에 관한 데이터가 없는 응답자들을 이 표에서는 제외했기 때문이다.

** 이 범주는 아이들이 부모의 정당 선호를 기억하지 못하는 경우 무당파, '비정치적인' 사람, 군소 정당 지지자, 어떤 정당도 지지하지 않은 비시민을 포괄한다.

해, 아이들은 자신의 부모가 실제로는 골드워터Barry Goldwater에게 투표했음에도 존슨Lyndon B. Johnson에게 투표했다고 답했고, 일부는 부모가 실제로는 공화당 지지자임에도 민주당 지지자라고 대답했다는 것이다. 우리 사례에서도 비슷한 일이 생길 가능성이 높기 때문에 학생들의 인식에 포함된 편향성의 양을 계산한 니에미의 수치를 활용해 그 왜곡된 결과를 보정할 수 있다. 예를 들면 이렇다. 〈표 12〉에 있는 니에미 수치의 재계산 값을 보면, 부모가 민주당과 일체감을 갖는다고 말한 학생의 77.6%는 올바르게 답했고, 16.4%는 부모가 사실 무당파였으며, 6%는 공화당 지지자였다.[10] 이들 비율을 교정자로 하여 〈표 11〉에 있는 수치에 적용하면, 부모 세대의 정당 충성심 분포가 아주 약간 달라진다. 니에미가 발견한 유형의 편향성을 고려해 수정한 분포는 민주당 지지자 48.3%, 공화당 지지자 27.4%, 무당파 24.3%로, 응답자들이 기억한 부모의 정당 선호 분포와 크게 다르지 않다. 물론 상당히 오랜 시간이 흘러 잘못된 기억으로 말미암아 발생한 편향성이, (니에미의 연구가 보여 주는)

표 12.

1965년, 고등학교 학생의 부모 정당에 대한 인식

(단위: %)

		부모에 대한 학생의 진술		
		민주당	무당파	공화당
부모의 지지 정당	민주당	77.6	33.8	11.8
	무당파	16.4	50.3	15.7
	공화당	6.0	15.9	72.4
		100.0	100.0	99.9
		N=854	N=320	N=490

자료: 이 표에 있는 수치는 Richard G. Nierni, *How Family Members Perceive Each Other* (New Haven: Yale University Press, 1974), p. 59, 〈표 3.3〉의 자료를 다시 계산한 것이다.

단순한 오해나 무지에서 비롯된 것보다 더 클 수도 있다. 다만 이 자료는, 특정 세대 혹은 다른 어떤 집단의 회고에 어느 정도 편향성이 따르더라도 대체로 자기 교정을 기대할 수 있다는 사실을 보여 주기 위해 제시했을 뿐이다.

〈표 11〉이 제시한 수치의 타당성에 대해 조금 안심하면서 이를 다시 검토해 보자. 젊은 세대 가운데 8.4%는 공화당을 지지하는 집안 출신이지만 재정렬 시기에 민주당 지지자가 되었다. 그러나 이 수치는 민주당 집안 출신이지만 유권자로 진입하는 시기에 공화당과 일체감을 갖게 된 5.9%에 의해 거의 상쇄된다. 결국 당시 민주당 지지의 순증가분이 그리 크지 않다는 사실을 알 수 있다. 〈표 13〉은 민주당 지지자라는 범주로 들어오고 나가는 세대 간 움직임을 요약하면서, 민주당에 대한 새로운 지지의 원천으로 공화당 지지자들보다는 정당 지지가 없었던 가족들의 중요성을 분명히 보여 준다. 자신의 아버지가 양대 정당 어디와도 일체감을 갖지 않았던 사람들 가운데 13%는 민주당을 지지했

표 13.

세대 간 민주당 지지 증가의 원천

(단위: %)

부모의 정당 지지	민주당으로 이동	민주당으로부터 이탈	민주당 지지의 순증가분
공화당	8.4	5.9	2.5
정당 충성심 없음	13.0	4.3	8.7
	21.4	10.2	11.2

으며, 단지 4.3%만이 공화당으로 향했다. 이들로부터 비롯된 민주당 지지 순 증가분은 상당하다. 실제로 세대 변화로 증가한 민주당 지지의 78%는 지지 정당이 없거나, 정치에 무관심했던 가정에서 나온 것으로 계산된다.

이렇게 해서 새로운 코호트의 민주당 편향을 설명하기 위해 자녀들의 오해나, 심지어 부모가 자신의 정당 충성심을 후손에게 이전하는 능력이 실질적으로 쇠퇴했다고 상정할 필요가 없음을 알 수 있다. 실제로 민주당 집안 출신의 젊은 공화당 지지자들이 그 반대인 경우보다 훨씬 더 많다. 물론 이는 민주당을 지지하는 부모의 수가 더 많기 때문이다. 다른 관점에서 보면, 민주당 부모들이 공화당 부모들보다 자식을 사회화하는 데 더 성공했다고 말할 수도 있다. 그럼에도 공화당을 지지하는 집안 아이들의 대략 60%는 공화당 지지자로 남았다. 공화당 지지자의 아이들이 아니라 이민자, 무당파, 군소 정당 지지자, '잠재적' 민주당 지지자, 그리고 기존 민주당 지지자들의 아이들이 뉴딜 연합의 젊은 층을 구성한 것으로 보인다는 말이다.

The Revolt of the City

도시의 반란

뉴딜의 배후에 있는 진정으로 혁명적인 변화는 대공황과, 새로운 세대의 부상을 결합시켰다는 것이다. 왜냐하면 이들 세대는 우리 도시가 안고 있던 난맥상과 산업주의가 낳은 폐해 속에서 발육 부진을 겪고 있었기 때문이다. 루스벨트가 이와 같은 도시의 반란을 선도한 것은 아니었다. 그가 했던 일은 부상하는 도시 대중에게 그들이 가진 수의 힘을 인식하도록 일깨워 준 것뿐이다.[1]

루벨이 '도시의 반란'으로 설명했던, 1920~30년대 정당 지지 변화를 이제 시카고라는 특정 도시의 맥락에서 살펴보자. 재정렬의 작동 과정에 대한 잠정적 가설을 이런 방식으로 확장하려는 데는 두 가지 이유가 있다.

이민자들이 밀집한 동북부와 중서부의 산업 도시는 오랫동안 뉴딜 연합의 핵심으로 이해되어 왔다. 사회 인구학적 차이와 특히 정치적 차이가 이 시기 도시 유권자들의 반응에 영향을 미친 것은 확실하다. 뉴욕은 이전보다 훨씬 더 확고한 민주당 도시로 자리 잡은 반면, 공화당 지지세가 강했던 필라델피아에서는 민주당 지지 연합이 만들어지는 데 좀 더 오랜 시간이 걸렸다. 그러나 시카고의 이민자 정치를 관찰했던 한 연구자가 이 시기에 대해 말했듯이, "미국 도시들의 정치적·민족적 구성의 다양성을 감안하면, 이들 도시의 정치 발전에서 확인되는 유사성이 차이점보다 훨씬 더 크다."[2] 따라서 시카고는 그 도시만이 갖는 정치적 독특함도 분명 고려해야겠지만, 다른 많은 도시에서도 동시에 나타났던 좀 더 큰 사회정치적 과정을 대표하는 유용한 연구 사례로 인정할 만하다. 실제로 시카고 정치를 다룬 1929년 저작에서 메리엄은 자신의 노력을 이렇게 정당화했다. "시카고는 규모가 큰 지방자치체들 가운데 가장 전형적으로 미국적인 도시였고 지금도 그렇다. 다른 어떤 지역도 철도와 수로, 농업과 공업이 결합된 성장과 그렇게 긴밀히 관련되어 있지는 않았다."[3]

이런 조사가 갖는 실질적인 장점 외에도 사례 연구, 특히 그중 일부가 선거구 분석을 바탕으로 할 경우 우리는 생태학적 오류의 함정을 어느 정도 피할 수 있다. 도시의 대규모 집단이나 심지어 카운티 단위를 기준으로 전국 수준에서 확인한 양상은 수많은 개인들의 모순적 행태 변화를 덮는 가면일 수 있다. 이런 양상이, 재정렬이 전향보다는 동원에 따른 것이라는 주장을 지지하는 것처럼 보인다 하더라도, 그런 추론은 현명한 것이 아니다. 하지만 점점 더 작은 분석 단위로 내려갈수록 생태학적 오류에 빠질 위험은 줄어든다. 그 이유는, 이 영역에서 나타날 가능성이 높은 (그리고 개인이 아닌 단위를 분석할 때 모호해질 수 있는) 정당 지지 움직임에 대해, 좀 더 견고한 지식을 토대로 집합적 흐름을 해석할 수 있기 때문이다.

투표 행태에 관한 몇 가지 추론

시카고 시민들은 1920년 주지사 선거에서 공화당 후보 렌 스몰Len Small에게 59%의 지지를 보내며 그를 당선시켰다. 16년 후 그들은 정확히

그림 14.

정당 지지 변화의 패턴

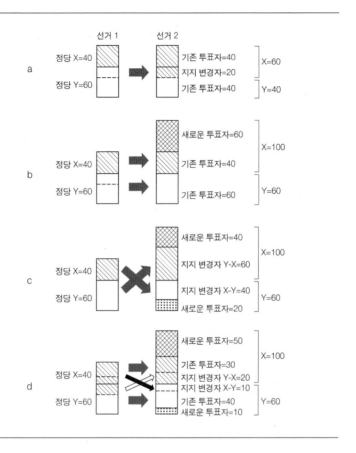

동일한 지지율로 민주당 후보 호너Henry Horner를 주지사에 당선시켰다.

컨버스가 솜씨 좋게 보여 준 것처럼 이런 상황은 다양하게 해석될 수 있

으므로, 우리의 논의는 두 선거에서 나타난 득표 차이에만 관심을 가질

것이다.[4] 다운스의 투표 선택 모델과 정당 일체감의 안정성 개념을 모두

만족시키는 가장 쉬운 가정은 '최소 변화marginal shift 가정'이다. 이 경우

우리는 첫 번째 선거에서 공화당에 투표한 59% 가운데 19%가 다음 선거에서 민주당으로 이동했다고 가정할 수 있다. 이런 해석은 복잡한 문제를 단순화하는 데는 도움이 되겠지만 현실과는 충돌할 것이다. 컨버스는 이렇게 적고 있다. "가능한 변화 양상의 범위는 꽤 넓을 것이다. 즉 이는 행태의 연속성을 입증하겠지만, (이 가정이) 상정하는 것보다 훨씬 더 큰 변화를 포함할 것이다."[5]

물론 컨버스는 복잡성을 줄이는 또 다른 기제를 활용했다. 그것은 두 선거의 유권자 집단이 동일한 사람들로 구성되어 있다는 가정이다. 집합 투표 자료를 다루는 많은 연구들 또한 암묵적으로 같은 가정에 의존해 왔다. 그러나 16년의 시차를 두고 선거를 연구한다면 마땅히 그래야 하듯이, 유권자 구성이 매 선거마다, 때로는 극적으로 변한다는 사실을 인정하면, 복잡성과 사실성이 함께 들어오게 된다.

〈그림 14〉의 네 모형은 네 쌍의 선거를 나타낸다. 각 쌍에서, 첫 번째 선거에서 40%의 지지를 얻은 소수파 정당이 두 번째 선거에서는 60%의 지지를 얻어 다수파가 된다. 첫 번째 쌍 (a)는 컨버스의 최소 변화 가정이다. 첫 번째 선거에서 정당 Y를 지지한 60% 가운데 20%가 두 번째 선거에서는 반대 정당을 지지한다. 컨버스의 지적대로 이런 최소 변화와 양립하는 투표(자) 교환은 다양하다. 그러나 이때 변화에 대한 여러 해석들 대부분은 유권자 내의 투표 교환을 대상으로 한 것이지, 분석이 이뤄지는 시기의 유권자 구성 변화는 다루지 않는다.

첫 번째와 같은 경우는 거의 없기 때문에, 최초 유권자 100에 새로운 유권자 60이 더해지는 다음의 세 쌍이 좀 더 현실에 부합한다. 이 가운데 가장 단순한 두 번째 쌍 (b)에서, 새로운 유권자들은 정당 X가 40에서 100으로 지지표가 증가한 것을 완벽하게 설명해 준다. 첫 번째 선거에서 기존 정당 지지자들은 계속 그대로 자기 정당을 지지한다. 물론 이는 매우 단순하며 실제로 일어날 것 같지 않은 경우이다. 세 번째 쌍 (c)는 훨씬 더 일어날 것 같지 않은 다른 극단을 보여 준다. 여기서는 정당 X와 정당 Y를 지지했던 투표의 완전한 이전이 일어난다. 두 번째 선거에서 새로운 유권자들의 압도적 다수(40)는 정당 X를 지지하고 소수(20)는 정당 Y를 지지한다.

네 번째 선거 쌍 (d)는 좀 더 복잡한 상황을 보여 주는데, 아마도 현실 세계에서 나타날 가능성이 더 높은 경우일 것이다. 이 경우, 두 번째 선거에서 정당 X에 대한 지지는 '기존 지지자'와 새로운 투표자 다수뿐만 아니라 Y에서 X로 지지를 바꾼 투표자 20으로 구성된다. 그 외에 두 번째 선거의 정당 Y 지지자들에서도 첫 번째 선거와 거의 동일하기는 하지만 약간의 변화가 있다. 정당 X를 지지했던 표와 새로운 투표자들의 일부 표가 Y를 지지한 것이다.

다시 1920년과 1936년 사이 시카고 주지사 선거의 투표 변화를 고려해 보면, 변화에 대한 정확한 묘사는 (b)와 (d) 사이에 있다고 가정하는 것이 합리적이다. 증가한 민주당 지지표의 대부분은 새로운 투표자들(젊은 유권자들과 1920년에 투표하지 않은 나이 든 시민들)로부터 왔겠지만, 일부는 공화당으로부터 전향해 오거나 이탈한 투표자들에게서 나왔을 것이다. 이것은 사실상 새로운 유권자들을 고려해 수정한 '최소 변화' 가정이다. 그러나 시카고 일부 지역에서 민주당으로부터 공화당으로 지지를 바꾼 경우가 나타났을 가능성도 배제할 수 없다. 구역wards, 특히 선거구precincts를 분석할 때의 이점이 바로 이것이다. 분석 단위가 인구학적으로 충분히 동질적이라면, 문제를 복잡하게 만드는 이런 가능성은 사실상 원천적으로 제거된다. 문제의 시기 전반에 걸쳐 민주당 지지가 점점 더 강화된 이민자 지역공동체에서, 민주당에서 공화당으로 전향한 정도는 무시할 만한 것일 수 있다. 물론 이는 도시 전체를 대상으로 할 때는 적용할 수 없는 가정이다. 이렇게 단순화된 가정이 꽤나 유용하다는 점은 뒤에서 확인될 것이다.

이민자들의 도시

1930년에 시카고 인구의 3분의 2는 이민자들과 그 자녀들이었다(이는 30년 전의 80%에 비하면 줄어든 수치다). 그 밖에도 이 도시에는 23만4천 명의 흑인들도 살고 있었다. 전체적으로 볼 때 토박이 부모를 둔 토박이 백인은 시카고 인구의 28%에 불과했다. 이 도시의 극단적인 인종적 특성은 종교 분포에 대한 자료에서도 확인된다. 1936년 시카고에서 가톨릭 신자는 92만7천 명, 유대교는 36만3천 명인데 기독교 신자는 50만5천 명뿐이었다.[6] 시카고 시민의 11%는 독일인 1세 내지 2세였고, 폴란드 출신도 규모가 이와 비슷했으며, 러시아 출신 유대인들도 거의 비슷했다. 인구수에 따라 그다음을 순서대로 말하면 이탈리아계, 유대인이 아닌 러시아계, 스웨덴계, 체코계 이민자 집단들이 이 도시에 거주했다. 물론 그 밖에도 인구 조사국이 '토박이 미국인' 범주에 포함시킨 아일랜드 출신 2세와 3세 수천 명도 있었는데, 그들이 자신을 그렇게[토박이 미국인으로] 생각했는지는 의심스럽다. 다른 북부 도시들과 마찬가지로 시카고 또한 도심에서 외곽까지 고리ring 모양으로 민족별 밀집 지역들이 분포해 있었다. 다음은 이민자 도시 시카고에 대해 마이크 로이코Mike Royko가 묘사한 것이다.

타운 지역은 좀 더 큰 민족국가들의 부분이다. 도심 북쪽에는 독일이 있다. 북서쪽에는 폴란드가 있다. 서쪽에는 이탈리아와 이스라엘이 있다. 남서쪽에는 보헤미아와 리투아니아가 있다. 남쪽에는 아일랜드가 있다. …… 각 지역에는 작은 타운의 모든 구성 요소, 이를테면 여관, 장례식장, 빵집, 야채 가게, 이발소, 약국이 있었다. …… 지역의 경계는 중앙 도로, 철도, 시카고 강의 지류, 그 지류의 지류, 산업 지구, 공원, 그 밖에 마주볼 수 있는 것들로 이루어져 있었다.[7]

1920년대에 이르러 새로운 이민자들의 유입이 중단되었다. 1900~10년 사이에 외국 태생 백인 인구는 3분의 1가량 증가했지만, 1910~20년 사이에 증가는 고작 3%였다. 딜링햄 백분율 계획과 3% 쿼터*는 남부 유럽으로부터의 이민을 제한했고, 1910년 이민 인구 대비 3%에서 1890년 대비 2%로 기준을 강화한 1924년 계획의 억제 효과는 더욱 강력했다. 이민자들은 시카고에 있는 정육 공장과 철강 공장, 그리고 좀 더 작은 수천 개의 공장에 취직했고, 1920년대 중반에 이르러서는 그들 민족별 거주지에 정착했다. 그러나 정치적 통합은 경제적 통합보다 나중에 이루어졌다. 귀화 과정에 대한 한 연구는, 미국으로 이주해 온 시점부터 시민권 신청서를 작성하는 데까지 일반적으로 약 11년이 걸린

* **딜링햄 백분율 계획**
1907년부터 1911년까지, 공화당 상원의원 윌리엄 딜링햄을 위원장으로 한 상하원 합동 특별 위원회가 꾸려졌다. 딜링햄 위원회는 미국의 이민 실태와 영향에 관한 방대한 분량의 보고서를 통해, 남·동유럽으로부터의 이민을, 즉 각적인 조치가 필요한, 미국 사회에 대한 중대한 위협으로 규정했다. 이후 1921년에 제정되는 <긴급 이민 할당법>의 요체라 할 출신국별 이민 할당제 도입 방안을 담고 있다.

다는 사실을 보여 준다.[8] 시카고에 정착한 폴란드인, 리투아니아인, 이탈리아인, 유고슬라비아인, 러시아인, 체코인의 대다수는 1900년 후에 미국으로 이주했고, 그들 가운데 다수는 미국에 도착한 뒤 한참 후에 이 도시로 이주해 왔다. 실제로 이들 집단의 이민이 절정에 달한 시기는 1905~13년 즈음이었다. 이들 새로운 이민자 집단의 다수는 아마 제1차 세계대전 때까지는 투표 자격조차 얻지 못했을 것이다. 1930년에는 좀 더 일찍 정착한 민족 집단인 아일랜드인, 스웨덴인, 독일인, 노르웨이인의 경우 70% 이상이 귀화했지만, 나머지 민족들 가운데 체코인과 러시아인의 대략 절반, 폴란드인과 이탈리아인의 3분의 1, 그리고 리투아니아인의 25%만이 귀화했다.[9] 확실히 1920년대 중반에는 이들 민족의 정치 참여와 그에 따른 정치적 '영향력'이 크게 증가할 수 있는 잠재력이 만들어졌다.

루벨은 20세기 전후 이민자의 대량 유입과 그들의 높은 출산율이 1920년대 후반이나 1930년대 초반 어느 시점에 나타날 전국적인 정치적 대변동을 예고한다고 주장했다. 시카고의 인구 수치를 검토해 보면, 이 도시에서도 일정한 변화가 나타날 것임을 예측할 수 있다. 예를 들어, 1930년 당시 북서쪽에 위치한 폴란드계 지역 인구의 30%는 1세대 이민자였고, 48%는 폴란드 이민자의 자녀들이었다. 이 지역에 거주하는 토박이 부모를 둔 아이들과 비교해 보면, 폴란드 출신 이민 2세대가 젊은 연령 집단에 훨씬 더 집중되어 있는 것을 알 수 있다. 토박이 부모의 자녀들 가운데 17%만이 18~29세에 속한 반면, 양쪽 또는 한쪽 부모가 이민자인 자녀들의 경우 25%가 이 연령대에 속해 있었는데, 이 연령대는 선거에서 막 다수파가 되었거나 몇 년 안에 그렇게 될 집단이었다. 이들 이민자 지역공동체에서 10대와 20대의 인구 구성비가 높았던 것은 매우 주목할 만한 현상이었다. 귀화와 인구 변동이라는 두 요소는 1920년대와 1930년대에 이들 지역에서 인구가 줄어들 때조차 왜 투표 수가 증가했는지를 설명해 준다.

정치적 배경

메리엄은 도시 정치city politics를 본질적으로 중앙 정치national politics와 완전히 분리된 것으로 서술했다.[10] 전국 단위에서 공화당과 민주당 지지자들의 행태와 태도는, 특히 우리가 관심을 갖는 주제, 즉 최종적으로 민주당을 다수파 정당으로 만든 집단과 관련해 앞에서 간략히 논의한 바 있다. 이런 전국 수준의 이미지와 충돌하거나 뒷받침하는, 지역 정당의 특징은 무엇이었을까?

1928년 이전 시카고 정치는 '봉건적'이라는 말이 잘 어울리는 것이었다. 그때 시카고 이민자 집단들의 정치 행태를 압축하는 표현은 비일관성이었다. 봉건성과 비일관성은 밀접한 관련이 있다. 다양한 이민자 집단들 사이에서, 중앙 집중화된 민주당 머신에 이어 새롭고 오래 가는 지지 연합이 창출됐다. 그들이 동일한 사회 인구학적 과정과 정치적 사건, 그리고 정치인들을 경험했다는 점이 배경이 됐다.

20세기 초반에 시카고 공화당은 민주당보다 파벌주의 문제가 좀 더 심각했다. 1929년 메리엄은 여러 해에 걸쳐 존속해 온 공화당 내 강력한 세 파벌을 포착했는데, 이들은 정책보다 개인을 중심으로 결집했으며, 당내 경쟁자를 누르고 자신의 지위를 강화할 수 있다면 민주당 후보도 서슴없이 지지할 수 있었다. 실제로 파벌들은 그런 행동을 반복하는 것처럼 보였다. 톰슨* 시장을 지지하는 파벌을 처음 만들었던 사람은 1923년에 그를 버리고 주지사가 이끄는 다른 공화당 파벌로 들어갔다.[11] '거인 빌'Big Bill로 불렸던 톰슨은 1915~23년과 1927~31년 동안 시장을 역임했고, 1931년 선거에서 패배할 때까지 시카고의 거의 모든 집단으로부터 지지받는 가장 한결 같은 인기 정치인이었다. 다른 공직 선거에서 민주당 후보를 지지하는 집단조차 빌을 지지하곤 했다. 임기 말에 이르러 극단적인 외국인 혐오 발언을 일삼는 등 매우 현명하지 못한 태도를 보였다는 점을 논외로 하면, 아마도 장기적으로 가장 중요한 사실은 그가 안정된 지지 연합을 바탕으로 강력한 머신을 건설하는 데 충분한 관심을 기울이지 않았다는 것이다. 1920년대 후반, 톰슨은 상당수의 공화당 지도자들을 소외시킨 나머지 영향력을 크게 잃고 말았다. 그에게 남은 마지막 지지 기반은 흑인 벨트였다. 그러나 1930년 선거에서 톰슨이 공화당 후보 루스 해나 맥코믹Ruth Hanna McCormick 대신 민주당 상원 의원 후보를 지지했을 때, 그가 자신에 대한 흑인들의 지지를 과신했음이 드러났다. 많은 흑인 지도자들이 톰슨을 맹렬히 비난했으며 맥코믹은 흑인 투표의 76%를 획득했다. 1927년과 1928년, 1930년에 톰슨의 시정市政과 관련된 여러 스캔들은 그의 득표력을 더욱 약화시켰고, 공화당 지지율에도 불리하게 작용했다.

* 윌리엄 톰슨William H. Thompson
1915-23년, 1927-31년까지 세 차례 시카고 시장을 지냈던 미국의 정치인이다. 공화당 소속으로 시카고 시장을 역임한 마지막 인물이기도 하다. 마피아 두목 알 카포네와 공공연한 유착으로 가장 비윤리적인 시장으로 기록되지만, 정치적 카멜레온이라는 또 다른 별칭만큼이나 도발적 캠페인과 정치 머신을 효과적으로 활용하는 시카고 스타일 정치인으로 유명하다. 2016년 『시카고 트리뷴』은 그를 '1백 년 전 시카고의 트럼프'라 지칭했다.

당시 민주당에는 지배적 파벌이 둘 있었는데, 하나는 아일랜드계로 주로 정치적 이권을 좇는 무리들이었다. 다른 파벌은 좀 더 개혁적이었다. 1920년대 아일랜드계가 당내 권력을 쥐게 되었는데, 이 시기 민주당은 대체로 공화당에 비해 상대적으로 단결되어 있었다. 아일랜드계의 지배력은 안톤 체르마크Anthony Cermak를 중심으로 연합한 세력에 의해 점차 대체되었다. 1931년 체르마크가 이끈 연합 세력은 결국 시청을 접수했고, 이는 향후 민주당이 다양한 인종 기반의 연합을 발전시키는 계기가 되었다. 체르마크와 연합파는 당시 토박이를 뺀 시카고 시민들에게 가장 중요한 이슈였던 〈금주법〉 문제를 정치적으로 활용했다. 1906년에 창립한 지역자치연합회United Societies for Local Self-Government는 〈금주법〉에 반대하는 시카고의 주요 단체로 자리 잡았다. 그러나 그보다 더 중요한 사실이 있었다.

시간이 흐름에 따라 이 조직이 상당히 친민주당적인 성향을 갖게 되었다는 것이다. 그것은 특히 시카고의 대다수 〈금주법〉 반대파들이 민주당 지지자들인 까닭도 있고, 주로는 체르마크가 지역자치연합회 총무이자 주요 인사로서 자신과 자기 당의 성공을 위해 이 조직을 활용했기 때문이기도 하다. 연합회는 이 도시에서 …… 분명 이민자 지지 연합을 기반으로 한 조직이었다. 이 조직이 계속 활동을 이어 갈 수 있었던 힘은 시카고 이민자 집단들의 압도적 다수가 〈금주법〉이라는 발상부터 실제 시행까지 전부를 압도적으로 싫어한다는 사실에서 나왔다.[12]

시카고라는 다인종 공동체에서 중요한 이슈였던 이민 제한 문제와 관련해, 톰슨이 점점 더 토박이 중심의 목소리를 내기 시작한 반면, 지역 민주당은 이민자들의 이익을 대변하고 있었다. 이민 제한에 반대해 1927년 슬라브 연합 위원회가 만들어졌을 때, 체르마크는 임시 의장을 맡았다. 또한 (1890년 인구조사를 기반으로 이민자 규모를 할당하는) 존슨 법안에 반대 증언을 하기로 한 시카고 대표단을 시의원 제이컵 아비Jacob Arvey 와 연방 하원의원 아돌프 사바스Adolph Sabath가 이끌었는데, 두 사람은 모두 민주당 소속이었다.

그러나 1920년대 후반까지 양당은 대체로 이슈보다는 내부 투쟁에 골몰하며 상호 각축을 벌이는 파벌들의 집합체처럼 보였다. 이런 정치적 난국에 대한 이민자 집단의 반응은 그리 놀랄 만한 것이 아니었다. 1928년 이전까지 시카고에서 가장 큰 규모의 이민자 집단들은 대부분 모든 수준에서 민주당도 공화당도 일관되게 지지하지 않았다. "새롭게 정착한 사람들의 정치적 충성은 무엇보다 그들의 즉각적이고도 긴급한 요구를 충족시켜 주는 사람들에게 향했다."[13] 그리고 특히 좀 더 늦게 정착한 이민자들의 투표 행태는 변덕스런 경향을 나타냈다. 이들 집단 사이에서 지속적인 '정당 일체감'을 만들어 내는 사회화는 아주 천천히 진행되었다. 흥미로운 지표는 스웨덴계와 독일계 등 좀 더 일찍 정착한 이민자들이 여러 선출직에 대한 투표 행태에서 보여 준 일관성의 정도인데, 이들에 비해 새로운 이민자들의 투표 패턴은 덜 일관적이었다. 올스왕John M. Allswang에 따르면, 이 시기에 스웨덴계와 독일계 이민자들이 좀 더 '정당 지향적인' 행태를 보인 반면, 더 늦게 정착한 이민자 집단의 투표는 정당에 대한 장기적 헌신보다는 인물이나 이슈의 영향을 더 크게 받았다.[14] 이 책에서 사용하는 용어로 말하자면, 좀 더 늦게 정착한 이민자 집단의 구성원들은 여전히 비면역 상태에 있었다. 즉 그들은 아직 강력하고 일관된 정당 애착심을 갖고 있지 않았던 것이다.

전반적으로 시카고의 이민자 밀집 지역은 도시의 나머지 지역에 비해 민주당 지지 성향이 강했고, 이런 성향은 전국 단위 선거보다 지역 선거에서 좀 더 분명했다.[15] 물론 민족별로 차이는 있었다. 이런 민족별 차이와 투표 행태의 불안정성은, 1918~32년 동안의 선거를 연구했던 올스왕이 9개 이민자 민족 집단의 투표에 대해 간략하게 서술한 것에 잘 나타나 있다. 윌슨의 호소에 따른 분열이 촉발되기 전인 1918년, 좀 더 늦게 정착한 모든 이민자 집단은 상원의원과 하원의원, 보안관 선거에서 민주당에 투표했다. 1919년 시장 선거에서도 마찬가지였다. 독일계, 스웨덴계, 유대계, 그리고 흑인들은 공화당에 투표하는 경향이 두드러졌다. 1920년에는 "좀 더 늦게 정착한 이민자들의 경우 민주당에 대한 충성심이 취약하다는 사실이 분명히 드러났고,"[16] 리투아니아 출신 이민자들만이 민주당 후보들을 지지했다. 이런 양상은 1924년 전국 단위 선거와 1927년 시장 선거에서도 지속되었다. 톰슨은 모든 집단에서 선전했으며, 체코·폴란드·리투아니아 출신 이민자들 사이에서만 표를 더 적게 얻었다. 그러나 1928년에 모든 것이 변했다. 앨 스미스와 안톤 체르마크가 민주당 후보들을 주도하면서, 민주당은 스웨덴계 이민자들과 흑인들을 제외한 모든 집단에서 인상적인 승리를 거뒀다. 참고로 스웨덴계는 1930년 선거에서, 또 흑인들은 1936년이 되어서야 민주당 지지로 넘어왔다.[17] 이민자 집단에서 투표 행태의 변화가 가장 분명하게 확인되는 것은 대통령 선거에서였다. 지역 수준에서는 1928년 이전에 이미 많은 이민자 그룹들에서 불규칙하고 약하게나마 민주당 지지가 확인됐기 때문이다. 1928~36년 사이에 시카고 정치는 '전국화'되었다. 지역 정당에 대한 충성은 대체로 전국 정당에 대한 충성과 함께 갔다. 그리고 체르마크와 같은 지역 지도자들과 전국 정당 간의 접촉도

잦아졌는데, 이는 어느 정도는, 연방 정부의 복지 기능이 확대됨에 따라 전국 정당 지도부의 비위를 맞춰야 할 필요가 생겼기 때문이기도 했다.

이제 답해야 할 문제는 여러 변화 양상들 가운데 어떤 것이, 시카고 이민자 출신 시민들 사이에서 민주당에 대한 충성심이 확고하게 부상한 현상을 설명할 수 있느냐는 것이다. 시카고 투표 행태에 대한 올스왕과 고스넬의 분석은 당시 일어난 변화를 명료하게 보여 주기는 했지만, 유대인을 비롯해 이탈리아계·유고슬라비아계·독일계 등 그때까지 공화당에 충성했던 유권자들이 해당 시기를 지나며 민주당으로 완전히 넘어갔다는 인상을 심어 주었다. 일부는 확실히 그렇다. 이민자들과 그 자녀들의 정당 충성심이 토박이들만큼 확고하다고 보기 어렵기 때문이다. 그러나 1936년의 시카고 유권자는 1920년의 유권자와 매우 다르고, 그 수도 훨씬 많았다는 점을 기억해야 한다. 대통령 선거에서 투표한 사람이 100% 이상 증가했는데, 이는 성인 인구 증가율보다 훨씬 높은 것이다. 이 증가분은 젊은 시민들, 새롭게 귀화한 사람들, 그리고 1920년대에는 투표하지 않았던 사람들이라고 가정할 수 있다. 아마도 [1920년대에 투표하지 않았던] 마지막 집단은 앞의 두 집단과 상당 부분 겹칠 것이다. 이들이 기존 유권자군에 더해졌고, 1928년 이후 민주당에 우위를 가져다주었다는 것이 우리의 주장이다.

시카고 구역들의 투표 행태 연구

이 시기 시카고 구역들wards에서 나타난 투표 행태를 검토하는 것은 재정렬의 진행 과정을 연구하는 데 유용한 방법이다. 2백만 명보다는 60

만 명의 유권자를 살펴볼 때, 이들의 인구 데이터도 일부 활용할 수 있으며, 집합적 흐름으로부터 개개인의 변화(또는 안정성)를 추론하는 과제도 좀 더 쉬워진다. 그런 단위들이 시계열로 많이 존재하기에, 구역별 과거 투표 행태와 민족 구성의 견지에서 정당 지지 변화의 토대를 규명하는 상관관계 분석이 가능해진다.

그러나 최소한 두 가지 중요한 문제가 있다. 첫 번째는 구역의 경계가 몇몇 예외를 제외하면 지역공동체neighborhood와 일치하지 않고, 따라서 민족별 거주지와도 일치하지 않는다는 것이다. 이는 우연의 일치가 아니라 양당의 토박이와 아일랜드계 정치인들이, 좀 더 늦게 정착한 이민자들의 잠재적 권력을 약화시키기 위해 노력한 결과였다. 고스넬에 따르면 "1921년, 1931년 구역 경계가 얼마나 국적별 혹은 민족별 집단을 토막 냈는지"를 지적하면서 아일랜드계 구역 위원들은 이탈리아계, 폴란드계, 또는 유대계 경쟁 세력에게 패배하지 않기 위해 자기 관할구역을 나누는 데 적극적이었다."[18] 물론 이런 상황은 1920년대 후반까지는 양당 모두가 최근 정착한 이민자들로부터 지지를 받으면서도 권력은 나눠주지 않았다는 점을 확인시켜 준다. 한 집단이 특정 정당에 갖는 충성심의 구속력은 해당 정당이 그 집단에 제공한 혜택에 대한 초기 인식과 밀접한 관련이 있다. 이런 혜택 가운데 가장 상징적인 것은 그 정당의 지도자 명부에 폴란드, 유대인, 이탈리아 출신 인사의 이름이 올라 있는지 여부였다. 그러나 1920년대 후반 이전에는 이런 일이 매우 드물었다. 요컨대 시카고 구역에 가해진 게리맨더링으로 말미암아 민족별 투표가 어땠는지 결론을 끌어내기는 어렵지만, 그럼에도 구역별 투표 행태는 이민자 집단의 정치적 입장에 대해 중요한 사실을 알려준다.

구역 의원들은 항상 잠재적 경쟁자들보다 한발 앞서 있고, 구역의

그림 15.

시카고 구역 경계(1921~30년)

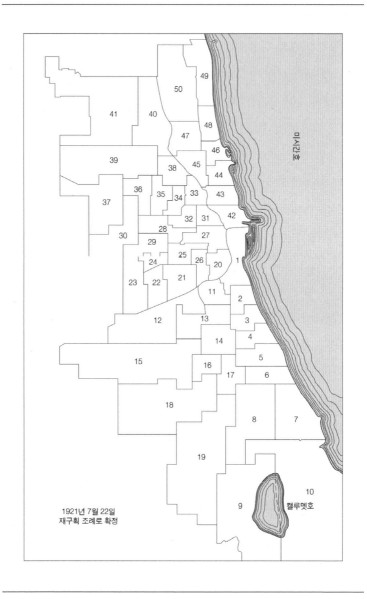

1921년 7월 22일
재구획 조례로 확정

그림 16.

시카고 구역 경계(1931~40년)

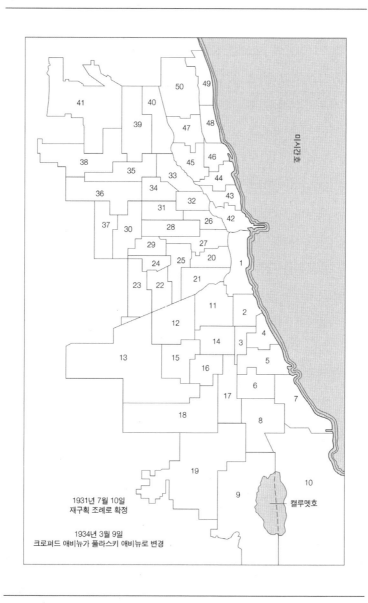

미시간호

41
50
49
40
48
47
39
38
46
45
35
44
33
36
34
43
31
32
30
28
26
42
37
27
29
25
20
1
24
21
23
22
11
2
12
14
3
4
13
15
5
16
6
17
7
18
8
19
10
9
캘루멧호

1931년 7월 10일
재구획 조례로 확정

1934년 3월 9일
크로퍼드 애비뉴가 폴라스키 애비뉴로 변경

경계는 10년을 주기로 실시되는 인구조사 후에 다시 그어지기 때문에, 우리가 분석하는 시카고의 구역 경계도 변화를 겪었다. 이것이 구역별 투표 행태를 분석하는 데 따르는 두 번째 문제이다. 50개 구역 가운데 절반은 1930년 인구조사를 토대로 1931년 구역 경계가 다시 그려질 때에도 사실상 그대로였다. 달라진 구역에 대해서는, 먼저 구역 지도와 구역 경계의 상세 내역을 조사한 후 구역을 다시 묶어 내면, 얼추 비슷한 지역이 나올 것이다(〈그림 15〉, 〈그림 16〉). 그래서 17번, 19번 구역은 경계가 달라져, 1931년이 되면 각 구역은 더 이상 이전과 비교하기 어렵다. 그러나 두 구역을 결합하면, 각 구역의 두 시간대에 포함된 영역이 비슷해진다. 이런 식으로 35개의 구역 묶음을 만들 수 있다. 1921년 구역 가운데 26개는 1930년대에도 그대로 단일 구역으로 고려할 수 있다. 한 개 구역은 다음 재구획에서 두 개가 되었다. 6개는 두 개 구역의 묶음에 포함되어 있다. 그리고 1921년 8개 구역에 상당하는 지역은 8개 구역을 4개 그룹으로 묶어 낼 때만 찾아낼 수 있다. 이런 방법은 꽤나 부정확할 수밖에 없는데, 모든 구역을 빠트리지 않으려고 지역 간 절대적 등가성을 희생시켰기 때문이다.

대안은 경계가 전혀 변하지 않았거나 최소한으로 변한 단위들만 다루는 것이다. 그러나 이 방법은 분석 사례의 숫자를 줄일 뿐만 아니라, 앞서 언급했듯이 재구획이 정치적 동기로 이뤄졌음을 감안할 때, 정치적 편향이 들어올 위험이 크다. 물론 구역보다 더 작은 선거구의 투표 양상을 들여다보면, 시간의 흐름 속에서도 좀 더 동일한 지리적 단위들을 구분해 낼 수 있다. 그러나 작업량이 엄청나고 이들 지역에 대한 인구 통계 자료를 얻기가 불가능하기 때문에, 현재의 방법이 좀 더 바람직하다. 〈표 14〉는 분석에 활용되는 구역과 구역 묶음을 제시하고 있다.

표 14.

시카고 구역의 재구획을 고려한 등가물

1921	1931	번호	1921	1931	번호
1	1	1	27, 28, 31, 32	26, 27, 28	19
2	2	2	33	32	20
3, 4	3, 4	3	30, 37	30, 36, 37	21
5	5	4	40	40	22
6, 7, 8	6, 7, 8	5	41	39, 41	23
9	9	6	42	42	24
10	10	7	43	43	25
11, 12, 13, 15	11, 12, 13, 15	8	38	33	26
14	14	9	34, 35, 36	31, 34	27
16	16	10	39	35, 38	28
18	18	11	44	44	29
17, 19	17, 19	12	45	45	30
25	25	13	46	46	31
20, 21, 26	20, 21	14	47	47	32
22	22	15	48	48	33
23	23	16	49	49	34
24	24	17	50	50	35
29	29	18			

〈그림 17〉은 비교를 위해 1930년 인구조사를 바탕으로 한 시카고의 민족 구성을 보여 준다.

　시간의 흐름에 따라 정치 단위(그것이 주든 카운티든 도시든 또는 현재와 같은 도시 하위 단위든)의 투표 행태를 검토하는 방법, 특히 재정렬 시기를 서술하거나 설명하고자 할 때 통상적인 방법은, 먼저 일련의 선거에서 양대 정당(때로는 세 정당) 가운데 한 정당의 득표율을 표나 그림 형식으로 제시하는 것이다. 이 방법의 고전적인 사례는 키의 연구에서 찾아볼 수 있는데, 이는 뉴잉글랜드 지역의 다양한 타운에서 민주당이 얻은 득표

그림 17.

시카고의 이민자 집단(커뮤니티 지역별 분포)

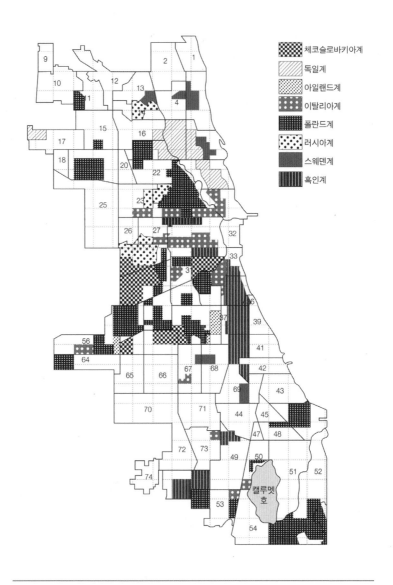

체코슬로바키아계
독일계
아일랜드계
이탈리아계
폴란드계
러시아계
스웨덴계
흑인계

캘루멧
호

율을 제시하며 1928~36년 시기의 재정렬을 서술한 것이다.[19] 그다음은 특정 정치 단위별로, 다양한 시점에서 양당 가운데, 이를테면 민주당이 획득한 득표율 간의 상관관계를 활용해 어느 선거가 '중대' 선거인지를 확인하는 것이다. 이 방법에 따르면 중대 선거는 이전 선거들보다는 다음 선거와 투표 결과의 상관관계가 높은 경우이다.

두 경우 모두에서 분모는 전체 투표수 또는 양당 득표수인데, 이는 우리의 연구 목적에 비춰볼 때 문제가 있다. 이렇게 되면 첫 번째 분석 방법, 즉 시간의 흐름에 따른 득표율 계산은 단지 누가 언제 어디서 승리했는가라는 가장 단순한 문제에만 답할 수 있다. 그리고 양당 또는 n개의 정당 득표를 기반으로 한 상관관계 분석은 정당 지지의 변화를 정확히 찾아내고 중대 선거와 점진적 재정렬의 시기를 포착할 수 있다. 그러나 이런 방법으로는 우리가 관심을 갖는, 민주당이 **어떻게** 승리했는가라는 문제에 적절히 답할 수 없다. 만약 민주당이, 증가하는 유권자들을 지지자로 끌어들일 수 있었기 때문에 권력을 획득했다면, 단순한 투표자 수보다는 투표 가능 인구가 분석의 주요 초점이 되어야 한다. 그렇게 함으로써 민주당 지지 증가의 원천이 공화당 지지자들인지, 제3정당 지지자들인지, 투표 불참자들인지, 혹은 이들의 조합인지를 확인할 수 있다.

투표 패턴, 1924~40년

투표자가 아닌 투표 가능 유권자를 분모로 활용했을 때 그 차이는 아래에서 좀 더 분명하게 드러날 것이다. 〈표 15〉는 전자[투표자]를 활용하고 있다. 여기에는 세 지역을 사례로 민주당의 득표율이 제시되어 있는데, 이 세 곳을 선택한 이유는, 시카고 전역에 걸친 흑인, 토박이, 이민자 들의 투표 패턴을 대표하기 때문이다. 이들 지역은 타국 출신 비율이 가장 높은 6개 구역 내지 구역 묶음, 토박이 출신이 압도적으로 많은 구역, 그리고 대체로 흑인 거주 지역이었던(1940년 당시 92%였고, 지금도 그런) 구역 등으로 구성되어 있다. 세 지역의 서로 다른 투표 패턴은 쉽게 확인할 수 있다. 이민자 비중이 높은 구역일수록 1924년 [대통령 선거에서 민주당 후보였던] 데이비스John W. Davis에게 더 많은 지지를 보냈다. 반면에 흑인 구역과 토박이 구역에서는 여전히 공화당 지지가 압도적이었다. 3당이 얻은 표 가운데 민주당의 득표 비중은 29%에 불과했는데, [진보당의] 라폴레트Robert M. La Follette는 3만6150표를, 데이비스는 4만2661표를 획득했다. 1924~28년 사이 이민자 출신들의 투표 패턴에 큰 변화가 나타났다. 1928년이 되면 이들 지역에서 총투표 대비 4분의 3을 앨 스미스가 가져갔으며, 이만큼 극적이지는 않았지만 1932년과 1936년에도 득표 비중은 계속 늘었다. 그러나 민주당이 핵심적인 우위를 달성한 선거가 1928년이라는 점은 분명해 보였다.

스미스가 대통령 후보로 지명된 것은 토박이 구역에서 민주당 지지가 오르는 데 영향을 주었다. 그러나 이들 구역에서 민주당 득표율이 가장 크게 증가한 것은 1932년이었고, 이는 의심의 여지없이 후버에 대한 항의 투표의 결과로 이해할 수 있다.

1940년이 되면 중간계급과 흑인 구역의 민주당 득표율은 50% 이하로 떨어졌고 이후 여러 차례 대통령 선거에서도 동일한 수준을 나타냈다.

제2구역의 흑인 투표자들 사이에서, 스미스는 1924년 민주당 득

표 15.

1924~40년 대통령 선거에서 선별한 구역의 양당 득표 중 민주당 득표율

(단위: %)

선거 년도	이민자 구역	중간 계급 구역	흑인 구역
1924년	38	17	8
1928년	60	26	30
1932년	71	48	24
1936년	81	53	48
1940년	76	42	48

표에 비해서는 상대적으로 성적이 좋았지만 여전히 양당 득표 중 30% 밖에 얻지 못했다. 이민자와 중간 계층 구역과는 달리 흑인 투표자들은 1936년 대통령 선거에서 민주당 지지가 가장 크게 증가했다. 이는 토박이 유권자들의 항의 투표와는 반대로, 루스벨트 행정부의 정책을 인정하는 뜻으로 이해할 수 있다. 그러나 1940년에 이르러서도 제2구역이 확고한 민주당 지지 기반으로 자리 잡은 것은 아니었다.

요컨대 〈표 15〉에 있는 수치들에 따르면, 재정렬 시기는 시카고의 각 지역별로 약간씩 다른 것 같다. 이민자 출신 구역들에서는 1928년 선거가 가장 중대한 결과를 낳았다. 토박이 구역들에서는 1932년 선거가 그런 역할을 했고, 대공황 시기 민주당 투표가 증가했던 것은 공화당 지지자들의 일시적 배반의 결과로 보인다. 흑인 제2구역에서는 1936년 선거가 이 구역의 전통적인 공화당 우위를 종식하는 데 가장 중요한 역할을 한 것으로 나타난다.

그럼에도 이들 수치로부터 끌어낼 수 있는 결론은 제한적이다. 가장 중요한 이유는 투표 불참자들을 무시했기 때문이다. 어떤 구역이나

지역에서 50%라는 득표는 그곳 투표율에 따라 투표 가능 유권자의 10%에서 50%까지 될 수 있었다. 특히 1920년대 모든 선거의 투표율은, 심지어 대통령 선거에서조차 거의 모든 지역에서 낮았고, 도시 이민자 집단에서는 특히 그러했다. 만약 1920년대 시카고와 그 밖의 지역에서 공화당의 승리가, 투표 가능 유권자들 가운데 실제로 투표한 소수의 유권자들에 의한 것이라면, 이는 그 자체로 민주당 지지 증가의 잠재적 원천에 대해 중요한 함의를 갖는다.

달리 말해, 정당 지지도의 변화를 계산하려면 **잠재 유권자**를 분모로 활용해야 한다. 다시 한 번 우리는 몇 가지 방법론적 문제와 대면하게 된다. 잠재 유권자는 귀화한 사람들과 귀화하지 않은 사람들, 유권자로 등록한 사람들과 등록하지 않은 사람들로 구성된다. 이런 특징들은 정치적 결정의 결과로 이해할 수 있다. 투표할 것인가 말 것인가의 결정과 마찬가지로, 이들 특징은 특정 시간대의 후보, 이슈, 선거운동의 영향을 받는다. 시카고의 외국 태생 거주민 중에서, 1920년보다는 1932년에 국적을 얻은 사람이 더 많았고, 1924년보다는 1936년에 유권자 등록을 한 사람이 더 많았다는 점은 투표한 실제 유권자만 따지다가 무시해 버려서는 안 될 사실들이다. 오히려 주의 깊게 살펴봐야 할 지점이다.[20] 어떤 의미에서 이는 우리에게 유권자에 대한 좀 더 '관대한' 정의, 즉 한 구역에 거주하는 21세 이상의 모든 사람이라는 정의가 필요하다는 점을 보여 주며, 이런 정의를 따를 때, 그만큼 잠재 유권자의 규모를 확인하는 어려움도 줄어들 것으로 예상할 수 있다. 불행하게도 이 경우는 그렇지 않은데, 그 이유는 인구조사 자료의 몇 가지 불편한 변동 사항 때문이다. 1920년의 14번째 인구조사를 통해 시카고 도시에 대한 자료를 구역별로 확인할 수 있다. 그런데 1920년대 시카고 대학 사회학과 소속 시카고 학회 회원들은 시내의 다양한 지역공동체에 대한 광범위한 조사와 연구를 실시했다. 이 작업은 최종적으로 도시 전체를 77개 지구로 완전하게 구획 지은 '공동체 구획'Community Areas으로 발전했다.[21] 이 공동체 구획은 실제 거주민들이 인지하는 이웃 공동체를 염두에 두고 작성됐다. 시카고 인구 조사국은 이런 방식의 도시 구획이 갖는 장점을 확신했고, 1930년부터 시정 자료는 주로 '공동체 구획'에 따라 수집, 제시되었다. 1940년에는 (현재 연구를 위해서는 다행스럽게도) 구역wards별 자료가 일부 존재한다. 하지만 관심의 초점인 1930년의 경우 거의 모든 인구 통계가 공동체 구역별로 제시되어 있다. 그리고 전통적인 민족적·지역적 연대를 고려할 목적으로 만든 분류가 시카고의 정치적 지역 구분과 크게 동떨어져 있다는 사실도 이제 명백해졌다. 물론 공동체 구획 방식이 적용되지 않았더라도, 1930년 발간된 인구조사에서 기술된 구역의 상당수가 알아볼 수 없을 만큼 변했다는 사실에서 각 구역의 잠재 유권자 규모를 확인하는 일은 결코 쉬운 작업은 아니다.

그 결과 1924~40년 사이의 다섯 시점에서 각 구역의 잠재 유권자 규모는 다소 거칠게 추정할 수밖에 없다. 구역별 **전체** 인구에 대한 발표 자료 내지 추정치의 경우 1924년, 1930년, 1936년, 1940년 자료를 확보할 수 있지만, 21세 이상 인구에 대한 발표 자료는 1940년 자료만 존재한다. 따라서 각 구역의 잠재 유권자는 1940년의 21세 이상 인구 비율로 계산한다. 시카고 인구는 확실히 어느 정도 변동이 있었다. 그러나 이 방법은 연령 분포에서, 이를테면 이민자 밀집 구역과 토박이 밀집 구역 간의 차이를 고려할 수는 있다.[22]

〈그림 18〉, 〈그림 19〉, 〈그림 20〉에서 민주당 득표율, 공화당 득표율, 제3당 득표율은 잠재 유권자 전체를 분모로 하는 비율이다. 전체 투

그림 18.

토박이 중간 계급 구역에서 전체 인구 대비 민주당, 공화당, 제3당 대선 후보 투표자와 투표 불참자 비율

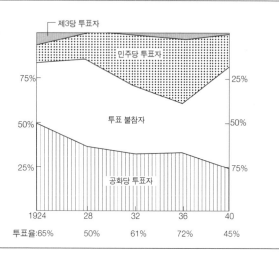

그림 19.

흑인 구역에서 전체 인구 대비 민주당, 공화당, 제3당 대선 후보 투표자와 투표

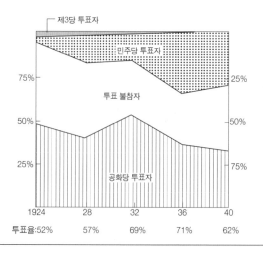

그림 20.

이민자 비율이 가장 높은 구역에서 전체 인구 대비 민주당, 공화당, 제3당 대선 후보 투표자와 투표 불참자 비율

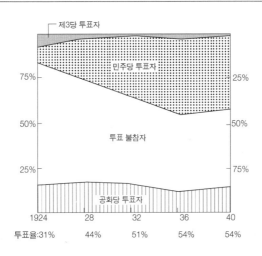

표수와 잠재 유권자 수 간의 차이로 각 구역의 투표 불참자 비율을 계산할 수 있다. 위에서 이야기한 민주당 지지 증가 **시기**의 차이는 이들 그림에서도 나타나지만, 여기에서는 그 밖에도 〈표 15〉에 없는 지지 증가의 **원천**에 관한 중요한 정보가 포함되어 있다.

이상의 그림에서 기술된 세 영역areas — 앞의 표와 동일한 영역 — 어디에서도 민주당 지지의 증가만큼 극적으로 공화당 지지가 감소하지는 않았다. 공화당 득표율보다 다양한 양상을 보인 것은 잠재 유권자 전체 대비 비율로 나타낸 투표 불참자의 규모였다. 민주당 지지의 증가는 공화당 지지자들로부터 온 것이 아니라 투표 불참 유권자들을 동원한데서 비롯된 것이었다. 이는 타국 출신 유권자가 가장 많은 구역들에서

분명하게 드러나는데, 이들 구역에서 전체 유권자 대비 공화당 득표율은 거의 아무런 변화도 없었다.

호숫가의 두 토박이 구역의 경우 공화당 득표율은 이 시기의 시작과 끝 모두에서 꽤 높았지만 1924년부터 1940년까지 매우 점진적으로 하락했다(〈그림 18〉 참조). 이런 양상은 공화당이 기존의 지지자들이나, 공화당과 일체감을 가진 유권자들 가운데 다수를 잃은 것은 아니지만, 새로운 유권자들의 지지를 모으는 데는 실패했다는 인식과 부합한다. 그리고 이런 해석은 이 시기 동안의 정당 사회화 과정에 대한 (앞 장에서의) 결론과도 부합한다. 그러나 지지와 정당 충성심에 큰 재편이 일어난 것으로 흔히들 예상하는 1928년과 1936년 선거 사이에 전체 유권자 대비 공화당 득표율이 단지 4% 포인트만 하락했다는 사실은 흥미롭다. 민주당 득표율이 13%에서 37%로 크게 증가했을 때, 투표율도 50%에서 72%로 증가했다. 마찬가지로 1940년 민주당의 득표율 감소는, 이전 두 차례 선거에서 민주당을 지지했던 사람들이 공화당으로 이탈했기 때문이 아니라 투표에 참여하지 않은 결과였다.

흑인 제2구역의 투표율은, 호숫가 토박이 구역들과 마찬가지로, 루스벨트에게 두 번째 승리를 안겨 준 선거에서 가장 높았고 1940년에는 다시 하락했다. 주목할 만한 변화는 1932~36년 사이에 나타났는데, 이때 전체 유권자 대비 민주당 득표율은 16%에서 34%로 두 배 이상 증가했고, 공화당 득표율은 52%에서 37%로 감소했다. 표면상으로는 개별 유권자의 선호가 변화한 것처럼 보인다. 이들 두 차례 대통령 선거에서 투표율은 거의 동일했다. 물론 불만에 찬 공화당 지지자들이 1936년 선거에서 투표하지 않았을 수도 있고, 그 사이 당시까지 정치에 무관심하던 제2구역 거주자들이 프랭클린 루스벨트에 지지표를 던졌을 수도 있다. 그러나 이런 변화의 규모는 개인들이 상당 정도 투표 행태를 바꿨다는 것을 의미하는데, 이는 백인 토박이나 이민자 지역공동체에서는 일어나지 않은 일이었다.[23] 흑인 지역공동체는 늘 공화당을 중심으로 상당히 잘 조직되어 있었고, 특히 톰슨에 대해 매우 일관적인 충성심을 보였다. 그러나 제2 구역에 거주하는 대다수 사람들의 사회경제적 지위를 감안할 때, 그에 상응하는 물질적 혜택을 제공하지 않을 경우 정치적 충성심을 계속 유지하기란 쉬운 일이 아니었다. 1931년 톰슨은 흑인들의 지지를 받았음에도 체르마크에게 패했다. 1936년에 이르러서는, 1933년 체르마크가 암살당한 이후 당 지도부를 접수했던 켈리-내쉬 머신Kelly-Nash machine이 시카고의 관직 임명권 대부분을 확고하게 장악했다. 1932~36년 사이에 민주당 지역 조직이 (흑인에 대한) 태도를 바꾸어 흑인 공동체를 공략해 들어갔을 것으로 가정해 볼 수 있다.[24]

이민자 출신 비율이 압도적이었던 바로 이 구역은 당시 부상하던 도시 산업 이민자 대중의 상황을 잘 보여 주는 축소판 같은 곳이라는 점에서 주목되었으며, 향후 민주당이 새로운 다수파가 되는 데 어떤 식으로든 기반을 제공했다. 그러나 어떤 방식으로? 정확히 어떻게 이 새로운 다수파가 만들어졌을까? 공화당에 대한 환멸의 힘으로, 아니면 그 전까지 지지 정당이 없었던 유권자들의 지지로? 6개 이민자 출신 구역들에서 공통으로 확인되는 패턴은 투표율과 민주당 득표율의 뚜렷한 동반 상승과 더불어, 공화당 득표율의 안정성이었다.[25] 〈그림 18〉과 〈그림 19〉의 토박이 구역, 흑인 구역과 달리 이들 구역에서 민주당 득표는 기복 없이 안정적으로 증가했다. 이는 당시 대통령 선거에 참여한 유권자들의 비율이 거의 똑같이 꾸준하게 증가했다는 사실에서 대부분 설명된다. 투표율이 다른 지역만큼 높지는 않았지만, 그 증가 수준은 꽤나 인상적이다. 시카고 이민자 집단에게 공화당의 해로 기억되는 1924년과 1940년을 대조해 보면 매우 충격적이다.[26] 〈표 15〉에서 확인할 수 있듯이, 대통령 선거에서 민주당 득표율은 1924년 양당 득표 기준 38%였으나 1940년에는 76%로 증가했다. 이것은 놀랄 만한 변화이다. 그러나 〈그림 20〉은 이런 변화가, 이들 지역공동체에서 공화당 지지율이 전반적으로 별다른 변화가 없는 조건에서 나타났다는 사실을 확실히 보여 준다. 1924년 전체 유권자 추정치의 15%가 공화당에 투표했다. 1940년에는 13%가 공화당을 지지했다. 물론 1924년에는 전체 유권자의 3분의 1도 안 되는 사람들이 투표에 참여했지만, 1940년에는 50%가 투표에 참여했다. 그리고 새로운 참여자들이 민주당에 투표했다.

이런 맥락에서 1924년 호숫가 토박이 구역들에 거주하는 성인의 71%가 유권자로 등록한 반면(〈그림 18〉 참조), 〈그림 20〉에 나타난 이민자 지역공동체의 유권자 등록 비율은 35%에 불과했다는 사실을 지적할 필요가 있다. 이 사실이 이들 구역이나 시카고 내 비슷한 지역에서 투표와 투표 불참의 본질에 대해 말해 주는 것은 무엇일까? 이와 관련해서 다음 사실들은 의미가 있다. 1920년대 중반 이민자 지역의 투표 불참자들은 '상습적인' 투표 불참자들일 가능성이 높은 데 반해, 유권자 등록 비율이 상대적으로 높은 지역의 투표 불참은 단순히 특정 선거에 대한 이해관계나 관심의 부족 때문으로 볼 수 있다.[27] 유권자 미등록과 상습적인 투표 불참은 정당 일체감이 확산되지 않은 데 따른 결과로 볼 수 있는데, 이는 유권자 등록 비율이 상대적으로 높은 곳에서 나타나는 간헐적 투표 불참과는 차이가 있다. 따라서 우리가 '비면역'이라고 부르는 조건은 토박이 구역들보다 이민자 밀집 구역들에서 훨씬 더 많이 나타났다. 그리고 근본적으로 '새로운' 정당인 1930년대 민주당의 호소에 이민자 밀집 구역들이 훨씬 더 민감하게 반응할 수 있었던 것은 당연하다.

〈그림 21〉, 〈그림 22〉, 〈그림 23〉은 우리가 이들 구역에서 확인한 패턴이 이민자 민족 집단들마다 각기 다르게 나타나고 있는 모습을 보여 준다. 양당 득표 비율에서 민주당 득표율은 세 지역에서 비슷했다. 그러나 투표자뿐만 아니라 투표 불참자까지 고려하면 서로 다른 세 가지 변화의 패턴을 볼 수 있다.

이 시기 체코인들과 소수의 러시아인들이 거주하고 있던 제23구역은 전체 투표 가능 유권자 대비 공화당 득표율이 다소 하락하면서 민주당 득표율이 훨씬 크게 증가했다. 예를 들어, 1924년부터 1928년까지 공화당 득표율은 천천히 변화했으나, 민주당은 확실히 이전 선거에서 투표하지 않았던 유권자들과 라폴레트에 투표했던 유권자들의 지지를 얻어 득표율이 크게 증가했다. 1932년과 1936년 선거에서 공화당 득표율은 예상대로 떨어졌다. 그러나 1932~36년 사이에 민주당의 득표율 상승을 이끈 더 중요한 요인은 투표 불참자들의 동원이었던 것으로 보인다. 이전 16년 동안 겨우 43%에 머물렀던 웨스트사이드West Side 지역공동체의 투표율은 1940년에 이르러 잠재 유권자의 3분의 2까지 증가했다.

〈그림 22〉는 당시 폴란드 출신이 가장 많고 그다음으로 이탈리아 출신이 많았던 구역들을 나타내고 있는데, 여기서도 거의 동일한 투표 행태의 변화를 볼 수 있다. 이들 구역에서 투표율은 상당히 낮은 수준이었는데, 1924~28년 사이에 투표율과 민주당 득표율이 크게 증가했다. 이곳의 라폴레트 지지자들은 체코인들이 거주하는 제23구역과 마찬가지로 1928년 민주당이 승리하는 데 기여한 것으로 보인다. 전형적인 이

그림 21.

(체코 출신) 이민자 구역에서 전체 인구 대비 민주당, 공화당, 제3당 대선 후보
투표자와 투표 불참자 비율

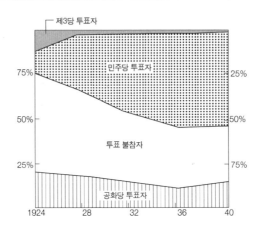

그림 22.

(폴란드, 이탈리아, 러시아 출신) 이민자 구역에서 전체 인구 대비 민주당, 공화당,
제3당 대선 후보 투표자와 투표 불참자 비율

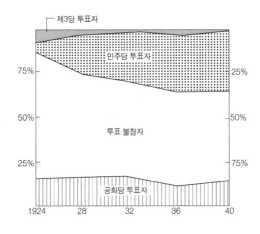

그림 23.

(독일 출신) 이민자 구역에서 전체 인구 대비 민주당, 공화당, 제3당 대선 후보 투표자와 투표 불참자 비율

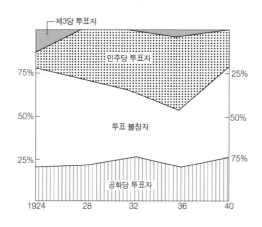

민자 거주 지역인 이들 '강가 구역'의 대통령 선거 결과에서 놀랄 만한 사실은, 1924년부터 1940년까지 전체 유권자 대비 공화당 득표율이 거의 비슷한 상태로 유지되었다는 것이다. 이 기간 동안 공화당 투표자들이 대체로 동일한 사람들이었다고 가정한다면, 〈그림 21〉과 〈그림 22〉의 구역들에서 민주당의 득표가 증가한 것은 이전 선거에서 투표하지 않았던 유권자들 때문임이 틀림없다.

〈그림 23〉의 노스 사이드North Side 구역은 독일 출신 이민자들 다수가 거주하는 지역인데, 이들은 좀 더 늦게 정착한 이민자들과 투표 행태가 좀 다르다. 이곳에서 투표율은 1936년까지 증가했고, 그 증가분은 프랭클린 루스벨트가 재선에 성공할 때까지 민주당과 공화당 모두에, 특히 민주당에 혜택을 주었다. 당시 공화당 지지자들의 이탈과 높은

수준의 동원이 결합되면서 민주당은 양당 득표 가운데 70%의 지지표를 얻었다. 그러나 1940년 공화당의 득표율은 다시 전체 유권자 대비 4분의 1 수준으로 돌아왔고, 투표율은 하락했으며, 그와 더불어 민주당 득표율도 줄어들었다.

민주당을 새로운 다수파로 만든 원천

많은 연구자들이 재정렬의 시점을 규명하고 '중대 선거'를 확인하는 방편으로 상관계수를 활용해 왔다. 맥레이와 멜드럼은 일리노이 주의 중대 선거 연구에서 이렇게 주장했다. "방향 전환이 있기 전 선거들은 이전 선거들끼리, 이후 선거들은 이후 선거들끼리 높은 상관관계를 보여 줄 것이다. 그러나 결정적인 이행 앞뒤로 있었던 선거들 간의 상관관계는 낮을 것이다."[28] 올스왕이 9개 이민자 집단의 투표를 검토한 바에 따르면, 1928년 당시 시카고의 양당 득표 대비 민주당 득표율은 이전 선거들보다 이후 선거들과 상관관계가 높기 때문에, 이 도시에서 중대 선거는 1928년에 나타났다고 볼 수 있다.[29] 쇼버는 유사한 분석을 활용해 캘리포니아에서는 1928년에 중대 선거가 나타나지 **않았음**을 확인했다.[30]

그러나 이는 꽤나 1차원적인 접근이다. 이런 분석은 유권자들이 대면하는 선택이 두 가지, 즉 민주당과 공화당이라고 가정한다. 이렇게 보면 투표 자체를 하지 않는 선택은 나타나지 않는다. 투표 불참이라는 선택지도 전체 투표 가능 유권자 대비 민주당과 공화당 득표율이라는 데이터를 이용해 상관계수 분석에 포함시킬 수 있다. 이런 분석에서 민주당과 공화당의 시계열적 득표 값 사이에는 상관관계가 나타날 수 있다.

표 16.

시카고 구역에서 공화당 지지 투표 : 시계열 상관계수

	1928	1932	1936	1940
1924	0.92	0.86	0.88	0.67
1928		0.90	0.94	0.76
1932			0.93	0.82
1936				0.87

이는 특이한 것은 아니다. 나아가 특정 선거에서 민주당과 공화당의 득표는 해당 선거, 혹은 그 전후 선거들에서 투표 불참과 어떤 상관관계가 있을 수 있다.

〈표 16〉의 상관관계는 앞 절에 있는 수치들로부터 끌어낸 추론, 즉 분석 대상에 포함된 시기 전반에 걸쳐 공화당 득표의 크기와 구성이 기본적으로 큰 변화 없이 그대로 유지되었다는 추론을 지지한다. 여기서 모든 상관관계는 강력하고 유의미하다. 그러나 어떤 선거도 공화당에게 '결정적'인 것으로 분류할 수는 없었다. 이 분석 방법의 한 가지 장점은 특정 선거가 한 정당에 대해서는 '결정적이고' 다른 정당에 대해서는 그렇지 않다는 것, 또는 한 정당의 지지는 재정렬되었고 다른 정당은 그렇지 않았다는 사실을 확인할 수 있다는 것이다. 시간상으로 좀 더 가까운 선거들은 떨어져 있는 선거보다 상관관계가 높지만, 1924~40년 사이 시카고에서 공화당 지지가 일어났던 장소는 별다른 변화가 없었다.

민주당의 경우에는 그림이 좀 다르다(〈표 17〉 참조). 모든 상관관계가 〈표 16〉처럼 높지 않고, 관계의 일관성도 훨씬 약하다. 확실히 공화당보다 민주당 지지 기반의 변동성이 더 컸다. 루스벨트와 랜던이 경쟁했던 1936년 선거는 일종의 일탈 사례로 보이는데, 앞선 선거들뿐만 아

표 17.

시카고 구역에서 민주당 지지 투표 : 시계열 상관계수

	1928	1932	1936	1940
1924	0.64	0.78	0.01	0.55
1928		0.71	0.12	0.55
1932			0.24	0.68
1936				0.16

니라 이후 1940년 선거와도 유의미한 상관관계를 보여 주지 않는다. 이 선거를 예외로 하면, 민주당 대선 후보에 대한 지지 기반은 공화당 지지만큼 일관되지 않으며, 변화의 시기도 뚜렷하지 않다.

또한 공화당 지지와 민주당 지지 간의 중요한 차이를 공화당 득표, 민주당 득표, 투표 불참 간의 상관관계를 통해 조명할 수 있다. 〈표 18〉은 공화당 대선 후보를 지지한 지역에서 투표 불참이 나타나지 않았음을 분명하게 보여 준다. 예컨대, 1924년 공화당 득표와 투표 불참 간의 상관관계는 -0.90이다. (시카고의 투표율이 전체적으로 낮았고 비면역 유권자의 증가가 정점에 달했던) 1924년을 기준점으로 할 때, 이후 모든 선거에서 공화당 득표는 1924년의 투표 불참과 강력한 음의 상관관계를 보여 준다. 공화당은 비면역 유권자들을 끌어들일 수 없지만 계속해서 한결같은 '골수' 공화당 투표자들의 지지를 받았다. 이와는 반대로 민주당은 투표 불참자들이 상당 부분을 차지하는 지지 연합을 만들어 낼 수 있었다. 1924년에 투표 불참과 민주당 득표 간에는 어떤 관계도 확인되지 않는다. 음의 관계가 확인된 공화당 득표와 비교되는 결과다. 1928년, 1932년, 1940년 대선에서 민주당이 얻은 득표는 1924년 투표 불참과 양의 관계를 보여 준다.

표 18.

시카고 구역에서 공화당 투표자와 투표 불참자 : 상관계수

		% 공화당 투표자				
		1924	1928	1932	1936	1940
% 투표 불참자	1924	-0.90	-0.77	-0.68	-0.70	-0.57
	1928		-0.62	-0.51	-0.48	-0.44
	1932			-0.59	-0.47	-0.50
	1936				-0.56	-0.40
	1940					-0.25

데이비드 버너David Burner는 민주당 대선 후보로 앨 스미스가 지명된 것이, 투표율이 낮았던 이민자 밀집 지역의 투표율을 올려 주었다고 주장했다.

1900~14년 사이에 이루어진 대대적 이민이 1928년 투표에 큰 영향을 미친 것이 분명하다. 이민자 도시에서 스미스의 강세는 부분적으로 …… 로마 가톨릭 여성들의 투표 증가를 통해 설명할 수 있다. …… 이탈리아계가 밀집해 있는 것으로 확인된 인구조사 지역에서 …… 여성 유권자 등록률이 29%까지 상승한 선거구들도 있었다.[31]

1928년 선거운동이 시카고 거주 이민자들의 투표율에 미친 효과는 〈그림 18〉, 〈그림 19〉, 〈그림 20〉을 비교해 봐도 쉽게 알 수 있다. 실제로 1924~28년 사이에 토박이 구역의 투표율은 하락했다. 흑인 제2구역의 투표율은 9.6% 증가했다. 이와 대조적으로 타국 출신 거주자 비율이 높은 구역들에서 대통령 선거 투표율은 41.9%만큼 증가했다.

메리엄과 고스넬은 1924년 당시 상습적인 투표 불참 비율이 가장

그림 24.

시카고 구역에서 타국 출신 비율과 민주당 투표자와 투표 불참자 비율 간의 상관관계(Pearson r)

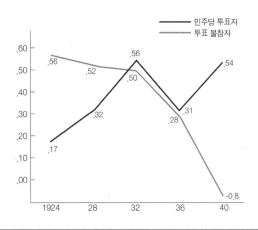

높은 곳은 이민자 지역공동체임을 확인했다. 게다가 이들 지역 거주민의 다수가 아직 귀화하지 않아서 투표조차 할 수 없었다는 사실을 고려하면, 지역공동체나 도시의 민족적 특성과 그 지역 투표 불참 간의 상관관계가 분명해진다. 1920년대 시카고와 여타 북부 산업 도시에서 대개 노동계급에 속하는 이민자 밀집 구역들에 새로운 정치적 다수파의 **잠재력**이 자리 잡고 있었다. 〈그림 24〉는 두 가지 상관관계를 보여 주는데, 하나는 타국 출신 비율과 민주당 득표율 간의 관계, 다른 하나는 타국 출신 비율과 투표 불참자 비율 간의 관계이다. 전자는 1924년에는 약간의 긍정 관계를 보이다가 1928년에, 그리고 1932년에도 그 상관관계가 뚜렷하게 강화되었다. 그러나 1936년 민주당 득표는 다시 1932년이나 1940년에 비해 도시 전반에 걸쳐 훨씬 광범하게, 그러나 불균형적으로 분산돼 있었던 것으로 보인다. 그러나 1936년이라는 예외 사례를

표 19.

시카고 구역에서 민주당 투표자와 투표 불참자 : 상관계수

| | | % 민주당 투표자 | | | |
	1924	1928	1932	1936	1940
	1924	−0.02	−0.38	0.23	0.02	0.46
	1928		−0.29	0.07	−0.10	0.32
% 투표 불참자 1932			−0.17	−0.13	0.17
	1936				−0.74	0.42
	1940					−0.77

표 20.

21세 이상 인구 비율과 공화당, 민주당 투표자 간의 상관관계

	1924	1928	1932	1936	1940
공화당 투표자	0.31	0.34	0.20	0.37	0.23
민주당 투표자	−0.10	−0.31	−0.43	−0.11	−0.52

제외하면, 1928년 이후 각 구역의 이민자 밀집도와 그 구역의 민주당 대선 후보 지지도 사이에 명확한 상관관계가 나타난다. 이와는 반대로, 시카고 구역들의 이민자 밀집도와 투표율 간의 관계는 시간이 흐를수록 점차 약화되어 1940년에 이르면 타국 출신 비율과 투표 불참 비율 사이에 작게나마 부정의 상관관계가 나타난다. 다른 한편, 다시 뒤로 돌아가 잠시 〈표 19〉와 〈표 20〉에 있는 상관계수를 살펴보면, 공화당 득표와 투표 불참 간에는 약간의 긍정적 관계가 나타나는 반면, 민주당 득표와 투표 불참 간에는 매우 강력한 부정의 상관관계가 나타난다. 이 모두는, 1940년에 이르러 새로운 지지 연합이 공고화되었고, 이민자 지역공동체가 민주당에 의해 조직되고 동원되었음을 보여 준다.

지금까지 우리는 시카고 사례연구에서 연령을 고려하지 않고 이 도시의 다양한 지역에 거주하는 유권자들에 대해 이야기했다. 이 장에 제시된 데이터를 바탕으로 끌어낼 수 있는 함의는 다음과 같다. 민주당의 득표가 증가한 것은 1920년대 초반까지 투표하지 않았던 상당수의 유권자들이 스미스와 루스벨트를 지지하기로 결정한 데 따른 결과라는 것이다. 그러나 앞의 4~5장에서 검토한 회고 설문 자료는 이 시기 민주당 지지 증가의 주요 원천 가운데 하나가 젊은 세대의 높은 지지임을 보여 주었다.

물론 구역과 같은 지리적 단위를 기준으로 합산한 투표 결과를 가지고 후자의 가설을 직접적으로 검증하는 것은 불가능하다. 그러나 '청년 투표'의 영향을 측정하는 간접적인 방법이 하나 있는데, 특정 구역의 청년 비율과 투표 결과의 연관성을 조사하는 것이다. 현재 사례에서는 이런 특성에 대해 다소 거친 추정치, 즉 21세 이상 인구의 비율만 쉽게 확보할 수 있다. 이 추정치는 35개 구역 묶음에서 62%에서 89%까지 다양한데, 이는 적어도 그 구역에 젊은이들이나 나이 많은 시민들이 얼마나 거주하고 있는지를 보여 주는 지표가 될 수 있다.

〈표 20〉은 이와 관련해 적절한 수치를 보여 준다. 부정의 상관계수가 의미하는 것은, 21세 이하 인구, 즉 막 투표권을 획득한 청년들을 비롯해 전체적으로 젊은 투표자들이 많이 살고 있는 구역에서 그 정당의 득표율이 높았음을 의미한다. 1924~40년의 전 기간에 걸쳐 공화당의 득표는 구역 거주민의 연령과 온건한 긍정의 상관관계를 보여 준다. 한편 민주당의 득표는 (1936년을 예외로 할 때) 21세 이상 인구와 부정의 상관관계가 점차 강력해지는데, 이는 의미심장하다. 연령 변수는 외국 출생자 비율의 단순한 대체물이 아니다(두 변수 간 상관관계는 유의미하지 않은 것으로 확인됐다).

이는, 다수파 민주당이 당시까지 투표하지 않고 있던 나이 든 유권자들을 동원했을 뿐만 아니라, 부분적으로는 1920년대 후반과 1930년대 초반에 성인이 된 수백만 유권자들의 지지를 기반으로 한다는 주장을 뒷받침하는 간접적이지만 간편한 데이터이다.

정당 지지의 동학에 대한 추정

이 장에서 사용한 분석 방법의 새로운 점은 투표 불참을 고려함으로써 정치 행태에 관해 일반적인 방법에 의한 것보다 더 많은 정보를 얻었다는 데 있다. 그럼에도 불구하고 이 책의 주요 목표가, 정당에 대한 지지 양상이 변할 때 그 기저를 이루는 개인의 투표 행태 변화를 이해하는 것이라는 점에서, 그런 개인의 행태 변화를 집합 자료로부터 추론하는 데는 늘 위험이 따르기 마련이다. 추론이 타당한가에 대한 이런 의심이, 분석 단위가 작아질수록 완화됨에도 불구하고 그 의심을 완전히 지울 수는 없다. 알다시피 시카고의 구역 경계는 자연스럽게 형성된 민족이나 계급 구분에 따라 그려진 것이 아니다. 따라서 구역 수준의 투표 패턴도 구역 내 다양한 집단 간의 복잡한 지지 변화를 가릴 수 있다.

이 문제를 해결하는 한 가지 방법은 훨씬 더 작은 정치적 단위의 투표 결과를 분석하는 것이다. 그리고 그 단위는 가능한 한 사회적으로 동질적인 사람들이 모여 사는 선거구여야 한다. 다행스럽게도 올스왕의 시카고 연구는 공들여 선별한 일단의 선거구 자료를 제공해 주었다. 올스왕은 민족적으로 순수한 인구조사 지역들을 선별한 후 이들 지역 내에서 1920~36년 동안 그 경계가 두 블록 이상 변하지 않은 선거구 또는 선거구 묶음을 확인했다.[32] 그는 "[시간의 흐름 속에서도] 동일한 정치적 단위 내에서 동일한 민족 집단을 분석할 수 있게 되었고, [따라서 이들 사례에 대해서는] 전체적으로 동일한 개인들 다수를 분석하는 것으로 가정할 수 있었다."고 결론 내렸다.[33]

올스왕은 분석을 위한 구역을 선정할 때 1차 기준으로 특정 민족 집단의 수적 우세를 활용하는 데 따른 문제를 지적했다. 그가 보기에 이런 방식은 해당 집단에서 사회경제적으로 부유한 구성원들을 차별하는 결과를 낳게 된다. 왜냐하면 그처럼 동질적인 지역에 최상위 계층이 거주할 가능성은 매우 희박하기 때문이다. 지난 20년간 진행된 설문 조사 자료를 통해 우리는 가족, 친구, 직장 동료, 이웃의 투표 경향이 비슷하다는 사실을 알고 있다.[34] 분명 시카고의 이들 이민자 밀집 지역공동체 내에도 공화당 지지자들이 있었을 것이다. 그러나 상식에 비춰 보건데, 정치적 변화나 위기의 시기에 작고 동질적인 지역에서 정당 지지는 전반적으로 같은 방향으로 움직인다고 볼 수 있다. 이는 적어도 이번 연구에서 사용할 가정이며, 해당 기간 동안 진행된 여러 종류의 변화를 풀어내는 과제를 단순화하기 위한 가정이다.

이 단순화 과정을 보기 위해 〈그림 14〉의 (d)로 돌아가 보자. 실제로 우리가 할 수 있는 일은, 민주당에서 공화당으로 지지를 바꾼 이들을 나타내는 교차 평행선 무늬의 화살표를 제거하는 것이다. 우리는 이들 지역공동체에서 대체로 민주당에 투표했던 사람들 가운데 1920년대 후반과 1930년대 초반에 자신이 공화당 지지자라고 생각하기 시작한 사람은 없을 것으로 가정한다. 이런 방법으로, 새로운 투표자들을 양당에 배분하면서 공화당에서 민주당으로 '지지를 바꾼 사람들' 가운데 얼마나 많은 이들이 일시적 이탈자인지 계산할 수 있다면, 정당 지지의 전향이 시카고판 재정렬에 미친 영향도 추정할 수 있다.

전향에 대한 추정치를 얻기 위해서는 재정렬 시기의 종착점인 1936년 당시 이들 지역공동체에서 **실제** 공화당 득표율과 **예측** 공화당 득표율 간의 차이를 확인해야 한다. "민주당에서 공화당으로 지지를 바꾼 사람은 없다"라는 가정하에, 예측 공화당 득표율은 지지자의 사망과 새로운 유권자의 충원을 고려하고 일정 비율의 이탈을 감안해서 계산한다. 이를 공식으로 요약하면 다음과 같다.

$$R_{p2} = R_1 - mR_1 + r(V_2 - V_1) - dD_2$$

R=공화당 득표수, D=민주당 득표수, V=전체 투표수, m=사망 추정치, r=새로운 유권자 충원 추정치, d=민주당으로의 (일시적인) 이탈 추정치

이들 추정치는 그 출처가 다양하며 분명 어느 정도 문제도 있겠지만, 확보할 수 있는 최선의 자료이다. 공화당에 일체감을 갖는 유권자들의 연령 분포가 성인 인구의 연령 분포와 거의 같다고 한다면, 이 구역에서 1920년에 공화당에 투표한 사람 가운데 19%가 1936년에는 사망했을 것이다.[35] 새로 유권자가 된 사람들에 대한 추정치는 1952년 서베이연구센터의 선거 설문 조사를 바탕으로 한 것이다. 그해 응답자 가운데 535명은 자신이 1924년, 1928년, 1932년 또는 1936년에 처음 투표했다고 답했다. 이들을 모두 합한 공화당 득표율은 33%이다. 이 사례연구가 주목하는, 부모 중 적어도 한쪽이 타국 출신인 사람들 사이에서, 공화당의 득표율은 26%에 불과했다. 이 26%라는 수치는 이들 이민자 지역공동체에서 1920~36년 사이에 공화당 지지자가 된 새로운

유권자 비율이다. 마지막으로 이탈 추정치는 1939년 갤럽 여론 조사를 바탕으로 한 것이다. 이 설문 조사에서, 1936년 루스벨트에게 투표했던 사람들 가운데 14%는 자신을 공화당 지지자라고 말했다. 따라서 1936년 민주당 득표수의 14%는 결국 다시 자기 자리로 돌아가게 되는 공화당 지지자들이라고 가정할 수 있다.

만약 1936년 예측 공화당 득표율에서 실제 공화당 득표율을 빼고, 이를 민주당 지지 증가 비율로 나눠 보면, 공화당 지지자들의 항구적 '전향'에 따른 증가분의 추정치를 얻을 수 있다.

$$(R_{p2} - R_2)/D_2 - D_1$$

이 공식은 비교적 늦게 정착한 이민자 집단인 체코계·리투아니아계·유고슬라비아계·이탈리아계와, 좀 더 일찍 정착한 이민자 집단인 독일계와 스웨덴계에 적용할 수 있다. 그 결과는 〈표 21〉에 제시되어 있다. 이들 중 어떤 사례에서도 민주당의 득표 증가분 가운데 대부분이 전향의 결과인 경우는 없었다. 그러나 일찍 정착한 이들과 늦게 정착한 이들 간에 흥미로운 차이가 있었다. 즉 최근에 정착한 공화당 지지자들 사이에서는 민주당과 일체감을 갖는 유권자로 전향한 사람들이 사실상 없는 것으로 보인다. 그들의 사망률과 이탈 가능성을 함께 고려하고 나면, 1936년 예측치와 실제 공화당 득표율 간의 차이는 거의 없을 것이다. 이 발견은 앞 절에서 잠재 유권자를 분석해 내렸던 결론과도 부합한다. 예를 들어, 〈그림 20〉에서 나타난, 작지만 안정된 공화당 득표는 이전 시기 투표 불참자들의 민주당 지지 경향에 압도된다. 개인들의 행태 차원에서 볼 때, 이들 이민자 밀집 지역의 대다수 공화당 지지자들은

표 21.

시카고 이민자 지역공동체에서 공화당에서 민주당으로의 전향에 따른 득표 변화 추정

체코슬로바키아계	11.5	이탈리아계	10.6
리투아니아계	6.2	독일계	26.0
유고슬라비아계	3.6	스웨덴계	20.1

(프랭클린 루스벨트로 일부 이탈하기도 했지만) 자신의 정당 일체감을 유지했고, 그들의 자녀일 가능성이 높은 새로운 유권자들도 공화당 지지자가 되어 공화당 지지자들 사이에서 나타난 자연 감소분을 벌충했다. 따라서 민주당에 대한 지지가 늘어난 것은, 새로 증가한 유권자들의 지지를 받았기 때문임을 알 수 있다.

독일계와 스웨덴계 지역공동체의 투표수는 체코계·리투아니아계·유고슬라비아계·이탈리아계가 거주하고 있던 선거구보다 훨씬 더 작게 증가했다. 이는 두 가지 이유에서 자연스러운 것으로 보인다. 독일계와 스웨덴계의 경우 많은 사람들이 1920년대에 이미 시민이었다. 시민으로 지낸 기간이 늘어날수록, 더 부유해지는 동시에 기존 정당 구도에 더 깊숙이 통합된다. (독일계와 스칸디나비아계 가족들의 다수가 공화당 지지자가 된 것은 어찌됐든 미국 내전과 재건의 결과이다.)* 앞에서 비면역의 조건에 대해

---

* 독일과 스칸디나비아 출신 이민자들은 남유럽이나 동유럽 이민자들과 달리 1860년대 이전에 대거 미국으로 이주해 왔다. 그들이 공화당이 주도한 노예제 폐지와 남부 재건을 지지한 이유는 크게 세 가지로 나눠 볼 수 있다. 첫째, 대개 중서부 지역에서 자영농으로 자리 잡은 그들로서는 남부 지역 농장주들과 달리 노예를 소유할 경제적 유인이 적었다. 둘째, 그들 대다수가 신봉하는 루터교는 노예제를 반대하는 입장에 섰다. 마지막으로 독일 이민자들 가운데는 1848년 혁명에 참여했던 지식인과 학생들도 일부 있었는데, 그들은 독일에서 실패한 혁명의

6장 도시의 반란 **181**

서술한 바와 같이, 비교적 일찍 정착한 이민자 집단에서 비면역이 나타날 가능성은 훨씬 낮다. 따라서 유권자 규모가 크게 확장되지 않았다 해도, 전향이 지배적 역할까지는 아니더라도 좀 더 많은 역할을 한다. 그리고 〈그림 23〉을 보면, 독일계가 압도적으로 많은 구역에서 공화당 득표율은 1936년에 일시적으로 하락했다가 1940년에 다시 증가했다. 따라서 독일계와 스웨덴계 선거구에서는 우리 계산보다는 일시적 이탈이 더 중요한 요소로 작용했을 수 있다.

꿈을 미국에서 실현하고자 했기에 누구보다도 적극적으로 노예제 폐지와 연방군의 승리를 지지하고 지원했다.

결론

'정당 일체감'은 이제 정치학자들이 일반적으로 사용하는 개념이 되었는데, 이는 정당 체계의 놀라운 안정성을 설명하는 것이 매우 중요하다는 생각이 싹텄기 때문이다. 이 모델에는 집합적 수준에서 대규모 정당 지지 변화를 다루는 메커니즘이 들어 있지 않다. 정당 지지 변화를 다룰 수 있게 논리적으로 확장한 모델도 널리 쓰이지 않고 있는데, 이런 논리적 확장이 바로 내가 '비면역 유권자의 동원'이라고 부르는 것이다.

정치학자들은 기존 체제에 실망하거나 무관심한 대규모 시민 집단들이 정치에 참여하게 되는 과정을 다소 종말론적인 관점에서 이해하곤 했다. 맥피는 나치가 갑작스레 권력을 획득할 수 있었던 것을 비면역 개념으로 설명하고자 했다.[1] 립셋과 올레스커Karl O'Lessker 또한 나치가 비면역 내지 신참 유권자들로부터 핵심적인 지지를 끌어냈다고 주장했다.[2] 번햄은 최근 논문에서 바이마르공화국 시기와 이전 시기의 투표 패턴을 분석했는데, 그가 내린 결론은 다음과 같다. 나치즘의 '전염'은 투표 불참자들뿐만 아니라, (또는 아마도 투표 불참자들 대신) 주로 이전에 비종교적 자유주의 정당과 보수주의 정당을 지지했던 이들을 움직였다.[3] 그러나 1968년 선거에서 [민주당을 떠나 아메리카독립당을 결성해 출마한] 월리스 George Wallace가 얻은 표가 어디서 왔는지를 비교 분석한 연구에서 번햄의 주된 관심사는 선동가의 부상을 방지하는 비면역의 능력이었다. "상당한 영향력을 갖는 우익 극단주의로부터 미국 정치를 보호해 온 이 체제의 기본적인 요소가 사라졌다는 (꼭 틀리지만은 않은) 인상이 오늘날 이 나라에 널리 퍼져 있다."⁴ 좀 더 일반적인 관점에서 밀브래스Lester W. Milbrath도 "정치에 깊은 관심을 갖고 적극적으로 참여하는 사람들이 많은 사회는 …… 매우 조정하기 어려운, 광범하고도 깊은 갈등을 갖는 경향이 있다."고 주장했다.⁵

그러나 동원 주기의 덜 극적인 작용에 집중할 수도 있다. 실제로 동원을 예외적이고 심지어 위험한 사태가 아니라 일종의 '주기'로 본다면, 정치학자들이 발전시킨 '재정렬'과 같은 개념 안에 '비면역'과 '동원 과정'이 들어갈 자리가 생긴다. 재정렬이 사회경제적 삶의 현실과 정당 체계를 재일치시키는 조정 과정이라면, 비면역의 확산은 그 정당 체계가 사회 내 중요한 집단들의 요구를 수용하는 데 실패했음을 보여 주는 직접적인 측정자이자, 다가올 재정렬의 전조로 볼 수 있다. 물론 기존 균열이 새로운 이슈에 의해 강화되거나 매력적인 정치 지도자들에 의해 다시 강조된다면, 재정렬은 나타나지 않을 것이다.

그러나 재정렬은, 확고한 정당 충성심을 보유한 사람들의 상당수가 지지 정당을 바꾸지 않더라도 다음과 같은 몇 가지 조건이 충족되면 나타날 수 있다. ① 비면역 유권자들이 공동의 요구나 이익을 공유할 때, ② 기존 정당 체계가 이들의 요구나 이익의 표출을 가로막을 때, ③ 새로운 인물이나 정당, 또는 혁신적인 정견 등 새로운 정치적 대안이 출현해, 그간 정치체제 밖에 있던 요구나 이익이 정당들의 틀 안에서 표출되는 기회가 열릴 때가 바로 그런 조건이다.

이 책의 성과라 한다면, 정확히 이런 관점에서 1928~36년 재정렬을 설득력 있게 서술한 것이다. 그러나 이 특정 사례에서, 변화를 전향이 아닌 동원에 의한 것으로 설명할 수 있다 하더라도, 이를 미국 역사 속의 다른 재정렬 사례들에도 적용할 수 있을까? 또한 다른 나라에도 적용할 수 있을까? 다시 말해, 다른 나라의 정당 지지 변화를 분석하는 데도 활용할 수 있을까? 마지막으로, 현재의 '탈정렬'과 앞으로 미국 정당 체계의 전망에 대해서는, 무엇을 말해 줄 수 있을까?

19세기의 재정렬

휘그당의 소멸과 공화당의 부상을 낳은 재정렬은 표면상으로는 '동원'으로 설명할 수 없는 것처럼 보인다. 노예제 문제는 확실히 사회를 양극화하는 이슈였으며, 양쪽 모두로부터 분노를 불러일으켰다. 많은 사람들이 노예제 문제에 대한 입장에 따라 지지 정당을 바꾸었다는 해석이 자연스러웠다. 선드퀴스트는 공화당이 기존 민주당 투표자들로부터 상당한 지지를 끌어냈다고 주장했다.

신시내티에서는 '의심의 여지없이 확고한' 민주당 지지자 1천 명이 반네브래스카 모임을 소집하는 데 동참했다. 시카고 집회는 과거 더글러스를 지지했던 민주당원들이 주도한 것이었다. 민주당을 지지하던 신문들이 이탈했다. …… 3월 20일 리펀 집회*에서 공화당이 탄생했다. 몇 년 후 앨빈 보

* 리펀Ripon 집회
1854년 3월 20일 위스콘신 주 소도시 리펀에서 열린 집회는 오늘의 공화당을

베이Alvin E. Bovay는 이렇게 썼다. "우리는 학교 건물에서 개최한 그 작은 모임에 휘그당원, 자유토지당원, 민주당원으로서 참여했다. 거기서 우리는 공화당원이 되었다."[6]

선드퀴스트는 이렇게 결론지었다. "공화당으로 전향한 민주당 지지자들은 그 새로운 정당을 북부 지역의 다수파 정당으로 만들 만큼 충분히 큰 규모임이 입증되었다."[7]

이런 재정렬을 견고하게 만든 종교적·민족적 균열은 민주당 '예배파'liturgicals와 공화당 '경건파'pietists를 대립시켰다. 예배파에는 가톨릭교도, 아일랜드계와 독일계, 일부 독일계 루터파 교도, 일부 침례교도가 포함되어 있었다. 경건파는 회중파 교도, 유니테리언 교도, 감리교도, 장로교도, 스칸디나비아계 루터파 교도로 구성되어 있었다.[8] 분명 19세기 중반의 개신교 이민자들, 즉 중대 변화가 일어나기 전에 미국에 도착했던 독일계와 스칸디나비아계 이민자들에게는 가톨릭이 지지하던 민주당도, 토박이 중심으로 돌아가던 휘그당도 매력적이지 못했다. 실제로 1858년 미시간 주 랜싱에서 실시한 정치 설문 조사를 보면, 민주당 지지자와 공화당 지지자 어느 쪽으로도 분명하게 분류할 수 없는 '불확실한 사람들'은 젊은이들과 타국 출신, 특히 투표권을 가진 이민자 집단 가운데 최근 정착했던 독일계 이민자들 사이에서 더 많았다.[9] 만약 정당 지지가 '불확실한' 것이 투표 불참과 연관성이 높고 실제로 그렇다면,

탄생시킨 정치 행사로 기록된다. 노예제 갈등을 봉합했던 미주리 타협을 무력화시키는 캔자스-네브래스카 입법에 대한 저항과 민주당 앤드류 잭슨 대통령의 일방 통치에 끌려갔던 당시 야당 휘그당에 대한 누적된 불만이 배경이었다.

랜싱의 설문 조사는 전체 유권자 가운데 비면역 집단이 어디에 있는지를 보여 주는 단초가 될 수 있다. 게다가 공화당의 승리가 절정에 달했던 1840~60년 시기에 민주당 득표율의 안정성과 유권자 규모의 증가라는 투표 패턴은, 1920년대와 1930년대 전국과 카운티 수준에서 나타난 투표 패턴과 놀랄 만큼 유사하다.[10] 여기서 도출할 수 있는 최소한의 함의는 공화당이 민주당 지지자들이 아니라, 새로운 투표자들과 제3당 지지자들로부터 지지를 가져왔을 수 있다는 것이다. 마지막으로, 노예제는 지지자들을 양분하는 '양극화' 이슈이기도 했지만, 정치에 참여하지 않던 사람들을 투표장으로 끌어오는 '동원' 이슈이기도 했다.

향후 오래도록 지속될 공화당 헤게모니의 막을 올린 1896년 재정렬도 꽤 다른 이유에서 '동원' 가설에 잘 맞지는 않았다. 그 이유는 1896년에 이르는 시기의 유권자가 1920년대의 유권자들보다 훨씬 더 전면적으로 동원되었기 때문이다. 북부 주들의 투표율은 1896년에 정점을 찍었지만, 번햄의 추정에 따르면 그 전에도 매우 높은 수준을 (비남부 주들의 경우 85.4%) 나타냈다.[11] 특히 북부 지역에서는 확실히 (1920년대, 그리고 아마도 1840년대와 1850년대를 특징지었던) 자유롭게 부유하는 시민들의 증가가 나타나지 않았다. 따라서 1896년에는 이렇게 유권자들이 이미 동원된 상태였으므로 전향의 역할이 더 컸을 수 있다. 그러나 이런 결론을 내리기 전에 두 가지 점을 유의해야 한다. 첫 번째는 '망각' 과정이 작동하는 데 상당한 시간이 걸렸다는 것이다. 1896년의 젊은 투표자들은 확실히 백의 관점에서 '평상시의 아이들'이다. 즉 그들도, 그들의 부모들도 성인일 당시에 사회를 양분할 만한 사건들을 경험하지 않았다. 둘째, 좀 더 중요한 이유인데, 여러 자료들이 보여 주듯이 북부 지역의 친공화당 세력들은 주로 도시민들이었다.[12] 말할 필요도 없이 도시는 새로운 시민들, 즉 이민자들의 거주지였다. 그리고 많은 도시, 특히 중서부 지역 도시들은 1880년대에 인구가 2~3배로 늘어났다. 데글러는 1880년대의 10년('동원' 시나리오에 따르면 비면역 유권자가 증가해야 하는)을 이렇게 서술했다.

> 실제로 이 세기 동안, 이 나라로 밀려 온 이민자의 수가 가장 많았던 때가 바로 그 10년이었다. 게다가 그 10년은 도시의 파종기였다. …… 그 10년 간의 이행기 동안 정당도 사람들도 미처 경험해 보지 못한 새로운 도시 산업 시대의 문제와 특수성에 대한 준비가 되어 있지 않았다.[13]

그 결과 1890년대에 산업 지대는 공화당의 확고한 지지 기반이 되었다. "1894년과 1896년 선거에서 공화당은 부상하는 도시의 정당이 되었다."[14] 득표에서 공화당이 우위를 점했던 근본적 배경에 대한 헤이즈Samuel Hays의 논의는 당시 공화당의 부상이 비면역 유권자를 성공적으로 동원해 냈기 때문이라는 생각과 잘 맞는 것이었다.

> 1894년 공화당의 득표 우위는 1896년까지 이어지는데, 대개 도시에서 비롯된 것이었다. 이 새로운 힘의 정확한 본질이 무엇인지는 아직 분명하지 않다. 경제 불황을 이유로 민주당을 비난하고, 재계의 이익도 농민들의 토박이 기운도 못마땅해 했던 노동자들과 **이민자들**이 주된 원천이었던 것으로 보인다.[15] (강조는 필자)

1894년, 1896년에 대한 논의는 대체로 추측을 기반으로 할 수밖에 없다. 이 시기, 특히 1890년대는 면밀한 분석이 이뤄졌지만,[16] 그런 분석들은 재정렬의 행태적 원천을 발견하기 위해 투표 패턴을 검토하지도 않았고, 정당 지지 변화에서 투표 불참의 역할을 진지하게 고려한 것도 아니다. 따라서 19세기에 일어난 재정렬 사례들에서 동원과 전향 가운데 어느 쪽이 상대적으로 중요했는가를 확인하려면 상당히 면밀한 연구가 필요하다.

서유럽

제도로서의 정당, 그리고 정당 일체감의 본질과 관련하여 서유럽 나라들과 미국은 명백히 다른 점이 존재한다.[17] 그럼에도 신중하게 적용되기만 한다면, 정당 지지 변화의 원천으로서 비면역과 동원이라는 개념이 미국 외에도 유용하다는 점이 여러 연구들에서 확인되었다.

가장 광범위한 분석으로 버틀러와 스톡스가 저술한 『영국의 정치 변화』Political Change in Britain를 들 수 있다. 특히 두 가지 점이 이번 연구에서 확인된 사실과 매우 유사하다. 이들은 20세기 후반에 영국 노동당이 어떻게 성장할 수 있었는지 그 원천을 찾아내기 위해 정당 일체감의 세대 간 이전을 탐구했다. 노동당 지지의 증가분 가운데, 보수당을 지지하는 가족 출신의 아이들이 그들 부모의 정당을 거부하고 노동당에 투표한 데서 비롯된 경우는 매우 적었다. 물론 자유당을 지지하는 가족이 노동당으로 돌아선 경우도 있었다. 그러나 저자들은 이렇게 결론을 내렸다. "모든 연령 코호트에서, 아버지의 지지 정당을 기억하지 못하는 블루칼라 노동자들이 노동당이 새롭게 얻은 지지의 중요한 원천이었다."[18] 둘째, 버틀러와 스톡스는 단기간에도 유권자의 전향보다는 유권자 자체의 교체가 핵심적인 역할을 하는 경우가 더 많다는 사실을 발견했다. 예를 들어, 1959~63년 사이에 감소한 보수당 지지자 가운데 5분의 1만이 "보수당에서 노동당으로 전향한" 탓으로 돌릴 수 있다.[19] 보수당 득표의 4분의 1 가까이가 유권자 교체로 설명될 수 있다. 사망한 사람이 더 많은 쪽은 보수당 지지자들이었다. 과거의 투표 경험이 주는 면역 효과가 약했던 젊은이들은, 1930년대 미국 젊은이들이 민주당을 지지했던 것처럼 노동당을 훨씬 더 많이 지지했다. 분명하게 드러난 가장 큰 변화의 원천은 서로 다른 투표율에 있었다. "1959년에 투표하지 않았던 사람들은 보수당보다 노동당에 투표할 가능성이 훨씬 높았고 ……," 아마도 1963년에 그렇게[노동당에 투표] 했을 것이다. 1959~64년 사이 노동당으로 향한 전체 지지 변화를 요약하면서, 버틀러와 스톡스는 다음과 같이 결론 내렸다.

노동당으로 직접 전향한 경우가 기여한 부분이 작다는 사실은, '지지 정당을 바꾸는 것'을, 때로 서로 모순되는 수많은 움직임들의 복잡한 결과물이 아니라, 그저 한 정당에서 다른 정당으로 움직이는 직접적이고도 1차원적인 변화로 쉽게 해석하는 사람들에게 좋은 경고가 되어 주었다.[20]

자코모 사니Giacomo Sani도 최근 이탈리아를 사례로, (주변부 집단에 대한 동원을 구체적으로 언급한 것은 아니지만) 정당 지지 변화에서 유권자 교체의 중요성에 대해 유사한 결론에 도달했다. 그는 1975년 유권자의 약 12%가 1972년 이후 새롭게 유권자가 되었는데, 이들 젊은 시민의 정당 선호는 대체로 좌파 정당들 쪽으로 기울어져 있었다고 계산했다. 이탈리아는 정당 충성심이 전반적으로 안정적임에도 불구하고, 좌파 정당(특히 공산당)은 정치 성향이 다른 새로운 유권자들이 나이든 유권자들을 대체하는 과정에서 이득을 보았다. 그는 1972~75년이라는 매우 짧은 기간 동안 좌파 정당들이 얻은 득표 가운데 거의 60%는, 투표장에서 선택을 바꾸는 것과는 아주 다른, 세대 변화 때문이라고 추정했다. 이런 상황은 부분적으로 사회화 내지 면역 과정의 붕괴를 나타낸다.

세대 간 정당 선호의 분포에서 단절, 또는 적어도 점진적 변화가 있었던 것으로 본다. 정치 사회화 메커니즘은 과거에 그랬던 것처럼 젊은 유권자들 사이에서, 나이든 코호트의 정치 성향과 거의 흡사한 정당 선호의 분포를 만들어 내지 못하고 있다.[21]

다른 사례를 살펴보자. 프랑스는 정당 지지의 변화가 빈번하게 일어나고, 따라서 정당 애착심이 유지되는 기간도 짧은 나라로서 미국과 자주 비교되곤 했다. "정당 조직화가 취약한 곳에서는 정당 지지의 변동성과 추세 변화도 가장 크게 나타나는데, …… 이는 당에 대한 지지를 꾸준히 잡아 두지 못하는, 정치인들의 무능력을 드러낸다."[22]

잉글하트와 호흐슈타인은 정당 체계의 '정렬'과 '탈정렬'이라는 관점에서 미국과 프랑스를 비교 연구했는데, 여기서 1960년대 드골 정당의 성장이 대체로 비면역 시민을 동원하는 데 성공한 결과임을 풍부한 증거를 들어 보여 주었다. 드골 정당이 얻은 표의 거의 절반은 지지자들의 아버지가 정당 일체감을 갖고 있지 않은 이들로부터 나왔다. "아버지가 좌파 정당을 지지했던 투표자들이 드골 정당 득표에서 차지하는 비중은 채 11%를 넘지 못했다."[23] 분명한 정당 선호를 [위 세대로부터] 물려받은 이들이 갖는, 변화에 대한 저항과, 지지 정당이 없거나 비정치적인 가정에서 나고 자란 유권자들이 만들어 낸 상당한 변화 등을 발견한 것은 버틀러와 스톡스의 연구와 유사하다. 드골 정당의 성장이 비면역 유권자의 충성을 바탕으로 하고 있음은 그들이 기술한 다른 자료에서 좀 더 분명하게 드러난다.

드골 정당은 확실히 이전까지 지지 정당이 없던 모든 연령 집단에서 지지를 증가시켰지만, 그 지지는 나이 많은 시민들 사이에서 더욱 뚜렷했고 특히 나이 많은 프랑스 여성들의 지지를 받았다. 1958년 55세 이상 여성의 다수는 정당 일체감을 갖고 있지 않았다. 1968년에는 이들 동일한 코호트의 5분의 1 이상이 여전히 지지하는 정당이 없었음에도 불구하고 거의 다수가 드골 정당 지지자가 되었다.[24]

마지막으로 네덜란드를 간략히 살펴보자. 이 나라의 정당 지지 분포는 프랑스와 대조적으로 "1918년 남성 보통선거권하에서 최초 선거가 치러진 이래 놀랄 만큼 변화가 없었으며, 정당 충성심도 대체로 강력하고 시민들의 투표 성향도 매우 안정적이었다."[25] 그러나 1960년대 후반 항구적일 것 같던 정당 체계가 크게 변화했다. 1918년부터 1963년까지 5개 주요 정당(사회당, 자유당, 가톨릭당, 그리고 두 개의 개신교 정당)은 하원 의석의 약 88%를 점유해 왔다. 1967년 이 수치가 82%로 하락하더니 1971년에는 75%까지 떨어졌다. 이 시기에 몇몇 신생 정당들이 나타났고, 1967년 이후 선거에서 이들 정당이 얻은 의석 수준은 다양했다. 신생 정당들이 얻은 지지의 대부분이 젊은 투표자들로부터 왔다는 점과, 이들 신생 정당이 기성 정당들과 거리를 두는 것을 특징으로 한다는 점이 분명해 보였다.

표 22.

1971년 네덜란드의 연령 코호트별 정당 충성심

(단위: %)

		지지 정당 비율		
		5대 정당	여타 정당	지지 정당 없음
투표권 획득 시점	제1차 세계대전	70	6	24
	전간기	68	14	18
	제2차 세계대전	66	13	21
	제2차 세계대전 이후	57	15	28
	1960년대	48	24	28
	1960년대 이후	30	33	37

자료 : 이들 데이터의 출처는 시드니 버바(Sidney Verba)와 노만 니(Norman H. Nie)가 이끈, 정치 참여에 관한 교차 국가 프로젝트에 의해 1971년에 수행한 전국 설문 조사이다.

〈표 22〉를 보면, 가장 젊은 연령 코호트의 70%와 그 다음으로 젊은 코호트의 절반 이상이 1971년 5개 주요 정당 어디에 대해서도 일체감을 갖지 않는다고 응답했다. 이는 가장 나이 많은 집단과 극명한 대조를 이룬다. 가장 나이 많은 코호트에서는 6%만이 여타 정당을 지지한 반면 가장 젊은 코호트에서는 3분의 1이 그러했다. 게다가 주요 정당에 대해 일체감을 갖는 비교적 젊은 시민들 가운데 실제로 당원인 사람은 극히 드물었다. 전체적으로 젊은 지지자들이 나이가 많은 지지자들에 비해 정당에 대한 헌신의 강도가 약했다. 제닝스는 1970년 네덜란드 데이터에 기반한 연구에서 이렇게 결론 내렸다.

"참여에 대한 열의가 낮은 개인들은 기성 정당에게는 자연스런 잠재적 지지 대상으로, 신생 정당에게는 신규 모집 대상으로 여겨진다. 이런 식으로 그들은 체제 내의 이완된 부분, 즉 유연성을 담당하며, 새로운 조건을 맞추는 데 동원될 수 있다."[26]

위의 논의는 암시만 할 생각이었다. 그러나 세대 변화와 상습적인 투표 불참, 그리고 정당 애착심을 약화시키는 정치 환경과 같은 비면역의 재료들은, 서로 크게 다른 정당 체계에서도 변화의 원천으로 분명하게 고려되어야 할 것 같다.

1970년대의 미국 정치

뉴딜 재정렬 이전 시기의 정치와 현재의 정당정치는 분명 유사한 지점들이 있다. 그때도 지금도 [양당 가운데] 한 정당은 소수파이다. 1920년대 중반 신문과 잡지들이 민주당의 종말을 점쳤다면, 최근에는 공화당의 소멸이 예견된다. 그때나 지금이나 대중에게 주어진 선택지가 대체로 불만족스럽다는 인식이 팽배하다는 점도 같다. 1920년대처럼 정치 참여가 낮은 것도 전적으로 우연은 아니다. (우리가 투표율만 알고 있는) 초창기와 1920년과 1924년 대통령 선거에서 투표한 미국인은 전체 성인의 절반에도 못 미쳤다. [대통령 선거가 아닌] 다른 선거에서는 투표율이 훨씬 더 낮았는데, 1922년 의회 선거의 경우 전국 유권자의 36%만 투표에 참여했다.[27] 또한 1970년대 중반의 다양한 측정치들을 보면 1960년대에 상대적으로 높았던 정치 참여의 수준이 뚜렷하게 하락했음을 알 수 있다.[28] 그리고 의회 선거를 비롯한 다양한 수준의 선거뿐만 아니라 대통령 선거 투표율도 꾸준히 하락하고 있는 것 같다.[29]

분명 이민은 더 이상 중요한 요소가 아니지만, 투표율과 정당 일체감이 특히 낮은 젊은이들은 재정렬을 위해 동원할 수 있는 잠재적 집단으로 볼 수 있다. 최근 정당 충성심이 전반적으로 낮아지고 있는 현상은 더 이상 추측의 문제가 아니다. 1964년 서베이연구센터 전국 설문 조사

표본의 39%는 자신이 '강력한' 정당 충성심을 갖고 있다고 답했으며, 부동층은 23%였다. 1974년에 이 수치는 사실상 역전되었다. 38%가 부동층이었고, 26%만이 강력한 정당 충성심을 갖고 있었다.[30] 이런 변화는 대체로 1964년 이후 유권자군에 진입한 투표자들의 정당 충성심이 매우 낮기 때문이라고 볼 수 있다. 코호트 분석에 따르면, 1950년대에 투표 가능 연령에 도달한 사람들은 대체로 자신의 정당 애착심 수준을 유지한 반면, 새로운 유권자들의 대다수는 정당 충성심을 갖고 있지 않았다.[31]

정당 충성심이 약화될 때 나타날 수 있는 결과가 무엇인지는 관심과 논쟁의 대상이다. 예를 들어, 데이비드 브로더David Broder는 『정당은 끝났다』The Party's Over라는 저서에서 다소 전통적인 재정렬 시나리오를 제시했다. 그는 케빈 필립스Kevin Phillips의 '새로운 다수파 공화당' 테제와, 스캐먼Richard M. Scammon과 워텐버그Ben J. Wattenberg의 '사회적 이슈'에 기반한 친민주당 재정렬 주장을 부정하면서, 흑인과 '능동적이고 진보적인' 젊은이들, 그리고 교육 받은 기업인과 전문직 종사자들로 구성된 '정치 개혁 연합' 가설을 제시했다. 그것이 실현될 가능성을 낮게 보았는지, 그는 남부인, 흑인, 북부 백인 노동계급, 최근 투표권을 획득한 젊은이들로 구성된 인민주의 연합을 또 다른 가설로 제시했다.[32] 필립스는 가장 최근에 출간한 저서에서 후기 산업 시대에 걸맞은 분류를 기초로 재정렬을 설명했는데, 여기서는 기술 전문가, 지식 중개인, 정부 관료가 그들의 정치적 '고객'이라 할 빈곤층과 연합해 중산층 납세자들에게 대항하는 구도가 그려져 있다.[33]

동원 이론의 관점에서 판단해 보면, 이런 대안들 가운데 어떤 것도 실현될 것 같지는 않다. 우리가 상상할 수 있는 정당 체계의 변화는 대부분 어느 정도 익숙한 재정렬 이슈를 기반으로 한다. 즉 과거 미국 정치에서 중요했던 경제·종교·민족 균열들은 앞으로도 계속 중요할 것이다. 그렇다면 앞에서 말한 새로운 지지 연합들이 실현되기 위해서는, 정당 충성심이 상대적으로 확고한 집단들을 그들의 정당으로부터 떼어 내야 한다. 그러나 재정렬이 전향이 아닌 동원에 의한 것이라면 새로운 다수파는 상당 정도로 비면역 유권자들, 청년들로부터 창출되어야 한다. 나아가 이들 비면역 유권자는 재정렬을 만들어 내거나, 재정렬에 의해 만들어진 갈등선의 변화에 어느 정도 일관되게 반응해야 한다. 이들을 정치체제 속으로 동원할 새로운 의제는 그들에게 강력하고도 구체적인 호소력을 발휘해야 한다. 1920년대를 돌이켜보며 당시 정당 체계 밖에 있던 집단들(즉 도시 대중, 노동계급, 이민자들, 청년들)이 누구인지, 특히 1929년 이후 그늘을 민주당으로 이끌었던 공동의 이익이 무엇인지를 규명하는 일은 쉽다. 그러나 '세계 최대의 소수파'[투표 불참자]의 일부만이라도 선거에 온전히 참여하도록 동원할 수 있는 이슈가 무엇인지를 예견하기란 훨씬 어려울 것이다.[34]

그것은 사후에 판단하는 것이 예측하는 것보다 훨씬 쉽기 때문이기도 하지만, 1920년대의 비면역 유권자들은 전통적인 경제적·민족적 범주 속에서 고려될 수 있었기 때문이다. 현재 비면역 유권자들 간의 동질성은 (전통적인 차원이 아니라) 예전에는 정당 균열의 지속적 기반이 아니었던 연령 차원을 따르고 있다. 잉글하트는 후기 산업 세대는 새로운 비물질적 가치 선호를 가지며, 이런 가치를 옹호하는 사람들은 젊은이들과 부유층이고, 미래의 정치 연합은 실제로 통상적인 계급 균열보다 연령과 '탈부르주아적 사고방식'을 토대로 형성될 수 있다고 주장한다.[35] 이는 동원을 바탕으로 재정렬이 이루어진다면, 그것을 만들어 내는 이

슈는 경제적인 것보다는 '생활 스타일'과 관련된 것일 가능성이 높음을
시사한다.

그러나 (우리가 주목하고 있는 현상인) 재정렬은 선거와 정당 변동에서
나타날 수 있는 결과 가운데 하나일 뿐이라는 점을 염두에 둬야 한다.
또 다른 가능성은 현재의 정당 균열이 지속되는 것인데, 이는 선드퀴스
트가 예견한 것이다. 세 번째 가능성은 정당 체계가 계속 부식되는 것이
다. 번햄은 이렇게 주장했다.

> 1952년 이후 정당 지지의 해체 흐름이 재개되면서 사람들은 다음의 가능
> 성을 의심하기 시작했다. 적어도 역사적으로 미국인의 투표 행태를 살펴볼
> 때, 뉴딜은 언젠가는 정당이 소멸해 가는 흐름에서 일시적이나마 크게 벗
> 어난 사례로 여기게 될 수도 있다.[36]

래드와 해들리Charles D. Hadley도 최근 저서에서 유사한 결론에 도달
했다. 대중 매체의 확산이 정당의 소통 기능과 교육 기능을 빼앗아 간
상황에 대해 그들은 이렇게 질문했다.

> 대중의 상당수가 과거에 비해 정당의 관여 없이도 누구에게 투표할지를 결
> 정하는 데 더 큰 확신을 갖고 있다면, 그리고 의사소통 기능에서 정당의 역
> 할이 꾸준히 줄어들었다면, 정당에 대한 시민들의 충성심 내지 애착심이
> 줄어든 것이 그렇게 놀라운 일일까?[37]

이런 해체가 바람직한지 아닌지는 논쟁의 여지가 있다. 래드와 해
들리는 긍정적이고, 번햄은 부정적이다. 그러나 현재 설문 조사에서 정

당 선호를 밝히고 싶지 않은 상태를 의미하는 '무당파성'independence을 실제로 '비면역'과 같은 것으로 볼 수 있는가라는 의문이 제기된다. 무당파성이 정당 일체감과 다수의 심리적 특성을 공유하는 것도 얼마든지 가능할 것 같다. 일례로 젊고 교육 수준이 높은 사람들은 정당에 대한 부정적 감정의 산물로서가 아니라, 무당파성 자체에 대해 긍정적 확신을 형성할 수도 있다. 벡은, 30세를 기준으로 그보다 나이가 많은 사람들은 더 이상 동원될 가능성이 없다고 주장함으로써 이를 간접적으로 뒷받침한다.[38] 벡의 주장은 다소 자의적이기는 하지만 모든 습관적 행태는, 즉 그것이 투표하지 **않거나** 정당을 지지하지 **않는** 것이라 해도 시간이 흐르면 변하기 어려워진다는 사실을 일깨워 준다. 그리고 미국 정치에서 정당의 역할이 계속 약화된다면, 현재의 '비면역' 유권자들이 전통적인 정당 충성심과 반대 방향으로 '면역되는' 일도 얼마든지 가능할 것 같다.

옮긴이 해제

민주주의에서 다수파가 되는 방법에 대하여

왜 뉴딜인가?

진보를 표방한 세력이 다수파를 형성해 사회를 바꾼 대표적인 사례가 미국의 뉴딜 개혁과 유럽의 복지국가다. 지금은 미국이 보통 사람들이 살기 힘든 사회로 전락했지만 루스벨트에 의해 시작된 뉴딜이 트루먼 대통령의 스퀘어딜square deal, 존슨 대통령의 '위대한 사회'great society로 이어질 때까지만 해도 나쁘지 않았다. 유럽의 복지국가 모델이 더 한층 진화한 것에 비하면 부족하지만 그런대로 괜찮았다.

뉴딜이나 복지국가를 만들어 낸 힘은 정치, 즉 진보의 유능한 정치다. 미국의 리버럴liberals이든 유럽의 사민주의자들이든 처음부터 명확한 구상을 가지고 있었던 건 아니다. 혁명이 아니라 정치를 통해 세상을 바꾸는 것이 가능하고, 그것은 사회경제적 약자를 중심으로 유권자의 다수를 지지 세력으로 규합할 수 있을 때 가능하다는 사실에서 시작한 담대한 도전이었다. 그 도전은 성공적으로 완수됐다. 우리에게 필요한 것은 그들이 어떻게 성공했는지 그 이유다. 앤더슨의 책을 번역한 까닭도 바로 이 때문이다.

우리는 다수당, 다수 의석이라는 용어에 익숙하다. 의회 다수 의석을 획득한다고 해서, 한 선거에서 다수 득표를 한다고 해서 그 정당을 다수파majority라고 부를 수는 없다. 명실 공히 정당 일체감, 정당-유권자 정렬, 의회에서의 의석 수, 선거에서의 득표율 등을 종합해서 특정 정당이 안정적인 우위를 누릴 때 비로소 다수파라는 용어를 사용할 수 있다. 이 개념도 더 정확하게는 다수 연합majority coalition이라고 불러야 한다. 유권자는 다양한 계층·지역·집단·이념·세대·종교 등으로 구성되기 때문에 다수가 되기 위해서는 연합이 불가피하다. 의회 의석의 관점이 아니라 정당-유권자 간의 정렬을 기준으로 하는 다수 연합이라는 용어가 정당의 전략적 대응을 더 부각시킬 수 있는 장점이 있다.

한국에서 빈번히 인용되지만 늘 오해되고 있는 단어가 바로 '뉴딜'이다. 최근 등장한 '도시 재생 뉴딜 사업'이라는 용어에서 볼 수 있듯이 '뉴딜'은 공공 근로를 통한 대규모 공익사업으로 이해되곤 한다. 심지어 정부 주도의 대규모 토건 사업과 등치되기도 한다. 그러나 뉴딜은 진보를 표방한 정치 세력이 다수 연합을 형성하는 데 성공하고, 그 결과 큰 변화를 이루어 낸 정치 전략이자 기획으로 이해되어야 한다. 그래야 정치의 변혁적 힘, 전략의 위대한 효용을 체감할 수 있다. 민주주의는 정치를 통해 세상을 바꾸는 것이기 때문이다.

뉴딜이 우리 정치·행정에서 널리 애용되면서도 그만큼 오용되는 현실은 대한민국 진보 정치 세력의 무능과 밀접하게 연관되어 있다. 우리의 진보는 제도 정치를 통한 사회 변화를 지나치게 등한시하거나 부차적인 것으로 간주하는 '위험한 편견'을 갖고 있다. 이런 편견에다 사회민주주의자들의 복지국가 건설, 뉴딜 개혁에 의한 사회 변화의 핵심을 이해하지 못하는 무지까지 더해져 우리의 진보는 정치적 무능에 빠져들기 쉽다. 이는 집권 시에 더 크게 드러난다.

집권한 진보가 해야 할 일은 권력과 예산으로 뒷받침되는 정책을 통해 사회경제적 약자들의 삶을 개선하고, 그들이 진보의 정치적 기반이 될 수 있도록 결속하는 한편, 새로운 갈등·균열 또는 프레임을 설정해 정치사회적 질서를 재편함으로써 다수 연합을 구축하는 것이다. 이 땅의 진보는 이런 일에 약하다. 대규모 공공사업을 통해 실업자를 구제하는 것으로 뉴딜을 받아들이는 수준의 이해로는 결코 정치를 통해 세상을 바꿀 수 없다.

민주주의는 정치를 통해 세상을 바꾸는 것이다. 또 샤츠슈나이더의 말마따나 "정치의 심장은 전략이다"(Schattschneider 1957, 933). 뉴딜은 개혁 성공을 위한 정치 전략이다. 뉴딜의 실체를 온전하게 파악함으로써 우리는 정치의 가치와 전략의 힘을 제대로 구현할 수 있다. 뉴딜에 대한 올바른 이해는 우리의 진보가 정치적 무능에서 벗어나기 위해 필요한 지적 각성제다.

국민 우대 패러다임으로의 전환

'뉴딜'을 말 그대로 번역하면 '새로운 거래', '새로운 조치'로 번역된다. 그렇다면 1932년 민주당 시카고 전당대회에서 루스벨트가 대선 후보 수락 연설을 통해 밝힌 뉴딜의 뜻은 무엇일까? 루스벨트는 전당대회에서 이렇게 말했다. "저는 여러분에게 미국 시민들을 위한 뉴딜을 약속합니다. 여기 모인 우리 모두는 권능과 용기의 새로운 질서를 만드는 선도자들입니다. …… 저를 도와주십시오. 단지 표를 더 얻기 위해서가 아니라 이 나라를 주인에게 돌려주는 개혁에 승리하기 위해서 말입니다."

문맥상 루스벨트가 말하고자 하는 바는 국민을 나라의 주인으로 새롭게 대우하겠다는 뜻이다.

이해를 돕기 위해 역사적 맥락을 살펴보자. 이른바 '1896년 체제'를 통해 공화당은 1896년 대선부터 1928년 대선에서 허버트 후버의 당선까지 30여 년 동안 우위를 누렸다. 중간에 민주당의 우드로 윌슨이 1913~21년 동안 집권하긴 했지만 공화당의 분열에 따른 어부지리였을 뿐이다.

'1896년 체제'는 어떻게 등장했을까? 1896년 체계는 1880년대 미국 중서부와 남부를 휩쓴 급진적 농민운동에 대해 기성 정치권이 대응하는 과정에서 형성됐다. 농민운동의 기세에 놀란 공화당, 민주당의 보수파들은 지역주의sectionalism로 대응했고, '산업 대 농업', '독점 대 반독점' 간 갈등은 '남부 대 북부 간의 갈등'으로 대체됐다. 그 결과 민주당이 남부를, 공화당이 동북부를 일당 지배하는 지역 분할의 정당 체제가 수립됐다. 전국적으론 인구상 우위를 바탕으로 공화당의 승리가 따 논 당상이었던 체제였다. "공화당이 분열되었던 1912년(및 1916년) 선거에서 우드로 윌슨에게 패배한 것을 제외하면, 공화당 우위의 체제가 지속되었다. 남부의 민주당 보수파들은 전국적 선거의 승리를 포기한 채, 지역주의에 의지하여 남부에 대한 확고한 지배를 구축했다. 이로 인해 흑인과 백인 빈곤층의 이익은 철저히 배제되었다"(백창재·정하용 2016, 13).

전체 노동자의 약 25%가 실업 상태였어도 후버 대통령은 정부의 개입을 반대했다. 1931년 후버는 이렇게 말했다. "정부의 유일한 기능은 기업 발전에 유리한 상황을 조성하는 것이다"(슐레진저 1993, 319). 실업을 개인의 노력으로 극복해야 할 과제로 인식하기에 대규모의 실업이 발생해도 정부가 개입할 수도 없고, 해서도 안 된다는 것이었다. 후버 대통령뿐만 아니라 역대 공화당 정부는 기업이 먼저였고, 국민은 뒷전이었다. 그들에게 자본주의는 기업주의였다.

그러나 민주당의 루스벨트는 달랐다. 기업보다 국민이 먼저였다. 이에 대해 케네스 데이비스Kenneth C. Davis는 뉴딜이 미국의 독립(1777년)과 링컨의 대선 승리(1860년)에 버금가는 '미국사의 일대 전환점'이라고 평가했다(데이비스 2004). "그것은 일부 국민에게 영향을 미치는 작은 연방 정부를 국민의 삶 곳곳에 영향을 미치는 거대한 정부로 변모시킨 일대 혁명이었다. 긍정적이든 부정적이든 루스벨트는 미국인들의 삶 속에 유례가 없을 만큼 깊숙이 연방 정부를 침투시켰다. 개인이나 민간경제에 정부가 그토록 광범위한 영향력을 행사한다는 것은 예전이라면 꿈도 꿀 수 없는 일이었다"(데이비스 2004, 409).

이렇게 보면 뉴딜은 정부가 국민을 대하는 태도의 변화를 뜻한다. 국민이 어떻게 살든 그건 개인의 몫이라는 국민 홀대의 패러다임에서 벗어나 정부가 국민 삶을 책임져야 한다는 국민 우대의 패러다임으로 전환한 것이다. 쉽게 말해 정부가 이제 국민을 주권자로 온당하게 대접하겠다는 의미다. '딜'deal이라는 단어는 대우, 취급의 뜻으로도 사용된다. 루스벨트가 수락 연설에서 특별한 프로그램이나 계획을 제시하지 않은 채 뉴딜이란 단어만 언급한 까닭도 새 정부는 구정부와 달리 국민을 새롭게 대우하겠다는 관점의 전환을 선언하기 위해서였다.

"모든 사람에게 용기를 심어 준 이 실험, 뉴딜은 하나의 정치적 주장이요 입장이었을 뿐, 결코 사전 연구를 거친 하나의 확고한 계획이 아니었다. 워싱턴에 도착한 대통령에게는 그 어떤 분명한 계획도 없었다. 뉴딜이 사전에 기획된 어떤 독트린에 상응한다는 생각은 웃기는 얘기다. 그 원칙은 다만, 공동체의 모든 정치권력을 한 가지 목표, 국민들의 삶을 보다 나아지게 만드는 목표에 집중된 것이었다"(멘도자 2003, 45).

공화당과 민주당의 관점 차이를 상징하는 좋은 사례가 있다. 1924년 미국 의회는 퇴역한 군인들의 처우와 관련된 법안을 통과시켰다. 제1차 세계대전에 참전했던 퇴역 군인들에게 1인당 1천 달러, 총 24억 달러의 보너스를 지급하되, 그 지급 시기를 1945년부터 한다는 내용이었다. 그런데 대공황이 터져 먹고살기 힘들어지자 퇴역 군인들이 당장 보너스를 지급해 달라고 들고 일어났다. 하원은 동의했지만 상원이 거부하는 바람에 이 요청은 결국 무산됐다.

분노한 퇴역 군인들이 1932년 워싱턴으로 밀어닥쳤다. 그 수가 3만 명에 육박했다. '보너스 원정대'Bonus Expeditionary Force라 불린 이들은 백악관 앞의 버려진 건물들을 무단 점거하고, 강변에서 야영을 했다. 후버 대통령은 군대를 동원해 이들을 강제 해산시켰다. 더글러스 맥아더 장군이 보병과 기병 각각 4개 중대, 전차 6대 등이 동원된 해산 작전을 지휘했다. 1백여 명의 사상자가 발생했고, 심지어 무자비한 최루탄 살포로 아기 2명이 질식사하는 참극이 벌어지기도 했다.

루스벨트 대통령은 1933년 5월 워싱턴으로 돌아온 보너스 원정대에게 식사를 제공하고, 아내 엘리너 루스벨트를 보내 그들을 보살피도록 했다. 엘리너는 이들과 어울려 노래도 같이 부르는 등 시종일관 따뜻하게 대했다. 그래서 이런 말이 생겨났다고 한다. "후버는 군대를 보냈고, 루스벨트는 아내를 보냈다"(데이비스 2004, 405). 이처럼 후버와 루스벨트는 국민을 대하는 태도가 달라도 너무 달랐다.

뉴딜의 본래적 의미는 정부가 적극 나서서 대공황의 피해를 가장 크게 입은 사회경제적 약자들, 루스벨트 대통령의 표현으로는 '잊힌 사람'forgotten man들을 구호한 것이다. 그간 정부 정책의 대상에서 잊힌 채로 배제 당하던 사람들에게 정부가 구원의 손길을 내밀었다는 점이 핵심이다. 경제 패러다임으로 보면 케인스 경제학과 같은 맥락이고, 정부의 역할로 보면 유럽의 복지국가에서 말하는 것과 크게 다르지 않다. 사실 뉴딜은 미국 복지국가의 시작이었다.

뉴딜의 또 다른 핵심이 있다. 바로 소수당이 우연한 계기에 의해 집권한 후 정부 정책을 통해 다수당으로 거듭나는 데 성공한 정치 전략의 측면이다. 샤츠슈나이더가 자신의 책 『절반의 인민주권』에서 잘 기술하듯이, 대공황이 도래할 즈음 미국 민주당은 존재감이 별로 없었다(샤츠슈나이더 2008). 남부라는 지역에 고착된 소수 정당, 만년 야당으로서의 신세를 면치 못하고 있었던 것이다. 1896년 대선부터 대공황까지 미국 정치는 공화당이 권력을 독점하고 있었다. 앞서 언급한 대로, 공화당이 야당으로 지낸 시기는 보수 후보가 분열해서 민주당의 윌슨에게 패한 이후 8년간이 전부였다.

이때의 민주당은 '비참할 정도로 약화'됐을 뿐만 아니라 '한 세대에 걸쳐 전국적 야당이 될 가능성'이 파괴된 정당이었다. 다수파나 전국 정당을 꿈꾸는 것조차 어려운 소수파, 지역 정당이었다는 얘기다. "정당이 자신에게 주어진 새로운 책무를 수행한다는 측면에서 봤을 때, 프랭클린 루스벨트가 대통령으로 취임할 당시의 민주당만큼 준비가 덜된 정당도 없었을 것이다"(샤츠슈나이더 2008, 150).

그런 민주당이 아무런 준비 없이 대공황을 계기로 운 좋게 대선에서 승리했음에도 불구하고 집권 후 권력을 통해 어떻게 다수파로 변신하는 데 성공하고, 그 이후로부터 데이비드 플롯케David Plotke가 '민주당 우위의 정치 질서'Democratic political order라고 부를 정도의 30여 년간 민주당 전성시대를 열었는지에 대해 우리는 별로 주목하지 않는다(Plotke 2006). 민주당 우위의 정치 질서를 지탱한 동력을 뉴딜 연합New Deal coalition이라고 부른다. 진보를 표방한 우리의 정당이나 세력은 소수파였던 미국의 민주당이 어떻게 뉴딜 연합, 즉 진보 다수 연합을 만들어 냈는지 살펴보고 교훈을 얻어야 한다.

루스벨트의 두려움 없는 개혁, 국민이 승인하다

1932년 선거에서 민주당은 압승했다. 대선 후보 루스벨트는 공화당의 후버 대통령에 맞서 일반투표에서 57.4%(2282만 표) 대 39.7%(1576만 표), 선거인단 수에서 472 대 59로 승리했다. 하원에서 의석을 97석 늘려 313석이었고, 공화당은 101석을 잃어 117석에 불과했다. 그 외 농민노동당이 4석을 늘려 5석을 차지했다. 상원에선 민주당이 12석을 늘려 59석을 차지했고, 공화당은 12석을 잃어 36석이었으며, 농민노동당이 1석이었다. 의회에서의 압도적 우위를 바탕으로 루스벨트는 뉴딜 정책을 실험적으로 두려움 없이 밀어붙였다.

뉴딜 정책은 3R로 정리할 수 있다. 구호Relief는 실업자와 빈곤층을 구호하는 사업을 뜻한다. 회복Recovery은 재정 지출을 통한 수요 진작 등 경기회복 및 경제 정상화를 뜻한다. 마지막으로 개혁Reform은 정부가 규제를 통해 시장의 모순을 시정하고, 사회경제적 불평등과 불균형을 개선하는 정책을 말한다. 요컨대, 우선 급한 대로 정부가 나서서 힘든 사람들을 돕고, 경제를 다시 살리며, 새로운 질서를 창출하자는 정책이었다.

뉴딜 정책은 1934년 중간선거 전까지 실시했던 1차 뉴딜과 그 이후 1936년 8월까지 이어졌던 2차 뉴딜로 나뉜다. 1차 뉴딜은 은행 휴가, 〈긴급은행법〉, 〈글래스-스티걸 법〉, 〈증권공시법〉, 〈증권거래법〉 등을 통해 은행 파산을 수습하고 금융 제도를 개혁했다. 〈글래스-스티걸 법〉에 따라 5천 달러 이하의 예금을 정부가 지급 보증함으로써 은행 파산을 진정시키기 위해 연방예금보험공사FDIC가 발족했다.

또 〈연방긴급구제법〉, 시민자원보존단CCC, 공공토목사업청CWA, 주택대부공사 설치 등을 통해 실업자를 구제했다. 시민자원보존단은 18~25세의 청년 160만 명에게 식목과 청소 등 자원 보조 관계 일자리를 제공했다. 공공토목사업청은 도로, 다리, 학교, 공원 등 대규모 사회간접자본 구축 사업을 통해 일자리를 창출하는 것으로 연간 약 4백만 명이 참여했다. 〈농업조정법〉AAA을 통해 농업경제를 활성화하고자 했고, 테네시계곡개발공사TVA를 설립해 지역개발에 나섰다. 테네시계곡개발공사는 논란을 야기했는데, 연방이 주도해서 전력의 생산은 물론이고 댐 건설, 비료의 생산·판매, 휴양지 개발 등을 하는 것이 정부가 민간 분야에 끼어드는 사회주의 정책이라는 비판 때문이었다.

루스벨트는 연방긴급구제국FERA을 설치해 극빈층을 대상으로 5억 달러의 구제 기금을 풀었다. 연방 복지 제도의 시작이라고 평가되는 조치다. 1차 뉴딜에서 가장 큰 반발에 직면했던 사안이 〈전국산업부흥법〉NIRA을 제정해 노사정 협력을 통한 산업 활동 회복을 시도한 것이었다. 이 법은 노동자의 단결권과 단체교섭권을 보장하는 등 노동조합의 설립을 장려하고, 임금 인상과 노동시간 단축을 도모하고, 아동노동을 금지했다.

그 결과 어느 개혁이나 그렇듯, 1차 뉴딜 정책을 둘러싼 갈등이 점점 커져 갔다. 무엇보다 재계의 반발이 거셌고, 야당인 공화당도 팔을 걷어붙이고 나섰다. 이런 상황에서 치러진 1934년 11월의 중간선거는 뉴딜에 대한 중간평가의 성격을 띨 수밖에 없었다. 이 선거에서 민주당은 하원 의석을 9석 늘려 322석을 차지했고, 공화당은 14석을 잃어 103석이 됐다. 이 밖에 진보당이 7석, 농민노동당이 3석을 차지했다. 상원에서는 민주당이 9석을 늘렸고, 공화당이 10석을 잃었다. 뉴딜의 국민적 승인이었다.

중간선거에서 민심의 소재가 어디에 있는지 확인됐음에도 불구하고 보수 세력의 저항은 더 거세졌다. 이번에는 보수의 마지막 보루로 남아 있던 대법원이 나섰다. 1935년 1월, 대법원은 1차 뉴딜 정책의 핵심이라 할 수 있는 〈전국산업부흥법〉을 위헌이라고 판결했다. 이를 필두로 여러 뉴딜 법안에 대한 위헌 조치가 잇따랐으며, "모두 11개의 뉴딜 법령들이 폐지되었다"(강준만 2010, 172; 프리드먼 1992, 156). 경제활동에 대한 국가의 간섭과 삼권분립을 넘어서는 행정부의 권한 확대 등이 위헌 판결의 이유였다. 루스벨트 이전의 공화당 장기 집권 때문에 연방 대법관 9명 중 7명이 공화당 대통령이 임명한 사람들이라 보수의 정면 도전이라 말할 수 있는 일대 반격이었다.

교착 상황에서 루스벨트는 더 강한 개혁을 '전략적으로' 선택했다. 2차 뉴딜은 개혁에 방점이 찍혔다. 명실공히 미국 사회를 바꾸려는 정치 전략하에 진짜 개혁 정책들이 추진됐다. 키워드는 노동과 복지였다. 루스벨트의 자문 그룹 '브레인트러스트'의 책임자이던 레이먼드 몰리 Raymond Moley에 따르면, 루스벨트도 이를 정확하게 인식하고 있었다. "(루스벨트는) 〈와그너법〉의 혜택과 힘을 통해 노동자 표를 굳건히 하고, 실업수당과 노령 연금을 제공하고, 풍부한 구호 자금을 진취적으로 집행하며, 각종 연설을 통해 계급에 호소함으로써 북부 대도시 지역의 거대한 대중들의 확고한 지지를 얻을 수 있다는 사실을 알고 있었다"(Brewer and Stonecash 2009, 77).

2차 뉴딜은 무엇보다 먼저 1935년 5월 행정명령으로 공공사업진흥청WPA을 설립했다. 대통령이 깊이 신뢰하는 해리 홉킨스Harry Hopkins의 지휘 아래 공공사업진흥청은 병원, 학교 등을 신축·재건(11만 개)하고, 도로(50만 마일)와 다리(10만 개), 공항(6백 개) 등을 건설했다. 공공사업진흥청의 1935년 예산만 49억 달러로 전체 국민총생산GNP의 6.7%에 달하는 것이었고, 공공사업진흥청은 각종 프로그램으로 9년 간 850만 명을 고용했다. 이것과 1차 때의 〈농업조정법〉이나 테네시계곡개발공사 때문에 지금까지도 뉴딜의 핵심이 마치 공공 근로나 대규모 토목 사업인 것으로 오해 받는다.

공공사업진흥청은 문화 예술 활동도 지원했다. "공공사업진흥청 예산의 7%는 1억5천만 명 이상의 관객을 대상으로 22만5천 건의 콘서트, 47만5천 점의 미술품 창작 활동을 지원하는 예술 사업에 쓰여 수천 명의 음악가, 작가, 화가들에게 일거리를 제공했다"(강준만 2010, 172). 긴급주택국을 통해 공공 주택에 대한 연방 정부의 지원을 개시했고, 전국 청년청을 통해 고등학생 및 대학생에게 일자리와 장학금을 제공했다.

2차 뉴딜의 백미는 법안을 주도한 민주당 소속 상원의원 로버트 와그너Robert F. Wagner의 이름을 따서 〈와그너법〉으로 불리는 〈전국노동관계법〉의 제정이다. 1935년 7월에 제정된 이 법은 노동자의 단체교섭권 보장과 사용자의 부당노동행위 금지 조항을 담았고, 이들 규정을 강제할 수 있는 전국노사관계위원회NLRB를 설치했다. 이 법을 통해 노조 조직률이 급격히 상승하는 등 노동 세력이 강력한 정치 세력으로 등장할 수 있었고, 이들은 루스벨트의 뉴딜 개혁을 뒷받침하는 조직적 기반이 되었다. 이로써 뉴딜은 친노동의 노선을 분명히 한 셈이었다.

또 하나의 관건적 뉴딜 개혁 조치는 1935년 8월에 제정된 〈사회보장법〉Social Security Act으로, 전체 뉴딜 중 가장 지속적으로 영향력을 발휘하게 된 법률이다. 노령연금과 실업보험의 도입 등 사회보험, 빈민과 장애인 그리고 편모 가정 등에 대한 지원을 담은 공적 부조를 골자로 한다. 이 법에 의해 미국은 비로소 복지국가로 진입할 수 있었다. "뉴딜은 이전까지의 반국가적 자유주의와 결별하고, 그 대신 사민주의적 국가 개입을 부분적으로 도입하는 것"이었다(강명세 2008, 255).

2차 뉴딜은 조세개혁도 추진했다. 먼저 부유세Wealth Tax를 도입해, 5백만 달러 이상의 소득에 대해 79%의 최고 소득세율을 부과했다. 그런데 이 법의 적용 대상은 한 명뿐이었다. 스탠더드 오일의 록펠러가 그 주인공인데, 사실 세수 증대의 목적보다는 선거용 정치적 제스처였다. 당시 루이지애나 주지사를 지낸 휴이 롱Huey P. Long이 폭발적 카리스마와 능숙한 언론플레이를 통해 진보 진영에서 루스벨트의 강력한 경쟁자로 등장하자 이 흐름을 차단하기 위한 조치였다는 점을 루스벨트도 인정했다.

1936년 대선에서 루스벨트는 당시까지의 선거 역사상 가장 큰 득표로 재선에 성공했다. 루스벨트는 일반투표에서 60.8%를 얻었고 선거인단은 523표를 획득했다. 공화당의 랜든 후보Alfred M. Landon는 일반투표에서 36.5%를 얻었고 선거인단에서는 겨우 8표를 얻는 데 그쳤다. 루스벨트에게는 1932년보다 더 큰 압승이었다. 1932년 대선이 대공황에 따른 '주어진' 승리 또는 상황의 승리였다면, 1936년 선거는 뉴딜 개혁에 의해 '만들어 낸' 승리 또는 전략의 승리였다. 1932년 선거가 대공황에 따른 이탈 선거deviating election였다면, 1936년 선거는 재정렬 선거, 즉 뉴딜 연합이 완벽하게 자리 잡는 중대 선거였다.

의회 선거에서도 민주당이 승리했다. 하원 선거에서 민주당은 12석을 추가해 334석이 되었고, 공화당은 15석을 잃어 88석에 머물렀다. 진보당은 1석을 늘려 8석, 농민노동당은 2석을 늘려 5석이 됐다. 상원 선거에서는 민주당이 5석을 더 얻어 76석이 되었고, 공화당은 6석을 빼앗겨 16석에 그쳤다. 진보당은 1석을 유지했고, 농민노동당이 1석을 추가해 2석이 됐다. 민주당은 확실한 다수파로 자리매김했고, 공화당은 완벽하게 소수파로 전락했다.

'잊힌 사람들'로 이뤄 낸 30년 승리 연합

뉴딜 개혁의 심장은 뉴딜 연합이다. 뉴딜 연합을 창출하는 데 성공함으로써 루스벨트 대통령과 민주당, 즉 진보 세력은 다수파가 되었다. 그것도 30여 년 동안 지속된 안정적 진보 다수 연합을 구축했다. 민주당은 뉴딜 연합으로 인해 1932년 대선부터 1968년 대선까지 10번의 대통령 선거에서 7번 승리했다. 의회에서는 언제나 다수당이었다.

정당은 자신들이 중요하다고 여기고 자신들에게 유리한 갈등·균열을 동원해 유권자들을 나누어, 다수의 지지를 획득하는 역할을 한다. 따라서 정당 간의 경쟁은 갈등의 프레임을 설정하고, 이슈를 정의하는 데서 성패가 결정 난다고 해도 과언이 아니다. "사실상 대안을 정의하는 것이야말로 최고의 권력 수단이다. 어떻게 정의할 것이냐 하는 문제에는 권력이 수반되기 때문에 경쟁자들이 무엇을 이슈로 정할 것인지에 대해

동의하는 경우는 매우 드물다. 정치가 무엇에 관한 것이냐를 결정하는 사람이 나라를 운영한다. 왜냐하면 대안의 정의는 갈등의 선택을 의미하고, 갈등의 선택이 권력을 배분하기 때문이다"(샤츠슈나이더 2008, 123).

따라서 우리가 관심을 가져야 할 것은 대공황이라는 예외적 위기 상황을 루스벨트 대통령과 민주당을 비롯한 진보 세력이 어떻게 다수파 형성의 계기로 잘 활용했느냐 하는 점이다. "1920년대 미국의 민주당과 공화당의 정치 노선과 지지 기반을 비교해 보면 양자의 계급적 차이는 실질적으로 존재하지 않았다"(이삼성 1999, 176). 이런 양당이 대공황을 기점으로 차별화되기 시작한다. 정책적으로 서로 다른 대응을 하게 된 것이다.

민주당에게 1932년 대선 승리는 우연이었다. 대공황을 초래한 공화당, 대공황의 폐해를 방치하는 공화당에 대한 응징 때문에, 준비되지 않은 민주당이 집권할 수 있었다. "1929년과 그 후에 태동하기 시작한 정치적 혁명은 대공황이라는 단 하나의 파국적 사태의 소산이었다. 이 사태가 나라를 양분했던 것이다"(Sundquist 1983, 198).

그러나 민주당은 이 우연의 승리를 다수파 형성의 계기로 잘 활용했다. 다시 말해, 공화당에 대한 혐오감에 편승해 윌슨 시기처럼 잠깐 집권하는 것에 머물지 않고 새로운 사회경제적 노선으로 정치 질서를 재편하는 데 성공했다. 지역을 중심으로 한 기존의 갈등을 노동·복지 정책을 중심으로 하는 사회경제적 갈등으로 대체한 덕분이다. "갈등의 대체는 가장 파괴적인 정치 전략이다"(샤츠슈나이더 2008, 131).

1896년 시스템은 루스벨트와 민주당의 갈등 대체 전략에 의해 뉴딜 시스템으로 바뀌었다. "이 시기에 민주당이 내세운 정강, 정책은 이전과 확연히 달랐고 공화당의 정강, 정책과도 뚜렷이 구분되었다. 국가의 시장 개입과 정부의 역할, 농업정책, 노동정책, 기업 규제 정책, 사회복지 정책 및 외교정책에 이르기까지 민주당의 정책은 진보적 방향으로 크게 변화했던 것이다. 이런 정책들이 대공황기의 유권자들로부터 민주당에 대한 지지를 동원할 수 있었고, 그 결과 남부를 제외한 모든 지역에서 민주당은 부활했다. 남부 지역은 여전히 지역주의에 의해 민주당 일당 체제였으므로, 뉴딜 정당 체제에서 민주당은 확고한 우위를 장악할 수 있었다. 이와 같이 비남부 지역에서 정당 경쟁이 전국화nationalization 된 것은 민주당이 뉴딜 이슈로 낡은 지역주의 갈등을 대체하는 데 성공해 뉴딜 갈등이 전국화될 수 있었기 때문이다"(백창재·정하용 2016, 14).

사실 뉴딜 연합의 결성은 민주당이 펼쳐 온 오랜 노력의 결실이었다. 소수파의 처지에서 벗어나지 못하던 민주당은 1920년대 후반부터 다수파가 되기 위한 집권 전략을 고민하기 시작했다. 그들이 주목한 것은 북부 도시였다. 산업화에 따라 도시에 거주하는 노동자의 비중이 점점 커졌으며, 미국 경제가 호황을 누리자 유럽의 여러 나라로부터 들어온 이민자들도 먹고살기 위해 도시에 자리를 잡았다. 결국 이들 도시에 거주하는 노동자와 빈곤층이 대거 늘어나게 됐는데, 민주당은 이들을 공략하고자 했다. 이렇게 해서 북부의 노동자(계층)를 잡으면 기왕에 장악하고 있던 남부(지역)에 더해 다수 연합을 형성할 수 있다는 전략이었다. 1928년 대선에서 민주당이 가톨릭과 이민자들의 호응을 얻기 위해 아일랜드 출신 이민자의 후손이자 가톨릭 신자인 앨 스미스를 공천한 것도 이 전략 때문이었다.

뉴딜 연합은 대공황의 폐해를 가장 많이 보고 있는 사회경제적 약자들, '잊힌 사람들'의 삶을 보살피는 정책들을 통해 이들의 안정적 지지를 얻음으로써 만들어졌다. 정치 기획의 산물이라는 얘기다. "민주당의 지지 기반을 장기간 지속될 수 있는 승리 연합으로 재편하려는 정치적 계산에 따라 수립되었던 것으로, 경제적 진보와 보수의 균열을 전면에 내세웠던 것이다. 대표적으로, 〈사회보장법〉을 통해 고령자와 은퇴자, 장애인들에게 연금 혜택을 제공했고, 〈와그너법〉에 의해 노조 결성과 단체교섭을 보장했으며, 세제 개혁으로 부유층의 재산세와 소득세를 대폭 인상했다"(백창제·정하용 2016, 17).

뉴딜 연합을 구성하는 사람들은 누구인가? "1930년대 이후 민주당 우위의 정당 체계를 가능하게 했던 뉴딜 연합은 북부의 백인 노동자(특히 노조원), 가톨릭교도, 남부의 백인, 유대교도, 흑인 유권자 등으로 이루어졌으며, 이 중에서도 북부의 백인 노동자와 남부의 백인이 핵심을 구성하고 있어 뉴딜 정당 체계가 본격적으로 변화되기 이전인 1960년대 초까지 뉴딜 연합의 핵심을 이루는 두 집단이 각각 민주당 지지자의 대략 1/3씩을 점하고 있었다"(정진민 1999, 255).

흔히 '리버럴'로 불리는 진보주의 그룹의 참여도 중요하다. "뉴딜 연합은 노동자, 중산층 자유주의자, 남부 백인 농민, 흑인 등 소수 인종을 핵심 4개 축으로 하고 있다. 이들 중 노동자와 남부 백인 농민, 흑인 등 3개 집단은 당시 빈민층으로 뉴딜 정책의 직접적인 혜택을 받았던 세력들이었으며, 엘리트 계층이 중심이 된 자유주의자들은 뉴딜 정책의 이념을 지지하는 집단이었다"(하윤해 2004, 26). 사회적 분위기를 친뉴딜로 이끌어 가는 데 이들의 역할은 컸다.

공화당은 노예제-반노예제의 갈등 속에서 태동한 정당이다. 노예제 폐지를 주창하면서 집권까지 했고, 그로 인해 남북 간의 내전을 치른 역사적 경험 때문에 전통적으로 흑인들은 공화당을 지지했다. 공화당이 장기간 우위를 누렸던 1896년 체제에서 노동자들은 공화당 지지의 중심축이었다. 당시 민주당이 농민의 이익을 강조함에 따라, 북동부 도시지역에서 빠른 속도로 진행되던 공업화의 흐름을 공화당에게 빼앗겼기 때문이다.

대공황 이후 루스벨트와 민주당이 뉴딜을 통해 경제를 활성화시키고, 경제를 개혁하고, 실업을 구제하고, 노동조합운동을 고무시키고, 농산물 가격 안정을 추구함에 따라 북동부 도시지역의 노동자들은 민주당 지지로 돌아섰다. 뉴딜 이후 정부가 시장에 개입하는 적극적인 행동주의 노선을 지지하면 자유주의, 반대하면 보수주의로 부르게 되었다고 한다. 결국, 뉴딜은 경제 위기를 계기로 백인 노동자 계층이 공화당을 버리고 민주당을 선택하게 만들었기 때문에 정당-유권자 지지 패턴에서의 재정렬을 가져왔다.

도시에서 새로운 민주당 세력은 압도적으로 노동계급에게서 왔다. …… 1930년대의 혁명으로부터 등장한 정치체제는 뚜렷한 계급적 균열을 반영했다. 기업가들과 전문직은 압도적으로 공화당이었고, 노동계급은 압도적으로 민주당이었다. …… 이 개편이 있기 전에도 정당 체제는 어느 정도 (양당의 지지 기반에) 계급적 편차가 있었던 것은 분명하지만 이 사태로 인해 그것이 강화되었다는 데에는 의심의 여지가 없다. 바로 이 뉴딜 시기에 조직 노조 세력과 민주당 간에 확고한 연대가 형성되었다. 덜 공식적이고 덜 드러나긴 했지만 기업가 단체들과 공화당 간에 마찬가지로 강력한 연대가 형성된 것도 이 시기였다. 또한 이 시기에 1896년 이래 처음으로 미국의 정당정치는 계급적 이슈들을 급격히 부각시키게 되었다(Sundquist 1983, 217).

가톨릭계 유럽 출신 이민자들은 이탈리아와 아일랜드, 폴란드 등

북·동유럽 출신으로 미국 건국 초기의 영국 이민자들보다 늦은(1830~
1924년) 탓에 도시의 하층계급을 형성하고 있었다. 이들은 마침 투표권
확대로 투표할 수 있게 된 데다 뉴딜이 실업자 구제나 사회경제적 약자
들을 배려하는 정책을 제시하자 이에 호응해 새롭게 투표장에 나가 민
주당을 적극적으로 지지하기 시작했다.

　노예제 폐지를 주도한 공화당에 대한 반감 때문에 내전 이후 남부는 강한
민주당 지지 성향을 일관되게 표출해 왔다. 그러던 차에 뉴딜이 친농업 정
책을 추진하자 더 강한 유대감을 형성할 수밖에 없었다. "대공황으로 타격
을 받은 남부와 북부의 노동자는 새로운 정치 연합의 기초를 마련했다. 이
연합은 그 후 20년에 걸쳐 미국 정치를 지배하는 강대한 것이 되었다. '뉴
딜 연합'이라는 이 새로운 결합은 문화가 전혀 다른 집단을 결속시켰다. 그
들의 유일한 공통점이라고는 대공황의 악화를 저지하지 못한 공화당에 대
한 혐오감뿐이었다. 공화당의 자유방임주의와, 민간 기업에 의존해 온 경
제정책은 명백하게 실패로 끝났다. 루스벨트의 급진적인 정책이 효과가 있
든 없든, 그의 인기는 급속히 상승했고, 그 영향은 정당 지지도에도 즉각
반영되었다"(바더맨 2004, 163).

　정부가 시장과 사회에 적극 개입해야 한다는 적극적 역할론은 남
부가 지향하는 가치관과 충돌하는 부분이 적지 않았다. 남부는 연방 정
부의 권리보다 주 정부의 권리를 앞세우고, 세금과 정부 지출을 줄여야
한다고 보았으며, 개인의 경제적 상황은 정부나 사회의 책임이 아니라
개인의 책임이라는 입장을 보여 왔다. 그런 그들이 뉴딜 연합의 3분의
1을 담당할 정도로 적극 참여한 이유는 두 가지다. "첫 번째 이유는 대

공황의 경제적 여파가 너무 커서 연방 정부의 지원이 없으면 지역 경제를 회생시키기 불가능하다는 인식이 남부인들 사이에 광범위하게 퍼져 있었기 때문이다. 남부인들은 현실적인 이유 때문에 자신들의 가치관과 배치됨에도 불구하고 연방 정부의 확대된 역할을 용인하고 받아들일 수밖에 없었다. 또 다른 이유는 루스벨트 대통령이 흑인 인권 문제를 의도적으로 정부의 의제 설정 단계에서 배제하였기 때문이다. 남부인들에게 있어서 흑인 문제는 매우 민감하고 중요한 사안이었으며, 이들은 오랜 기간에 걸쳐 형성된 남부의 카스트 제도에 대한 어떠한 변화도 거부하고 있었다. 루스벨트는 이러한 남부의 특수한 상황을 잘 인식하고 있었고 남부를 뉴딜 연합 안에 묶어 두기 위하여 흑인 문제 자체를 논외의 대상으로 삼았다"(최준영 2007, 159).

뉴딜 연합의 구성과 관련해 주목해야 할 집단이 있다. 바로 경제계다. 남북 간 내전을 야기한 대립의 한 축은 노예제 폐지 여부였지만 다른 한 축은 무역정책을 둘러싼 갈등이었다. "후발 산업국으로 유럽에 비해 공업화의 수준이 낮고 국제경쟁력이 약한 북부 산업자본은 보호무역주의와 고립주의를 원했고, 유럽에 농산물을 수출하고 유럽의 싼 공산품을 수입하기를 바랐던 남부는 자유 교역 개방정책을 원했다. 어쨌든 남북 전쟁은 북부의 승리로 끝났고 이후 북부 산업자본의 지지에 기초를 둔 공화당 지배의 시대가 계속되었다. 보수적인 남부 농민을 대표하는 민주당은 소수 야당의 위치를 벗어나지 못했다"(손호철 1993, 193-194).

이런 구도가 1920~30년대에 변하기 시작했다. "노동 집약적이고 국제경쟁력이 약한 산업 특히 면방직 산업 쪽 기업가들은 노임의 상승에 가장 민감하기 때문에 노동 조직화에 가장 반대한다. 이런 노동 집약적이며 국제경쟁력이 약한 산업의 기업가들을 정당의 주요지지 기반으로 삼은 정당, 즉 공화당은 물론 노동 조직화에 대한 문제에 융통성을 전혀 발휘할 수 없었다. 반면에, 자본 집약적이고 국제경쟁력이 강한 산업들, 예를 들어 대규모 석유산업, 투자 금융 산업, 일부 선진적인 자동차 산업의 기업가들은 상대적으로 임금 상승이 이윤에 미치는 영향이 적으며, 따라서 노동 조직화에 대해 비교적 유연한 태도를 취할 수 있었다는 것이다"(이삼성 1999, 13). 자본 집약적이고 국제경쟁력이 강한 산업들이 자신들이 필요에 의해 뉴딜과 민주당을 지지했다는 얘기다.

국제주의를 지향하는 선진 자본 분파의 대척점에는 내수 중심의 민족주의적 자본 분파가 있었다. 전자는 대체로 자본 집약적이고, 후자는 노동 집약적이었다. 따라서 노동에 대한 태도가 다를 수밖에 없었다. "이들(노동자계급)은 사실상 노동조합마저 불법화된 채 정치로부터 완전히 소외되어 있었다. 선진적 자본 분파는 돈은 있으니 궁극적으로 득표 머릿수가 승패를 좌우하는 '수의 게임'인 선거에서 승리하기 위해서는 이 같은 노동자들을 제도 정치권에 신참자로서 편입시켜 이들과 연합할 필요성을 느꼈다. 특히 이들은 자본 집약적이고 기술 집약적 산업이었기 때문에 임금 상승을 수용할 수 있는 여력이 있었고 따라서 노동자계급과의 연합이 용이했다. 그 결과 역사적으로 민주당의 뿌리인 보수적인 남부와 선진적이고 국제적인 자본 분파 그리고 노동자계급(특히 노동조합)이라는 기이한 삼각 선거 연합이 생겨났다. 그것이 바로 '뉴딜 연합'"(손호철 1993, 194)이었다.

토머스 퍼거슨Thomas Ferguson이 이론화해서 제시한 이런 설명을 투자 이론적 정당론이라 부른다(Ferguson 1983). 그에 따르면, 1934년에 통과된 〈자유무역법〉이 미국 역사상 처음으로 '최초의 성공적인 자본 집약적 기업 주도의 정치 연합'이 정립된 계기다. 이 연합이 2차 뉴딜을 추진하는 정치적 기반으로 작용했다. "결국 미국 자본주의의 위기에 당면해서 이 위기를 해소하기 위한 정책을 둘러싸고 기업가 집단이라는 주요 투자자들 내부에서 물적 토대를 달리하는 상이한 블록들 간에 균열이 일어나 개혁을 받아들이는 쪽과 그것을 거부하는 쪽 간에 정치투쟁이 전개된 결과로 뉴딜 체제의 형성을 설명하고 있는 것이다"(이삼성 1999, 14).

이 주장에 대한 반론도 있지만, 중요한 것은 민주당이 반기업anti-business으로 가지 않았다는 사실이다. 진보가 다수파가 되려면 기업가, 재계의 마음을 얻어야 한다. 이는 기존 경제 질서를 이끄는 기득 기업가들의 이해를 보장하는 것을 뜻하지 않는다. 시대 흐름에 맞춰 새롭게 등장하는 신생 기업·산업들의 등장과 성장을 독려함으로써 미래를 선도하고, 공정한 경제 시스템을 통해 경제적 과실이 고루 나눠지도록 함으로써 성장을 일궈 내는 포용 체제를 구축해야 한다. 진보는 다음의 지적을 경청해야 한다.

"뉴딜 초기 단계에서는 민주당은 '내수 기업 집단'의 강력한 지지를 획득했으며, 나중에는 무역 지향적인 금융·해운업·첨단산업 및 석유 산업계 등으로 구성된 국제주의적 기업가 집단의 지지를 획득했다. 1930년대 민주당과 뉴딜의 등장은 경제 위기를 계기로 백인 노동 계층이 공화당을 버리고 민주당을 선택하게 된 것에 기인한 관계로 일반 유권자 전반에서 계급적 차이를 기초로 한 동맹 개편이 이루어진 것을 의미했지만, 뉴딜의 정치적 생존은 기업가 집단 내부에서도 경제 위기 극복을 위해 '정부의 적극적인 경제 역할'을 지지하는 새로운 정치적 연합이 형성됨으로써 가능했던 것이다"(이삼성 1999, 7: Gourevitch 1986, 148-149).

갈등을 대체하고, 대안을 경쟁하라

뉴딜 연합의 형성을 가져온 동력이 정당 지지를 바꾸는 전향일까, 아니면 그간 투표장에 나오지 않았던 유권자들이 투표에 참여하는 동원일까? 이른바 '전향 대 동원'이다. 이 책의 저자는 동원론을 주장한다. 동원론은 뉴딜 연합의 형성은 공화당 지지자들이 대거 민주당으로 전향한 것이 아니라 그동안 투표권이 없거나, 있더라도 투표에 불참했던 집단들이 투표장에 나가 민주당에게 표를 던지도록 민주당이 동원하는 데 성공했다는 주장이다.

전향론은 동원이 정당-유권자 투표 정렬의 재편에서 유일하거나 압도적인 요인이 아닐 뿐더러 중요한 요인의 하나라고 보기 어렵다는 입장이다. 썬키스트는 앤더슨의 동원론에 대해 원자료의 오류를 지적하는 한편, 너무 긴 기간을 대상으로 분석함에 따라 동원 요인이 더 컸던 것으로 오해하게 됐다고 주장한다. 그는 일부 지역에서 동원이 더 중요한 요인으로 작용한 것은 분명하지만 전체적으로 볼 때 동원이 더 중요한 요인이었다고 볼 수는 없다고 단호하게 말한다. "주요 투표 정렬의 재편 시기를 특징적으로 규정하는 현상은 대규모의 전향이다"(Sundquist 1983, 232).

누구의 주장이 옳으냐 그르냐 하는 것은 쉽게 단정할 수 없다. 아직도 논쟁 중이다. 크게 보면, 전향도 있었고 동원도 있었다. 심지어 기존 지지층이 뭉치는 결집도 있었다. 결집, 전향, 동원이 재편의 3대 요인인 것으로 이해하는 것이 무난하다. 그렇다면 왜 동원에 주목해야 하는 것일까? 두 가지 때문이다. 하나는 진보 세력이 어떤 갈등을 정치 프레임으로 선택할 것인지의 문제이고, 다른 하나는 투표 불참자의 성격에 관련된 문제이다.

어떤 갈등 또는 균열을 선택할 것인가의 문제와 투표 불참자의 성격 문제는 긴밀히 연동되어 있다. 갈등이나 균열을 통해 자신의 문제가 정치사회적 의제로 등장하지 않기 때문에 투표에 불참하기 때문이다. 내 삶을 바꾸는 선택이 아니라면 굳이 시간과 에너지를 들여서 투표장에 나갈 이유가 없다. 샤츠슈나이더에 따르면, 기권은 투표 불참자들의 요구를 반영한 선택지와 대안이 억압되어 있다는 것을 뜻한다. "투표 불참 문제의 본질은 미국 정치에서 대안이 정의되는 방식, 이슈가 대중에게 수용되는 방식, 경쟁과 조직화의 규모, 그리고 무엇보다도 어떤 이슈가 주도권을 갖느냐 하는 차원에서 살펴보아야 한다"(샤츠슈나이더 2008, 180-181).

샤츠슈나이더는 미국의 유권자 중에서 투표하는 6천만 명과 투표하지 않는 4천만 명에 대해 깊이 검토한 뒤 이런 결론을 내린다. "4천만 명은 현재와 같은 정치체제에 관심을 갖지 않을 가능성이 높다는 것이다. 분명히 6천만 명이 관여하는 논쟁거리는 4천만 명이 관심 범위 밖에 있다. 바꿔 말해, 4천만 명은 새로운 균열에 기반한, 그리고 무언가 새로운 것에 관한 새로운 종류의 정치체제에서만 정치에 참여할 수 있다. 정치 의제에 거대한 변화가 일어나지 않는 한, 4천만 명 혹은 그들의 상당수를 끌어들이는 것은 불가능하다"(샤츠슈나이더 2008, 173-174).

샤츠슈나이더가 이런 결론을 내리는 이유는 투표 참여와 불참을 가르는 구분선이 사회적 삶의 구분선과 일치하기 때문이다. 신문 구독자들, 직업 보유자들, 소득세 납부자들, 자동차 보유자들, 주택 소유자들은 참여하고, 이 같은 지위를 갖지 못한 사람들은 불참하기 때문이다. 사회경제적 차이 때문에 투표 참여와 불참이 갈린다는 뜻이다. 먹고살기 힘든 유권자일수록 투표 참여율이 떨어진다는 얘기다.

그러면서 그는 4천만 명을 미국 정치에 끌어들이는 방법을 찾아내는 사람이 향후 한 세대 동안 이 나라를 운영하게 될 것이라고 진단했다. 그가 이렇게 전망한 이유는 투표 참여를 늘리는 '정치 공동체의 확장'이 미국 정치에서 공공 정책의 변화를 산출하는 가장 중요한 전략이기 때문이다. 미국 정치사에서 공공 정책상의 주요 변화를 가져왔던 토머스 제퍼슨, 앤드류 잭슨, 에이브러햄 링컨, 프랭클린 루스벨트의 혁명이 모두 유권자의 확대와 관련되어 있다.

"이들(투표 불참자 4천만 명)이 정치체제 내로 대거 들어올 때, 이 체제 내 전반적인 힘의 균형은 전복될 수 있으며 어떤 조치도 이들의 쇄도에 맞서 기존 체제를 보호할 수 없다. 역사상 가장 고통 없는 혁명, 즉 이미 합법화되어 있고 정당성을 갖는 최초의 혁명을 이뤄 내기 위해서는 바로 충분한 수의 사람들이 선거 당일 투표소에 가도록 만드는 것이다"(샤츠슈나이더 2008, 167). 이 말은 동원론의 손을 들어 주는 것이다. 앤더슨의 책이 나오긴 전에 이미 샤츠슈나이더는 전향보다는 동원을, 미국 정치를 바꿀 변화의 동력으로 간주한 것이다.

그는 더 분명하게 이렇게 얘기하기도 했다. "체제의 미래에 가장 큰 영향력을 발휘하게 될 계획은, 반대 지지자들을 자기편으로 유인하는 것보다 새로운 유권자들을 체제 내로 끌어들이는 것이 더 쉽다. …… 참여를 기반으로 하는 정치 공동체를 확대하는 것이 미국 정치의 주요 목표가 되어야 한다. …… 우리는 새로운 참여자들과 사회적 혜택을 좀 더 적게 받고 있는 사람들에게 주의를 기울여 그들이 공적 행동의 새로운 프로그램을 지지하도록 해야 한다. 바꿔 말해, 이제 우리는 사회적·정치적 조직의 범위를 확대하기 위해 정치적 수단을 사용해야 하는 것이다. 지금 우리에게 필요한 것은 정치에 대한 공공 정책이다"(샤츠슈나이더 2008, 183-184).

기존의 갈등이나 균열에 기반한 경쟁에서 승리하는 방법은 결국 전향을 추구하는 전략이 될 수밖에 없다. 현재의 지배적 갈등 프레임에서 정치 참여의 효용을 발견하지 못한 이들은 이것이 달라지지 않는 한 여전히 참여할 동기를 찾지 못할 것이기 때문이다. 이렇게 되면 정책의 차별성으로 승부하는 게 아니라, 또는 보통 사람들의 삶을 바꾸는 갈등 프레임을 동원하는 데 애쓰기보다는 상대의 약점과 실수 등 비정책적 열세를 드러내는 데 집중하게 된다. 아이러니하게도 내용의 차별성 없이 다툴 때 정치적 경쟁이 격렬해지고 제로섬의 네거티브 게임으로 전락하기 쉽다.

비판에 만족하지 않고 실제 권력을 잡아 세상을 바꾸려고 하는 정치세력이라면 사회경제적 차별성이 드러나는 공공 정책을 통해 사회경제적 약자들을 지지 기반으로 만들어 내는 다수 연합을 형성해야 한다. 이 전략은 정치, 특히 투표에 참여하기를 거부하는 유권자들을 새롭게 동원하는 것이다. 새로운 균열에 의해 정치사회적 구분선이 새롭게 그려질 때 동원도 가능하지만 전향도 안정성을 갖게 된다.

단순히 현 집권 세력이 제대로 못한다고 화가 나서 다른 정당에게 투표한 경우에는 언제든지 돌아갈 가능성이 크다. 앨버트 허쉬만의 표현을 빌리면, 이는 이탈exit이 아니라 항의voice라 할 수 있다(Hirschman 1970). 항의를 넘어 이탈이 되려면 새로운 갈등으로 프레임이 대체되어야 하고, 그래야 이탈의 안정성도 생긴다. 돌아갈 이유가 없어지기 때문이다. 뉴딜 연합이 대공황으로 촉발된 분노에만 기반했다면 얼마 가지 못했을 것이다. 공화당과 다른 사회경제적 정책을 통해 삶이 고단하고 힘든 유권자들에게 소구했기에 30여 년 동안 살아 움직였던 것이다.

그렇다면 한국은 어떨까? 우리나라의 2016년 국회의원 선거, 2017

년 대통령 선거, 2018년 지방선거의 투표율은 각각 58.0%, 77.2%, 60.2%였다. 이는 각각 가장 낮았던 투표율 63.0%(2007년 대통령 선거), 46.1%(2008년 국회의원 선거), 48.9%(2002년 지방선거)에 비하면 올라간 수치다. 대통령 선거가 상대적으로 높긴 하지만 국회의원 선거와 지방선거의 경우 정치 선진국에 비해 투표 불참률이 상당하다. 샤츠슈나이더가 미국의 예를 들 때 거론한 것과 엇비슷하게 40% 가량이 투표하지 않는다(중앙선거관리위원회 선거통계시스템).

이들은 왜 투표장에 나가지 않을까? 선관위가 2016년 국회의원 선거가 끝난 직후에 실시한 유권자 의식조사에 따르면, '투표를 해도 바뀌는 것이 없어서'가 21.1%, '정치에 관심이 없어서'가 28.6%, '개인적인 일/출근 등으로'가 22.0%로 나타났다. 2017년 대선 직후의 조사에 따르면, '투표를 해도 바뀌는 것이 없어서'가 14.4%, '정치에 관심이 없어서'가 22.6%, '개인적인 일/출근 등으로'가 29.4%였다(중앙선거관리위원회 2016).

2017년 대선 후에는 투표 효능감에 대해서도 조사를 했는데, '선거에서 내 한 표의 중요성' 71%, '선거가 국가 전체의 미래를 결정' 73.2%, '선거가 일상생활 및 삶의 질 결정' 46.8%로 나타났다. 삶의 필요나 이해관계보다는 명분과 당위가 훨씬 앞선다(중앙선거관리위원회 2017). 중앙선거관리위원회에 제출된 비정규직 근로자 투표 참여 실태에 대한 보고서에 따르면, 비정규직의 투표율은 전체 투표율에 비해 10% 포인트 가량 낮고, 근무시간이나 임금 등 회사 일 때문에 투표하지 않은 유권자의 수가 2018년 기준으로 150여만 명에 달하는 것으로 조사됐다(한국정치학회 2011).

이런 데이터들이 말해 주는 바는, 먹고살기 힘들어 투표할 수 없거나 투표해도 내 삶이 달라지지 않아서 투표하지 않는 유권자의 비중이 상당하다는 것이다. 이는 곧 사회경제적 약자의 삶과 관련된 갈등이 정당 경쟁을 통해 대표되지 못하고 있다는 현실을 말해 준다. 따라서 이들의 삶에 대한 갈등이 선택되고, 그에 대한 정당별 대응이 충분히 차별화될 때 이들은 투표장에 나갈 동인을 갖게 된다. "유권자는 오직 주어진 대안 중에 선택할 수 있을 뿐이다"(Fiorina 2009, 56). 주어진 대안 중에 자신의 삶에 대한 해답이 없으면 유권자는 투표 불참을 선택하기 십상이다. 이들을 어떻게 '동원'하느냐가 '전향'보다 우선적인 해결 과제다.

정당이 유권자에게 정치·투표에 참여할 동인을 제공해야 한다. 그것은 그들의 삶을 개선하기 위한 정책 대안을 제시하는 것이다. 유럽정당 체제에 대한 선구적 연구가 내린 결론처럼, 유권자보다 정당 대안이 먼저 존재한다"(Lipset & Rokkan 1967). 진보는 무엇보다 유권자들로 하여금 사회경제적 정체성에 따라 정치에 참여하도록 하고, 그에 따라 투표하도록 만들어야 한다. 그래야 다수인 사회경제적 약자들을 자신들의 정치적 지지 기반으로 만들 수 있다. 새로운 유권자들을 지지자로서 투표장으로 끌어낼 수 있고, 다른 정당 지지자들을 견인할 수도 있다. 그 대표적인 예가 뉴딜 정책과 뉴딜 연합이다.

투표에 참여하지 않은 유권자들도 투표에 참여한 유권자들과 그 정치 성향이 다르지 않다는 연구 결과가 더러 있다. 그런데 이런 연구에는 분명한 한계가 있다. 기존의 정당 대안을 전제로 하는 조사라는 점이다. 만약 불참자가 관심을 가질 만한 새로운 갈등으로 대체되고, 그에 대한 해법이 정당마다 다를 경우에는 판도가 달라진다. 뉴딜이 그것을 증명해 주고 있다. 뉴딜에 의해 투표장에 갈 동기를 갖게 된 '새로운 유권자들'이 뉴딜 연합의 핵심 축이었다. 뉴딜에 의해 과거와 달리 사회경제적 징체성에 입각해 투표하게 되는 '기존 유권자들' 역시 뉴딜 연합의 한 축을 이루었다.

우리나라의 경우, 각종 조사를 보면 비정규직을 비롯해 사회경제적 약자들의 상당수가 투표에 참여하지 않는다. 나아가 사회경제적 약자들이 자신의 계층 이해와 상충되는 정당을 선택하는, 이른바 '계층 배반 투표' 현상을 이야기하는 사람들이 많다. 사실일까? 두 가지 방향에서 생각해 볼 수 있겠다. 우선 객관적으로 저소득층, 하층이라 하더라도 자신의 사회경제적 위치가 아니라 다른 정체성에 따라 투표하는 사람이 적지 않다. 그러나 지역과 세대 변수를 통제하면, 특히 주택과 같은 재산 변수를 대입하면 계층 배반 투표 현상은 발견되지 않는다.

미국의 심리학자 조너선 하이트Jonathan Haidt는 '도덕적 이해관계'moral interest라는 개념을 제시한 바 있다(Haidt 2012; 하이트 2014). 미국의 노동자나 농민들로 구성된 하층이 경제적 이해관계보다는 도덕적 이해관계, 즉 애국심이나 사회질서, 강한 가족 유대감, 개인의 책임감, 자유기업 가치 등을 내면화해 그에 따라 공화당에 투표한다는 주장이다. 적절한 지적이다. 우리의 경우엔 고도성장을 경험하면서 처음으로 가난에서 벗어난 세대 경험을 갖고 있는 60세 이상 고연령층의 존재와 분단 체제의 효과 등으로 말미암아 도덕적 이해관계에 따른 투표 정향이 대단히 강력하다.

앤더슨이 제기하는 동원론에서 우리가 얻을 수 있는 교훈은 바로 이것이다. 사회경제적 프레임으로 갈등을 대체하되, 예컨대, 누가 경제를 살릴 것인가 하는 차원으로 '우열을 다투는 정치'valence politics가 아니라, 어떤 경제인지 또는 누구의 이익을 보호하는 경제인지를 중심으로 '대안을 경쟁하는 정치'position politics로 가야 한다. 그래야 진보가 승리하고, 그래야 안정적인 다수 연합을 형성할 수 있다는 교훈이다. 이는 대한민국에서 진보를 표방한 세력 모두에게 주어져 있는, 피할 수 없는 숙제다.

나가며

이 책의 원제는 *The Creation of a Democratic Majority, 1928~36*이다. 민주당이 다수파로 탄생하는 과정을 1928년 선거부터 1936년 선거까지의 과정에 초점을 맞춰 살펴보는 책으로, 앤더슨이 자신의 박사 학위 논문을 다듬어서 출간한 것이다. 그녀는 이 책에서 뉴딜연합의 탄생에는 '동원'이 60% 이상을 차지한다고 주장하면서 '전향'이 핵심이라는 주장을 반박한다. 출간 후 상당한 논쟁을 유발했고, 반론도 만만치 않게 풍성하다. 한동안 저명한 학자들이 동원론과 전향론을 놓고 갑론을박했고, 이 문제는 지금도 명쾌하게 정리되지 않고 있다.

　이 책을 읽을 때 동원론과 전향론 중에서 어느 것이 타당한지에 지나치게 예민할 필요는 없다. 동원 대 전향의 논쟁을 더 깊이 알고 싶다면 더 많은 독서가 요구되지만, 지금 우리에게 요청되는 독해법은 다수연합을 만들기 위해 진보가 어디에 집중할 것인지에 대한 고민이다. 동원론이 던지는 함의는 지배적 갈등을 다른 것으로 대체함으로써 사회경제적 약자들의 동원이 용이해지고, 그럼으로써 전향도 안정적으로 이뤄진다는 점이다. 벌어진 현상을 기술하는 게 아니라 정당의 전략적 대응이라는 측면에서 보면 전향론의 단점은 '갈등의 대체'가 아니라 단기적인 '승리의 기술'에 포커스를 좁히는 것이다.

번역하는 과정에서 두 사람의 절대적 도움을 받았다. 박수형 박사와 박성진 박사다. 이 두 사람의 역할을 고려하면 공역자로 이름을 올려야 하지만 그러지 않았다. 번역의 책임을 오롯이 혼자 감당하고 싶었기 때문이다. 또 오랫동안 이 책의 번역을 염원해 온 역자의 간절함도 조금 작용했다. 어쨌든 두 사람에게 깊은 감사의 인사를 드린다.

이 책을 통해 이 땅의 진보가 정치의 힘을 발견하고, 진보가 유능하지 않으면 그것이 어떤 폐해를 끼치는지 생각해 보는 계기가 되면 좋겠다. 호오와 시비를 떠나, 지금 대한민국에서 필요한 일work은 보수가 아니라 진보라고 믿기 때문이다.

2019년 6월

이철희

참고문헌

강준만. 2010.『미국사 산책 6: 대공황과 뉴딜혁명』. 인물과사상사.
강명세. 2008. "미국 복지국가의 특수성."『세종정책연구』 4권 1호, 세종연구소,
    251-276쪽.
데이비스, 케네스 지음. 이순호 옮김. 2004.『미국에 대해 알아야 할 모든 것,
    미국사』. 책과함께.
멘도자, 사빈 포레로 지음. 김병욱 옮김. 2003.『(프랭클린 델러노) 루스벨트』.
    동아일보사.

바더맨, 제임스 M. 지음. 이규성 옮김. 2004.『두개의 미국사: 남부인이 말하는 미국의 진실』. 심산.

백창재·정하용. 2016. "정당과 유권자: 샷슈나이더 이론의 재조명," 『한국정치연구』 25권 3호, 서울대학교 한국정치연구소.

샤츠슈나이더, E.E. 지음. 현재호·박수형 옮김. 2008.『절반의 인민주권』. 후마니타스.

손호철. 1993.『전환기의 한국정치』. 창작과비평사.

슐레진저, 아서 M. 지음. 정상준·황혜성 옮김. 1993.『미국 역사의 순환』. 을유문화사.

이삼성. 1999. "뉴딜연합과 현대 미국정당정치의 성립."『사회과학연구』제15집. 가톨릭대학교 사회과학연구소, 173-205쪽.

정진민. 1999. "전후 미국 정당기반 재편과 정당 체계의 변화". 한국정치학회보 제32권 제4호. 232-241쪽. 한국정치학회.

조너선 하이트 지음. 왕수민 옮김. 2014.『바른마음: 나의 옳음과 그들의 옳음은 왜 다른가』. 웅진지식하우스.

중앙선거관리위원회. <선거통계시스템>. http://info.nec.go.kr/

중앙선거관리위원회. 2016.『제20대 국회의원선거(2016.4.13.)에 관한 유권자 의식조사』.

중앙선거관리위원회. 2017.『제19대 대통령선거(2017.5.9.)에 관한 유권자 의식조사』.

최준영. 2007. "공화당의 남벌전략과 남부의 정치적 변화."『신아세아』14권 3호, 신아시아연구소, 154-177쪽.

프리드먼, 러셀 지음. 손풍삼 옮김. 1992.『루즈벨트: 미국 역사상 가장 정직한 대통령』. 고려원.

하윤해. 2004. "미국 정당정치의 지지기반 변화에 관한 연구: 뉴딜연합의 형성과 쇠퇴를 중심으로." 고려대 석사 학위논문.

한국정치학회. 2011.『우리나라의 비정규직 근로자 투표참여 실태조사에 관한 연구』.

Andersen, Kristi. 1999. "Generation, partisan shift, and realignment: a glance back to the New Deal." Norman H. Nie, Sidney Verba & John R. Petrocik. *The changing American voter.* Harvard University Press.

Downs, Anthony. 1957. *An Economic Theory of Democracy.* Addison-Wesley Publishing Company.

Haidt, Jonathan. 2012. "Why working class vote conservative." *The Guardian* (2012/6/5). https://www.theguardian.com/society/2012/jun/05/why-working-class-peoplevote-conservative

Hirschman, Albert O. 1970. *Exit, Voice, and Loyalty: Responses to Decline in Firms, Organizations, and States.* Harvard University Press.

Mark D. Brewer and Jeffrey M. Stonecash. 2009. *Dynamics of American Political Parties.* Cambridge University Press.

Morris P. Fiorina. 2009. *Disconnect: The Breakdown of Representation in American Politics.* University of Oklahoma Press.

Peter A. Gourevitch. 1986. *Politics in Hard Times: Comparative Responses to International Economic Crises.* Cornell University Press.

Plotke, David. 2006. *Building a Democratic Political Order: Reshaping American Liberalism in the 1930s and 1940s.* Cambridge University Press.

Schattschneider, E.E.. 1957. "Intensity, Visibility, Direction and Scope." *The American Political Science Review* Vol. 51, No. 4 pp. 933-942.

Seymour M. Lipset & Stein Rokkan. 1967. "Cleavage Structure, Party Systems and Voter Alignments: An Introduction." Seymour M Lipset & Stein Rokkan. *Party Systems and Voter Alignments.* Free Press. pp. 1-64.

Sundquist, James L. 1983. *Dynamics of the Party System: Alignment and Realignment of Political Parties in the United States.* Brookings Institution Press.

Thomas Ferguson. 1983. "Party realignment and American industrial structure: The Investment Theory of Political Parties in Historical Perspective." Paul Zarembka ed. *Research in Political Economy.* JAI Press.

미주

서문

1 Sundquist(1976, 335).

2 Ladd, Hadley & King(1976, 138).

3 Sundquist(1973).

4 Lubell(1951), Campbell, et al.(1960, 153-56).

1장 미국 정치, 정치학, 그리고 재정렬의 동학

1 Degler(1964, 41-59).

2 한 사회가 대표하는 균열의 수가 한정돼 있고, 현재 유럽 정당 체계가 이런 균열을 어떻게 관리해 왔는지에 대한 논의는 Lipset and Rokkan(1967, 50-56)을 참조할 것.

3 Key(1955, 4).

4 Burnham(1970).

5 Sundquist(1973, 3).

6 MacRae and Meldrum(1960, 669-83).

7 Clubb and Allen(1971, 236-54).

8 Shover(1971, 215-34), Shover(1974, 1000-1002)

9 '중대 선거 **이론**'(critical election theory)이라는 용어가 좀 막연하게 사용돼 왔다는 점을 지적해야겠다. 릭트먼(Allan J. Lichtman)은 최근 논문에서 "정치학자들이 중대 선거의 서술적 특성과 정의적 특성을 주의 깊게 구분하지 않았다."고 말했다(Lichtman 1976, 342 참조). 나아가 릭트먼은 "중대 선거 이론이 각 선거들 간의 통계적 연관성을 제대로 유형화하는 객관적 절차를 결여하고 있다."고 주장했다. '재정렬' 개념은 좀 더 일반적이며 이론적 정확성에 대한 논란도 적다. 미국에는 정당 연합의 재정렬로 만들어진 여러 개

의 서로 구분되는 '정당 체계'(party systems)가 존재한다는 견해가 일반적이다. 이후 논의에서 분명해지겠지만, '중대 선거'의 관점으로 보면 재정렬의 발생 메커니즘을 이해하기가 더 어려워진다. 따라서 이 책에서는 중대 선거 '이론'은 사용하지 않을 것이다.

10 Sundquist(1973, 29), Burnham(1970, 10).

11 Key(1955, 5, 7)

12 Burnham(1970, 6).

13 Burnham(1970, 67).

14 Campbell, et al.(1960, 137).

15 Jennings and Niemi(1968, 168-84).

16 Campbell, et al.(1960, 149).

17 Sundquist(1973, 6).

18 Sundquist(1973, 7).

19 Campbell, et al.(1960, 149).

20 Campbell, et al.(1960, 151).

21 Converse(1975, 140).

22 Key(1955), Shover(1971), Degler(1964), Clubb and Allen(1971), Shively(1971-72, 620-24), Lichrman(1976).

23 Clubb and Allen(1971, 238).

24 Key(1959, 198-210).

25 Lubell(1951, 28-33).

26 Degler 1964(135-137).

27 Bumer(1968, 229).

28 Lubell(1951, 29).

29 Key(1966, 53).

30 그 예로는 Pomper(1972, 415-28) 참조.

31 Butler and Stokes(1969, 283-86)에서 버틀러와 스톡스는 1959-63년 사이 보수당의 승리와 패배 같이 짧은 기간의 변화도 지지 변경자보다는 새로운 유권자를 통해 설명할 수 있음을 보여 주었다.

32 Goldberg(1969, 5-25).

33 Pomper(1972, 467).

34 Sellers(1965, 26).

35 예를 들어, Burnham(1965, 7-28) 참조.

36 Williamson(1960). 그리고 다음을 참조. Kelley, Ayres, and Bowen(1967, 359-77), Kim, Petrocik, and Enokson(1975, 107-30).

37 20세기 전반기 유럽 이민자들이 캐나다 서부 지역 정치에 미친 영향에 관해서는 Lipset(1968, chap. 8) 참조.

38 Lubell(1951), Degler(1964), Burner(1968, chap. 8).

39 Jensen(1971, 58-88, 301).

40 Jennings and Niemi(1968).

41 예를 들면, Jennings and Niemi(1968, 171-72), Maccoby, Matthews and Morton(1954, 23-29), Lane(1959, 502-11), Dodge and Uyeki(1962, 266-76).

42 Page and Wolfinger(1970, 296).

43 Jennings and Niemi(1975, 1327-28).

44 Glenn(1973, 1-20).

45 Abramson(1976, 101), Butler and Stokes(1969, 110-18).

46 Butler and Stokes(1969, 36).

47 Sundquist(1973, 7).

48 Schattschneider(1960, 112).

49 Campbell, et al.(1960, 92-93), Burnham(1965).

50 Schattschneider(1960, 98).

51 Key(1955, 4).

52 Burnham(1970, 6-8).

53 Merriam and Gosnell(1924, 251-52).

54 Berelson, Lazarsfeld and McPhee(1954, 32).

55 『미국의 유권자』 5장에 제시된 분석은 『투표』와 유사하지만 훨씬 덜 날카롭다. 여기시 낮은 투표율은 정치적 참여의 부족으로 설명된다. 그러나 참여가 부족한 이유는 제시되어 있지 않다.

56 Schattschneider(1960, 105). 이와는 대조적으로 쉐보르스키는 새롭게 동원된 유권자의 '선호'와 '이익'(둘 사이의 구분은 없다)이 기존 투표 참여자와 다를 경우를 가정한 후사실상 양자가 다르지 않다는 결론을 제시한다(Przeworski 1975, 49-67).

2장 유권자의 확대와 정당 지지의 변화

1 Burnham(1970, 7-8).

2 Burnham(1965, 1-28). 이는 번햄에 대한 비판이 아니다. 만약 누군가 유권자 규모의 변화가 서로 다른 시기에 정당 지지 변화의 원인 또는 결과가 될 수 있다고 주장하더라도, 재정렬이나 중대 선거에 관심 있는 모든 사람이 그 두 가지 패턴을 다 고려해야 할 이유는 없다.

3 예를 들어, Lubell(1951, chap. 3), Degler(1964, 134-41) 참조.

4 U. S. Bureau of the Census(1975, 99).

5 Converse(1969, 139-71).

6 Converse(1969, 170).

7 Goldstein(1973, 135).

8 즉, 이슈가 시민들이 정당 체계를 판단하는 유일한 근거는 아니다. 그러나 정당이 집단적 충성심을 확고히 하고 정치 참여를 일상화하는 자기 기능을 수행하고 있다면, '이슈 무관성'(issue irrelevance)에도 불구하고 시민들은 그 체제로부터 이탈하지 않을 수 있다.

9 Burnham(1970, 19-20).

10 Burnham(1970, 17), Binkley(1971, 305).

11 대통령 선거의 총 투표수 자료는 다음을 참조할 것. Burnham1955), Congressional Quarterly(1975).

선거별 총 투표수의 증가율은 4년에 대한 평균값으로, 이를테면 1956-60년 사이 총 투표수의 11% 증가는 매년 2.75% 증가를 의미한다.

'잠재 유권자'를 측정하는 것은 더 많은 문제를 안고 있으며, 그 수치는 유권자 규모 변화를 다소 거칠게 추정한 것이다. 실제로 여기서 측정한 것은 인구 증가이지 잠재 유권자 그 자체의 증가는 아니다. 인구 변화 계산의 기반이 된 자료는 1920년 이전에는 전체 남성 인구이고, 1920년 후에는 전체 인구이다. 물론 전체 인구 변동률과 잠재 유권자 변동률(1920년 이전 성인 남성, 그 후로는 성인 남녀 모두)이 동일한 것은 아니다. 인구의 연령 구성은 시간 흐름에 따라 변화하여 19세기 초반보다 현재 성인 인구가 더 많기 때문에, 이 수치의 기반이 되는 자료는 다음과 같은 오류를 내포하고 있다. 즉 19세기 중반의 유권자 증가는 약간 과장되어 있고, 20세기 중반의 그것은 약간 축소되어 있다. 그러나 잠재 유권자와 실제 투표자 간 관계의 지속적인 흐름은 이런 다소 정확하지 않은 인구 측정의 영향을 받지 않는다.

연간 인구 변화는 10년 주기로 실시되는 인구조사에서 얻은 인구 변동률을 햇수로 나눠 평균치로 얻은 값이다.

<그림 1>에 포함된 비율 값을 얻기 위해 투표수의 '연간 변화' 평균을 선거 시기 인구의 연간 변화 추정치로 나누었다. 따라서 1880년의 0.77은 2.4%(1876-80년 사이 증가한 투표수 비율 9.6%의 연간 증가율)를 3.09%(1870-80년 사이 증가한 인구 비율 30.9%의 10분의 1)로 나누어 얻은 값이다. 20년을 나누는 4년 주기에서 분모는 20년에 대한 평균 변동률이다. 1912-16년 사이 인구 변동률은 남성 인구 증가만 고려한 것이다.

12 Burnham(1965, 24).

13 Burner(1968, 137-41).

14 Sundquist(1973, 200).

15 Sundquist(1973, chap. 10), Converse(1975, 141).

16 물론 총 투표수와 공화당 득표수 간의 차이에는 '다른 정당' 득표수도 포함되어 있다. 그러나 그것은 1924년 진보당 득표수를 제외하면 특별한 중요성을 갖고 있지 않다.

17 이와 같은 계산은 Degler(1964, 139-40)를 바탕으로 한 것이다.

18 Campbell(1966, 49).

19 Sundquist(1973, 204).

20 Sundquist(1973, 304-8), Converse(1975, 141) 참조.

3장 비면역 유권자의 증가

1 Lippmann(1927, 18-34), Schlesinger and Erickson(1924).

2 Burnham(1965, 4-5).

3 Burnham(1974b, 1013).

4 Merriam and Gosnell(1924, 26).

5 Goldstein(1973, 135).

6 Lubell(1951, 28).

7 Merriam and Gosnell(1924), 8장은 이런 경향이 지역 정당 머신의 노고로 역전되는 정도에 대한 기록과 논의를 담고 있다.

8 Prindle(1975).

9 Merriam and Gosnell(1924, 28).

10 이들 수치와 관련해 등록 유권자 인구와 전체 인구 추정 자료는 *Chicago Daily News Almanac*(1926, 809, 814) 참조, 이민자 비율과 집세에 관한 자료는 *Census Data of the City of Chicago, 1930* 참조.

11 Sundquist(1973, 281).

12 Beck(1974).

13 Campbell, et al.(1960, 162), Nie, Verba, Petrocik(1976, Chap. 4).

14 Inglehart and Hochstein(1972, 343-72).

15 Inglehart and Hochstein(1972, 354).

16 Nie, Verba, and Petrocik(1976, Chap. 4).

17 다음 장에서 '회고적인' 설문 조사 자료, 예를 들면 응답자 스스로 밝힌 과거의 정치 행태 관련 자료를 활용해 1920년대와 1930년대 유권자들의 특징을 확인하겠지만, 이 방법으로 해당 연도의 무당과 비율을 측정하는 것은 완벽하지 않다는 사실도 보여 줄 것이다.

18 Merriam and Gosnell(1924, 29).

19 Arnesen(1925, 816-26). 아르네센은 메리엄이 자신의 연구에 영감을 주었다고 밝히고 있다.

20 Burnham(1970, 10). 이와 같이 정치 변화를 설명하는 '긴장' 모델('stress' model)이 혁명운동을 설명하는 데도 널리 활용된다는 사실은 흥미롭다. 그 예로는 Johnson(1966).

21 Burnham(1970, 180-81).

22 Schattschneider(1960, 75).

23 Downs(1957, 39).

24 Brody and Page(1973, 1-17).

25 Douglas(1931, 906-7).

26 Taeuber and Taeuber(1971, 67).

27 Taeuber and Taeuber(1971, 101).

28 Taeuber and Taeuber(1971, 119, 99). 이런 양상은 특히 일부 이민자 집단 사이에서 뚜렷하게 나타났다. 1911년 딜링햄 위원회는 폴란드 출신 이민자의 81.5%가 농부 또는 농업 노동자이며, 그들 중 3분의 2는 미숙련 노동자임을 확인했다. Kantowicz(1975, 28) 참조.

29 물론 이런 일반화는 개별 도시들이 처한 특정 상황을 무시하고 있다. 이들 가운데 시카고에서 지역 정당 조직이 어떤 역할을 했는지를 6장에서 다룰 것이다.

30 Degler(1964, 127-28).

31 Binkley(1971, 367-68).

32 Burner(1968, 64).

33 Ladd(1970, 163).

34 Douglas(1931, 912-13).

4장 비면역 유권자 동원의 재구성

1 대실패로 끝난 1936년 여론조사에 크게 기대어 재정렬을 해석한 연구로는 Shively(1971-1972) 참조.

2 1962년과 1966년 데이터는 과거 정당 일체감에 대한 문항이 빠져 있기 때문에 포함시키지 않았다.

3 특정 정당의 지지자라고 밝히고 이후 정당 지지를 바꾼 적이 없다고 응답한 사람들에 대해서는 과거 무당파였는지를 조사하지 않았다. '항구적 민주당 지지자'와 '항구적 공화당 지지자' 가운데는 처음 유권자가 되었을 때 스스로를 무당파라고 생각한 사람들도 일부 있었다. 이 문제는 추후 다시 다룰 것이다.

4 연령 분포는 미국 인구조사 자료에 기반한 것이다. 인구조사 사이 기간의 연령대별 인구는 평균값으로 채워 넣었는데, 이것은 1940년대 후반까지 미국 인구 조사국이 사용한 방법이다. U. S. Department of Commerce, Bureau of the Census, *Nineteenth Census of the United States, 1970*, vol. 1, part 1, table 51 참조.

5 Butler and Stokes(1969, 263-74), Segal, et al.(1973, 601-10) 참조.

6 갤럽 조사에서 나타난, 민주당 지지자와 공화당 지지자 간의 차이는 서베이연구센터 자료보다 작다. 즉, 갤럽 조사는 민주당 지지자가 좀 더 적은 것으로 보고 있다. 이에 대해 뮬러(John E. Mueller)는 적어도 1952년까지 그리고 아마 그 후에도 갤럽의 표본 집단은 일관되게 하층 집단을 과소 대표해 왔고, 따라서 민주당 지지자에 대해서도 그랬을 것이라고 주장했다(Mueller 1973) 참조.

7 Sundquist(1973, ch. 17).

8 Butler and Stokes(1969, 59). 또한 Mannheim(1947), Converse(1969), Inglehart(1971,

991-1017) 참조.

9 버틀러와 스톡스는 여기서 제시한 것과 유사한 방식으로 재구성해 다양한 연령 코호트의 정당 지지를 밝힌 후 다음과 같은 결론을 제시했다. "전체적인 양상을 보면, 유권자 지지의 가장 광범위하고 지속적인 변화에서 유권자들의 물리적 교체가 중요하다는 사실을 알 수 있다. 이 추정치에 나타난 변화 가운데 일부는 일시적인 지지 변화를 반영한다. …… 그러나 우리의 추정치는 (금세기 영국 정치의 특징인) 정치 지형의 거대한 변화를 가져오는 데 유권자 교체가 크게 기여했음을 잘 보여 준다"(Butler and Stokes 1969, 274).

10 이들 수치 및 최초 투표에 관한 이하 응답자의 데이터는 불행히도 1952년 선거 연구에만 포함된 질문에 대한 답을 바탕으로 한다. 그 질문은 다음과 같다. "당신은 대통령 선거에 처음 투표할 당시 누구에게 투표했는지 기억하십니까?", "그때가 몇 년이었는지 기억하십니까?" 이 데이터는 Campbell, et al.(1960, 155)에 있는 자료와 유사하지만 동일한 것은 아니다. 여기 나온 '28세 이하 최초 투표자' 범주에는 '지연된 최초 투표자들' 중 일부가 포함돼 있다. 이런 차이는 1928년에 가장 큰 차이를 만들어 내는데, 이 장의 후반부에서 그 이유를 이해하게 될 것이다.

11 Burnham(1965, 23).

12 1932년 선거에서 루스벨트와 상대 후보 간의 득표 차이는 상당 부분 무당파의 높은 민주당 지지율, 공화당 지지자들의 높은 이탈률로 설명할 수도 있다. 1937년 갤럽 여론 조사에 따르면, 1936년 선거에서 프랭클린 루스벨트가 획득한 전체 지지표의 20%는 공화당 지지자들과 무당파로부터 온 것이다.

5장 정당 충성심의 유지

1 이것은 Campbell, et al.(1960)의 표 <7-1>에 있는 수치를 다시 계산한 값이다.

2 Converse(1975), Beck(1976).

3 두 사례 모두, 정당 충성심을 민주당 지지, 무당파, 공화당 지지로 분류해서 조사한 수치를 사용했다. Jennings and Niemi(1968) 참조.

4 Converse(1975).

5 Taeuber and Taeuber(1971, 445).

6 Lubell(1951, 30).

7 Campbell, et al.(1960, 155) 참조.

8 실제로 다음 분석은 아버지의 정당 충성심에 대한 기억을 바탕으로 한다. 대부분 어머니의 정당 충성심은 아버지의 그것과 일치하거나, 응답자들이 기억하지 못했다. 이 시기에는 아버지의 정당 선호가 더 중요했다고 말할 수 있다.

9 Niemi(1974, 51-62).

10 Niemi(1974, 59).

1 Lubell(1951, 29).

2 Allswang(1971, 272).

3 Merriam(1929, 5).

4 Converse(1966).

5 Converse(1966, 178).

6 Bureau of the Census(1936, 480-82).

7 Royko(1972, 24-25).

8 Gavit(1922, 236-38).

9 Allswang(1971, 22).

10 Merriam(1929, 99).

11 Merriam(1929, 96).

12 Allswang(1971, 119).

13 Merriam(1929, 137).

14 Allswang(1971, 34).

15 Allswang(1971, chaps. 2-3).

16 Allswang(1971, 35).

17 Allswang(1971, 42).

18 Gosnell(1937, 32).

19 Key(1955).

20 2장에서 잠재 유권자의 증가와 실제 투표자의 증가 모두가 재정렬에 영향을 미쳤음을 논의한 바 있다. 구역의 경계가 달라졌기 때문에 이런 분석의 대상이 되는 정치 단위에서 잠재 유권자의 증가를 감안하기란 불가능하다. 따라서 투표율 변화 등을 통해 알 수 있는 실제 투표자의 증가만 고려할 수 있다.

21 Burgess and Newcomb(1933).

22 1924년 구역 인구는 시립 도서관 정보 제공 사서가 1925년 7월 1일 추정한 값이다. 이는 1926년 출간된 *Chicago Daily News Almanac*, p. 809에 들어 있다. 1921년에 구획된 구역들의 1930년 인구의 출처는 U.S. Bureau of the Census, *Fifteenth Census of the United States: 1930. Population*, 1이다. 1931년에 재구획된 구역들의 1930년 인구 추정치는 시카고 시립 참고 도서관의 등사판 출간물 "Population data as of July 1st, 1936 for the City of Chicago by Wards"에서 확인할 수 있다. (1931년에 구획된 구역들의) 1940년 인구 수치의 출처는 U.S. Bureau of the Census, *Sixteenth Census of the United States: 1940*, vol. 11, part 2이다. 각 구역의 21세 이상 인구 수, 각 구역별 타국 출신과 흑인 수도 동일한 출처를 활용했다. 인구조사 자료를 확보할 수 없는 연도들의 구역 인구 추정치는 [알고 있는 데이터 값들을 이용해서 모르는 값을 추정하는 방법인] 보간법을 통해 얻었다. 1924년과 1928년의 구역별 투표 결과의 출처는 *Chicago Daily News Almanac of 1925 and 1929*이다.

각 구역의 유권자 등록인 수도 동일한 출처(1925, 772)를 활용했다. 1932년과 1936년 투표 결과의 출처는 *Public Service Leader,* November 1932, November 1936이다. 1940년의 구역별 투표 결과는 『시카고 트리뷴』(*Chicago Tribune*)을 통해 확인했다.

23 Gosnell(1937, 120-22) 참조.

24 Gosnell(1937, 359).

25 Lijphart(1968, 5).

26 Jennings(1972, 29).

27 Burnham(1974a, 677).

28 Nie, Verba and Petrocik(1976, 273-75).

29 Burnham(1974a).

30 Nie, Verba and Petrocik(1976, 49).

31 Burner(1968).

32 인구 데이터는 선거구보다 더 큰 지역을 대상으로 하기 때문에, 선거구나 선거구 묶음 수준의 잠재 유권자를 추정할 수 없다.

33 Allswang(1971, 224).

34 관련된 예로는 Berelson, Lazarsfeld and McPhee(1954), chap. 6을 참조.

35 Taeuber and Taeuber(1971, 506).

결론

1 McPhee and Ferguson(1966, 175-76).

2 Lipset(1960, 149-52), O'Lessker(1968, 66-67).

3 Burnham(1973, 1-30).

4 Burnham(1973, 29).

5 Milbrath(1965, 146).

6 Sundquist(1973, 65).

7 Sundquist(1973, 72).

8 Jensen(1971, chap. 2).

9 Formisano(1971, 322).

10 Petrocik(1975, 70-80).

11 Burnham(1965, 11).

12 Sundquist(1973, 147-51), Burnham(1970, 39-41).

13 Degler(1964, 43-44).

14 Degler(1964, 43).

15 Hays(1957, 47).

16 예를 들면, Jensen(1972) 참조.

17 노르웨이와 미국의 정당 일체감을 비교 분석한 탁월한 연구는 Campbell and Valen (1961, 505-25) 참조. 그 외에 Converse and Dupeux(1962, 1-23), Rose and Urwin 1969, 1-67) 참조.

18 Butler and Stokes(1969, 258).

19 Butler and Stokes(1969, 284).

20 Butler and Stokes(1969, 288-89).

21 Sani(1975).

22 Rose and Urwin(1970, 311).

23 Inglehart and Hochstcin(1972, 357).

24 Inglehart and Hochstcin(1972, 359).

25 Lijphart(1968, 5).

26 Jennings(1972, 29).

27 Burnham(1974a, 677).

28 Nie, Verba, and Petrocik(1976, 273-75).

29 Burnham(1974a).

30 Nie, Verba, and Petrocik(1976, 49).

31 Nie, Verba, and Petrocik(1976, 59-66), Abramson(1976, 469-78), Glenn(1972, 494-519).

32 Broder(1971, 204-8).

33 Phillips(1975).

34 Schattschneider(1960, 108).

35 Inglehart(1971).

36 Burnham(1970, 132-33).

37 Ladd and Hadley(1975, 337).

38 Beck(1976, 16).

참고문헌

Abramson, Paul. 1976. "Generational Change and the Decline of Party Identification in America : 1952-1974." *American Political Science Review* 70 (June), pp. 469-78.

_____. 1974. "Generational Change in American Electoral Behavior." *American Political Science Review* 68, pp. 93-104.

Allswang, John M. 1971. *A House for All Peoples*. Lexington: University Press of Kentucky.

Arnesen, Ben. 1925. "Non-voting in a Typical Ohio Community." *American Political Science Review* 19, pp. 816-26.

Beck, Paul Allen. 1976. "A Socialization Theory of Partisan Realignment." Richard Niemi and Herbert Weisberg eds. *Controversies in American Voting Behavior*. San Francisco: W. H. Freeman, pp. 396-411.

Berelson, Bernard R., Paul F. Lazarfeld and William N. McPhee. 1954. *Voting*. Chicago: University of Chicago Press.

Bernstein, Irving. 1960. *The Lean Years: A History of the American Worker 1920-1933*. Boston: Houghton Mifflin.

Binkley, Wilfred E. 1971. *American Political Parties: Their Natural History*. 4th ed. New York: Alfred A. Knopf.

Boyd, Richard W. 1972. "Popular Control of Public Policy: A Normal Vote Analysis of the 1968 Election." *American Political Science Review* 66 (June), pp. 429-49.

Broder, David S. 1971. *The Party's Over: The Failure of Politics in America*. New York: Harper & Row.

Brody, Richard, and Benjamin I. Page. 1973. "Indifference, Alienation and Rational Decisions: The Effects of Candidate Evaluations on Turnout and the Vote." *Public Choice* 15 (Summer), pp. 1-17.

Burgess, Ernest W., and Charles Newcomb. 1931. *Census Data of the City of Chicago, 1920*. Chicago: University of Chicago.

_____. 1933. *Census Data of the City of Chicago 1930*. Chicago: University of Chicago

Press.

Burner, David. 1968. *The Politics of Provincialism: The Democratic Party in Transition, 1918-1932*. New York: Alfred A. Knopf.

Burnham, Walter Dean. 1955. *Presidential Ballots 1836-1892*. Baltimore: Johns Hopkins Press.

_____. 1965. "The Changing Shape of the American Political Universe." *American Political Science Review* 59 (March), pp. 7-28.

_____. 1970. *Critical Elections and the Mainsprings of American Politics*. New York: W. W. Norton.

_____. 1973. "Political Immunization and political Confessionalism." *Journal of Interdisciplinary History* 3, pp. 1-30.

_____. 1974a. "The United States: The Politics of Heterogeneity." Richard Rose ed. *Electoral Behavior: A Comparative Handbook*. New York: Free Press.

_____. 1974b. "Theory and Voting Research: Some Reflections on Converse's 'Change in the American Electorate'." *American Political Science Review* 68 (September), pp. 1002-22.

Butler, David, and Donald Stokes. 1969. *Political Change in Britain*. New York: St. Martin's Press.

Cameron, David R. 1973. "Stability and Change in Patterns of French Partisanship." *Public Opinion Quarterly* 36, pp. 19-32.

Campbell, Angus, P. Converse, W. Miller, and D. Stokes. 1960. *The American Voter*. New York: John Wiley.

_____. 1966. *Elections and the Political Order*. New York: John Wiley.

Campbell, Angus, and Valen, Henry. 1961. "Party Identification in Norway and the United States." *Public Opinion Quarterly* 25, pp. 505-25.

Chambers, William Nisbet and Walter Dean Burnham. 1967. *The American Party Systems*. New York: Oxford University Press.

Chicago Daily News Almanac and Yearbook (1921-37).

Clubb, Jerome M., and Howard W. Allen. 1971. "The Cities and the Election of 1928: Partisan Realignment?" Jerome M. Clubb and Howard W. Allen eds. *Electoral Change and Stability in American Political History*. New York: Free Press, pp. 236-54.

Congressional Quarterly. 1975. "Presidential Elections since 1789." Washington, D.C.: Congressional Quarterly.

Converse, Philip E. 1966. "The Problems of Party Distances in Models of Voting Change." M. Kent Jennings and Harmon Zeigler eds. *The Electoral Process*. Englewood Cliffs, N.J.: Prentice-Hall, pp. 175-207.

_____. 1975. "Public Opinion and Voting Behavior." Fred I. Greenstein and Nelson W. Polsby eds. *Handbook of Political Science*, vol. 4, Reading, Mass.: Addison Wesley, pp. 75-169.

_____. 1969. "Of Time and Partisan Stability." *Comparative Political Studies* 2 (July): 139-71.

Converse, Philip E., and G. Dupeux. 1962. "Politicization of the Electorate in France and the U.S." *Public Opinion Quarterly* 26 (Spring), pp. 1-23.

Cutler, Neil. 1970. "Generation, Maturation and Party Affiliation." *Public Opinion Quarterly* 33 (Winter), pp. 589-91.

Degler, Carl. 1964. "American Political Parties and the Rise of the City: An Interpretation." *Journal of American History* 51(June), pp. 41-59.

Douglas, Paul. 1931. "The Prospects for a New Political Alignment." *American Political Science Review* 25 (November), pp. 906-7.

Downs, Anthony. 1957. *An Economic Theory of Democracy*. New York: Harper & Row.

Dreyer, Edward C., and Rosenbaum, Walter. 1976. *Political Opinion and Behavior*. 3d ed. Belmont, Calif.: Wadsworth.

Eldersveld, Samuel. 1949. "The Influence of Metropolitan Party Pluralities in Presidential Elections since 1920." *American Political Science Review* 43 (December 1949), pp. 1189-1226.

Formisano, Ronald P. 1971. *The Birth Of Mass Political Parties: Michigan, 1827-1861*. Princeton, N.J.: Princeton University Press.

Gavit, John P. 1922. *Americans by Choice*. New York: Harper Bros.

Glenn, Norval C. 1973. "Class and Party Support in the United States: Recent and Emerging Trends." *Public Opinion Quarterly* 37 (Spring 1973), pp. 1-20.

_____. 1972. "Sources of the Shift to Political Independence: Some Evidence from a Cohort Analysis." *Social Science Quarterly* 53 (Fall 1972), pp. 494-519.

Goldberg, Arthur S. 1969. "Social Determinism and Rationality as Bases of Party Identification." *American Political Science Review* 63 (March 1969), pp. 5-25

Goldstein, Joel H. 1973. "The Effects of the Adoption of Woman Suffrage: Sex Differences in Voting Behavior: Illinois 1914-1921." Ph. D. thesis, University of Chicago.

Gosnell, H. F. 1937. *Machine Politics, Chicago Model*. Chicago: University of Chicago Press.

Hays, Samuel P. 1957. *The Response to Industrialism 1885-1914*. Chicago: University of Chicago Press.

_____. 1965. "The Social Analysis of American Political History 1880-1920." *Political Science Quarterly* 80 (September 1965), pp. 373-94.

Hicks, John D. 1960. *Republican Ascendancy 1921-1933*. New York: Harper & Row.

Hyman, Herbert H. 1959. *Political Socialization*. Glencoe: Free Press.

Inglehart, Ronald. 1971. "The Silent Revolution in Europe: Intergenerational Change in Post-Industrial Societies." *American Political Science Review* 65, pp. 991-1017.

Inglehart, Ronald, and Hochstein, Avram. 1972. "Alignment and Dealignment of the Electorate in France and the United States." *Comparative Political Studies* 5 (October), pp. 343-72.

Jahnige, Thomas P. 1971. "Critical Elections and Social Change." *Polity* 3 (Summer), pp. 466-500.

Jennings, M. Kent. 1972. "Partisan Commitment and Electoral Behavior in the Netherlands." (Unpublished).

Jennings, M. Kent, and Niemi, Richard G. 1968. "The Transmission of Political Values from Parent to Child." *American Political Science Review* 62 (March), pp. 168-84.

Jensen, Richard. 1971. *The Winning of the Midwest: Social and Political Conflict, 1888-1896*. Chicago: University of Chicago Press.

Johnson, Chalmers. 1966. *Revolutionary Change*. Boston: Little, Brown & Co..

Kelley, Stanley, Jr., Richard Ayres, William J. Bower. 1967. "Registration and Voting: Putting First Things First." *American Political Science Review* 61 (June), pp. 359-77.

Key, V. O., Jr. 1966. *The Responsible Electorate*. New York: Random House.

_____. 1959. "Secular Realignment and the Party System." *Journal of Politics* 21, pp. 198-210.

_____. 1955. "A Theory of Critical Elections." *Journal of Politics* 17 (February), pp. 3-18.

Key, V. O and F. Munger. 1959. "Social Determinism and Electoral Decision: The Case of Indiana." E. Burdick and A. J. Brodbeck eds. *American Voting Behavior*. Glencoe: Free Press, pp. 281-307.

Kim, Jae-On; Petrocik, John R.; and Enokson, Stephen N. 1975. "Voter Turnout among the American States: Systemic and Individual Components." *American Political Science Review* 69 (March), pp. 107-30.

Klecka, William R. 1971. "Applying Political Generations to the Study of Political Behavior." *Public Opinion Quarterly* 35 (Fall), pp. 358-73.

Kleppner, Paul. 1970. *The Cross of Culture: A Social Analysis of Midwestern Politics 1850-1900*. New York: Free Press.

Ladd, Everett C., Jr. 1970. *American Political Parties: Social Change and Political Response*. New York: W. W. Norton.

Ladd, Everett C., Jr., and Hadley, Charles. 1975. *Transformations of the American Party System*. New York: W. W. Norton.

Lichtman, Allan J. 1976. "Critical Election Theory and the Reality of American Presidential Politics, 1916-1940." *American Historical Review* 81 (April), pp. 317-50

Ladd, Everett C., Jr. Charles Hadley, and Lauriston King. 1976. "A New Political Realignment." Edward C. Dreyer and Walter Rosenbaum eds., *Political Opinion and Behavior*, 2d ed. Belmont, Calif.: Wadsworth.

Lijphart, Arend. 1968. *The Politics of Accommodation: Pluralism and Democracy in the Netherlands.* Berkeley: University of California Press.

Lipset, S. M. 1968. *Agrarian Socialism.* Garden City, N.Y.: Doubleday.

_____. 1960. *Political Man.* Garden City, N.Y.: Doubleday.

Lipset, S. M., and Rokkan, Stein. 1967. *Party Systems and Voter Alignments.* New York: Free Press.

Lubell, Samuel. 1951. *The Future of American Politics.* New York: Harper.

Maccoby, Eleanor E., Richard E. Matthews and Anton S. Morton. 1954. "Youth and Political Change." *Public Opinion Quarterly* 18 (Spring), pp. 23-29.

McPhee, William, and Jack Ferguson. 1962. "Political Immunization." William McPhee and Nathan Glaser eds. *Public Opinion and Congressional Elections.* New York: Free Press, pp. 155-79.

MacRae, Duncan and James A. Meldrum. 1960. "Critical Elections in Illinois: 1888-1958." *American Political Science Review* 54 (September), pp. 667-83.

McSeveney, Samuel. 1972. *The Politics of Depression: Political Behavior in the Northeast, 1893-1896.* New York: Oxford University Press.

Mannheim, Karl. 1952. "The Problem of Generations." Paul Kecskemeti ed. *Essays on the Sociology of Knowledge*, London: Routledge & Kegan Paul, pp. 276-322.

Merriam, Charles. 1929. *Chicago: A More Intimate View of Urban Politics.* New York: Macmillan Co..

Merriam, Charles E., and Gosnell, H. F. 1924. *Non-voting.* Chicago. University of Chicago Press.

Nie, Norman H., Sidney Verba and John R. Petrocik. 1976. *The Changing American Voter.* Cambridge: Harvard University Press.

Niemi, Richard G. 1974. *How Family Members Perceive Each Other.* New Haven and London: Yale University Press.

Petrocik, John R. 1975. "Changing Party Coalitions and the Attitudinal Basis of Realignment: 1952-1972." Ph.D. thesis, University of Chicago.

Phillips, Kevin. 1968. *The Emerging Republican Majority.* New York: Arlington House.

Pomper, Gerald M. 1967. "Classification of Presidential Elections." *Journal of Politics* 29, pp. 535-66.

_____. 1972. "From Confusion to Clarity: Issues and American Voters, 1956-1968."

American Political Science Review 66 (June), pp. 415-28.

Price, Douglas. 1971. "Critical Elections and Party History: A Critical View." *Polity* 4 (Winter).

Prindle, David. 1975. "Mobilization and Realignment in Pittsburgh, 1920-1940." (Unpublished).

Przeworski, Adam. 1975. "Institutionalization of Voting Patterns, or Is Mobilization the Source of Decay?" *American Political Science Review* 69 (March), pp. 49-67.

Public Service Leader, Chicago(1920-40).

Robinson, E. E. 1970. *They Voted for Roosevelt.* New York: Octagon Books.

Robinson, W. S. 1950. "Ecological Correlations and the Behavior of Individuals." *American Sociological Review* 15, pp. 351-57.

Rose, Richard, and Derek Urwin. 1970. "Persistence and Change in Western Party Systems since 1945." *Political Studies* 18 (Summer), pp. 287-319.

_____. 1969. "Social Cohesion, Political Parties and Strains on Regimes." *Canadian Political Studies* 2 (April), pp. 1-67.

Royko, Mike. 1972. *Boss: Richard J. Daley of Chicago.* New York: Dutton.

Ryder, Norman B. 1965. "The Cohort as a Concept in the Study of Social Change." *American Sociological Review* 30 (December), pp. 843-61.

Sani, Giacomo. 1976. "Electoral Change in Italy." (Unpublished).

_____. 1975. "Secular Trends and Party Realignments in Italy: The 1975 Election." Paper presented at the American Political Science Association meeting.

Scammon, Richard M., and Wattenberg, Ben J. 1970. *The Real Majority.* New York: Coward, McCann & Geoghegan.

Schattschneider, E. E. 1960. *The Semi-Sovereign People.* New York: Holt, Rinehart & Winston.

Segal, David, et al. 1973. "Mortality and Political Partisanship: A Test of the Butler-Stokes Hypothesis." *Comparative Politics* 4 (July), pp. 601-10.

Sellers, Charles. 1965. "The Equilibrium Cycle in Two-Party Politics." *Public Opinion Quarterly* 29, pp. 16-38.

Shively, W. Phillips. 1969. "'Ecological' Inference: The Use of Aggregate Data to Study Individuals." *American Political Science Review* 63 (December), pp. 1183-96.

_____. 1971-72. "A Reinterpretation of the New Deal Realignment." *Public Opinion Quarterly* 35, pp. 620-24.

Shover, John L. 1974. "The Emergence of a Two-Party System in Republican Philadelphia, 1924-1936." *Journal of Interdisciplinary History* 60, pp. 1000-1002.

_____. 1971. "Was 1928 a Critical Election in California?" Jerome M. Clubb and Howard

W. Allen eds. *Electoral Change and Stability in American Political History*, pp. 215-34. New York: Free Press.

Stave, Bruce M. 1970. *The New Deal and the Last Hurrah*. Pittsburgh: University of Pittsburgh Press.

Sundquist, James L. 1973. *Dynamics of the Party System*. Washington, D.C.: Brookings Institution.

Sundquist, James L. 1976. "The Myth of New Majorities." Edward C. Dreyer and Walter Rosenbaum eds. *Political Opinion and Behavior*, 2d ed. Belmont, Calif.: Wadsworth.

Taeuber, I. B. and C. Taeuber. 1971. *People of the United States*. Washington, D.C.: Bureau of the Census.

Thurner, Arthur W. 1966. "The Impact of Ethnic Groups on the Democratic Party in Chicago 1920-1928." Ph.D. diss., University of Chicago.

Tingsten, Herbert. 1937. *Political Behavior*. London: King.

U.S. Department of Commerce, Bureau of the Census. *Fifteenth Census of the United States: 1930*. Washington, D.C.: Government Printing Office.

_____. 1943. *Sixteenth Census of the United States: 1940*. Washington, D.C.: Government Printing Office.

_____. 1936. *Religious Bodies*, vol. 1. Washington, D.C.: Government Printing Office.

Statistical Abstract of the United States: 1975. Washington, D.C.: Government Printing Office.

Weir, Blair T. 1975. "The Distortion of Voter Recall." *American Journal of Political Science* 79 (February), pp. 53-62.

Williamson, Chilton. 1960. *American Suffrage from Property to Democracy, 1760-1870*. Princeton, N.J.: Princeton University Press.

찾아보기

정당론 클래식 3

진보는 어떻게 다수파가 되는가
미국의 뉴딜 연합(1928~36년)

1판 1쇄. 2019년 6월 24일
1판 2쇄. 2020년 5월 18일

지은이. 크리스티 앤더슨
옮긴이. 이철희

펴낸이. 정민용
편집장. 안중철
편집. 최미정, 윤상훈, 강소영, 이진실

펴낸 곳. 후마니타스(주)
등록. 2002년 2월 19일 제2002-00481
주소. 서울 마포구 신촌로14안길 17, 2층(04057)
편집. 02-739-9929, 9930
제작·영업. 02-722-9960
팩스. 02-733-9910
블로그. blog.naver.com/humabook

인쇄. 천일 031-955-8083
제본. 일진제책 031-908-1407

값 15,000원

ISBN 978-89-6437-330-9 94300
      978-89-6437-191-6 (세트)
이 도서의 국립중앙도서관
출판시도서목록(CIP)은 e-CIP
홈페이지(http://www.nl.go.kr/ecip)에서 이용하실
수 있습니다(CIP제어번호: CIP2019023078).